令和6年1月改訂

○×判定ですぐわかる

所得税の実務

公益財団法人　納税協会連合会

はじめに

所得税は、私たちにとって最も身近で関係の深い税金ですが、課税に当たっては、所得の種類を分けたり、その所得の種類によって課税対象となる所得金額の計算方法が異なったり、また多くの特例措置が用意されていたりと、身近である一方でなかなか複雑で、容易には理解ができないという声をお聞きします。加えて、毎年税制改正が行われることから、せっかくの知識も陳腐化してしまうことも考えられます。

当納税協会連合会では、このように身近ではあるけれども複雑で理解しづらい所得税について、適正な申告を行っていただくため、手引書などの参考書籍を毎年発行していますが、とりわけ具体的な事例をもとに所得税の税務の取扱いを解説する『所得税実務問答集』は読者の皆さんに長く、また、多くの支持をいただいている書籍です。

本書は、この『所得税実務問答集』を底本として、編者において再編集をかけたもので、特長としては、税務に馴染みのうすい読者にも理解が容易となるよう、所得税に関するできるだけ身近な判定事例を選んで「○」「×」方式で回答を出すよう整理したものです。たとえ専門書をじっくりと読み込む時間がとれない方であっても、お知りになりたい項目の「判定事例」につき、「○」「×」判定欄を見れば、入り口として大枠での理解が可能となるよう工夫しました。「○」「×」だけでは説明不足となる判定事例については、適宜の「補足説明」を読み込めば、より深いレベルでの理解を可能にする構成となっています。

本書が、当連合会発刊の専門書ラインナップに加えて、読者の皆様方にとって、所得税を理解される上で、さらにお役に立てば幸いです。

令和６年１月　　　　　　　　　　　　　　　　　　　　　　編　者

目 次

第1章 総説 1

第2章 納税義務者 2

第3章 納税地 3

第4章 非課税所得 4

第5章 所得の帰属 16

第6章　各種所得（金融所得を除く）　19

第1節●不動産所得

第2節●事業所得

第3節●給与所得

第４節●退職所得

第５節●譲渡所得

第６節●一時所得

第２節●配当所得

第３節●その他の金融所得

第４節●株式等の譲渡益課税

第５節●先物取引の課税

第8章 組合課税 90

第9章 収入金額 92

第10章 必要経費 97

第1節●棚卸資産の評価

第2節●租税公課

第3節●旅費交通費

第4節●資本的支出と修繕費

第５節●減価償却費

第６節●特別償却・割増償却

第７節●繰延資産の償却

第8節●資産損失

第9節●家事関連費

第10節●専従者控除と青色事業専従者給与

第11節●引当金

第12節●リース取引に係る所得税の取扱い

第13節●消費税等に係る所得税の取扱い

第14節●その他の必要経費

第11章 青色申告特別控除 183

第12章 損益通算と損失の繰越し・繰戻し 184

第13章　所得控除　

第1節●雑損控除

第2節●医療費控除

第３節●社会保険料控除・生命保険料控除・地震保険料控除

第４節●寄附金控除

第5節●障害者控除・寡婦控除

第6節●配偶者控除・配偶者特別控除・扶養控除

第14章 税額の計算 241

第15章 税額控除 244

第1節●配当控除

第2節●住宅借入金等特別控除

第18章　修正申告、更正の請求　278

第19章　非居住者の課税　285

凡 例　文中の法令、通達等については、次の略語を用いています。

通法 ……………… 国税通則法	**新型コロナ税特令** ……………… 新型コロナウイルス感染症等の影響に対応するための国税関係法律の臨時特例に関する法律施行令
通令 ……………… 国税通則法施行令	**新型コロナ税特規** ……………… 新型コロナウイルス感染症等の影響に対応するための国税関係法律の臨時特例に関する法律施行規則
所法 ……………… 所得税法	**オン化省令** ……… 国税関係法令に係る情報通信技術を活用した行政の推進等に関する省令
所令 ……………… 所得税法施行令	**労働施策総合推進法** …… 労働施策の総合的な推進並びに労働者の雇用の安定及び職業生活の充実等に関する法律
所規 ……………… 所得税法施行規則	**電帳法** …………… 電子計算機を使用して作成する国税関係帳簿書類の保存方法等の特例に関する法律
基通 ……………… 所得税基本通達	**電帳規** …………… 電子計算機を使用して作成する国税関係帳簿書類の保存方法等の特例に関する法律施行規則
法基通 …………… 法人税基本通達	
耐用年数省令 …… 減価償却資産の耐用年数等に関する省令	
耐通 ……………… 耐用年数の適用等に関する取扱通達	
相法 ……………… 相続税法	
相令 ……………… 相続税法施行令	
相基通 …………… 相続税法基本通達	
措法 ……………… 租税特別措置法	
措令 ……………… 租税特別措置法施行令	
措規 ……………… 租税特別措置法施行規則	
措通 ……………… 租税特別措置法関係通達	
昭61.7.9直審5－6 ……………… 所得税関係の個別通達	
地法 ……………… 地方税法	
新型コロナ税特法 ……………… 新型コロナウイルス感染症等の影響に対応するための国税関係法律の臨時特例に関する法律	

（注）本書の内容は、令和5年11月1日現在の法令等によります。

第1章　総　説

Q－1　所得の概念

判定事例	判定
所得税法でいう所得とは、所得の生ずる原因や態様を限定するのでしょうか？	× 限定しません

補足説明

所得税法上の所得とは、所得の生ずる原因や態様を限定せず、個人が得た経済的利得（社会通念上の判断によります。）のすべてをいいます。すなわち、会社等に勤めて得た給与、商売をして得た利益、財産を投資して得た配当や利子、財産を貸したり、売ったりしたことによる利益などさまざまな経済的利得や債務免除益など消極財産の減少又は消滅も所得税法上の所得となります。

Q－2　住所の意義

判定事例	判定
所得税法でいう住所とは、住民登録のある場所となるのでしょうか？	× 各人の生活の本拠をいいます

参考：基通２－１

第2章 納税義務者

Q－1 納税義務者の区分

判定事例	判定
年齢、性別、国籍のいかんを問わず、日本に住んでいる人は、すべて所得税の納税義務があるのでしょうか？	✕ 日本に住んでいる人は、非永住者以外の居住者、非永住者又は非居住者に分類されます。その分類ごとに所得税が課税される範囲が定められており、それに該当すれば所得税の納税義務があります

参考：所法2①三、四、五、5①②、7①一、二、三

Q－2 法人の納税義務

判定事例	判定
個人だけでなく、法人も所得税の納税義務者になる場合があるのでしょうか？	○ あります

参考：所法2①六、七、八、5②二、③④、7①四、五、措法3の3②、9の2①

第3章 納税地

Q－1 事業開始と納税地

判定事例	判定
市内で新規に個人事業を開始しました。自宅は郊外にあり、住所地と事業所の所在地の所轄税務署はそれぞれ異なっています。申告等は、事業所の所在地を所轄する税務署で行いたいのですが、可能でしょうか？	○ 可能です

参考：通法21①、所法15、16

Q－2 死亡した人の納税地

判定事例	判定
死亡した人の準確定申告書は、相続人の代表者の納税地を所轄する税務署に提出すれば良いでしょうか？	× 死亡した人の死亡当時の納税地の所轄税務署に提出します

参考：所法16③、所令263②

Q－3 納税管理人を定めた場合の納税地

判定事例	判定
海外に勤務することとなった個人Ａが、その直前まで居住していた家屋の処分を友人Ｂに依頼し、その譲渡所得の申告に関して友人Ｂを納税管理人に指定しました。 この場合の確定申告書の提出先（納税地）は、納税管理人であるＢの住所地の所轄税務署で良いでしょうか？	× Ａの従前の住所地の所轄税務署となります

補足説明

御質問の場合のように、Ａの従前の住所地と友人Ｂ（納税管理人）の住所地の所轄税務署が異なるときは、Ａの従前の住所地の所轄税務署がＡの確定申告書の提出先（納税地）となります。　参考：所法15四～六、所令53、54

第4章 非課税所得

Q－1 非課税所得の分類

判定事例	判定
所得税のかからない、いわゆる非課税所得は所得税法にすべて規定されているのでしょうか？	× **非課税所得は、他の法令にも数多く規定されています**

Q－2 学資金の取扱い

判定事例	判定
学資に充てるため給付される金品は非課税とされていますが、「給与その他対価の性質を有するもの」は非課税の対象から除かれるとのことですが、次のような学資金は、非課税扱いとなりますか？	
① 法人である使用者がその法人の役員の学資に充てるため給付する場合	× **なりません**
② 法人である使用者がその法人の使用人（その法人の役員を含みます。）と特別の関係のある者の学資に充てるため給付する場合	× **なりません**
③ 個人である使用者がその個人の営む事業に従事するその個人の配偶者その他の親族（その個人と生計を一にする者を除きます。）の学資に充てるため給付する場合	× **なりません**

④ 個人である使用者がその個人の使用人（その個人の営む事業に従事するその個人の配偶者その他の親族を含みます。）と特別の関係のある者（その個人と生計を一にするその個人の配偶者その他の親族に該当する者を除きます。）の学資に充てるため給付する場合	✕ なりません
⑤ 上記の①から④に該当しない給付	○ なります

上記の①から④に該当しない給付であっても、通常の給付に代えて給付されるものは、非課税とはなりません。

（注） 新型コロナウイルス感染症の影響による学生支援策として大学等から支給される助成金等の取扱いについては次のとおりとなります。

1 学費を賄うために支給された支援金

非課税所得となる「学資金」に該当しますので、所得税の課税対象になりません。ただし、その支援金の使途が特に限定されていないと認められる場合には、下記2と同様の取扱いになります。

2 生活費を賄うために支給された支援金

一時所得として収入金額に計上する必要があります。

ただし、その年の他の一時所得とされる金額との合計額が50万円を超えない限り、所得税の課税対象にはなりません。

3 感染症に感染した学生に対する見舞金

非課税所得となる「心身又は資産に加えられた損害について支給を受ける相当の見舞金」に該当しますので、所得税の課税対象になりません。

4 遠隔授業を受けるために供与された機械（パソコン等）

非課税所得となる「学資金」に該当しますので、所得税の課税対象になりません。

参考：所法9①十五、基通9－14

Q－3　自宅でのベビーシッターの利用料について国や地方公共団体から受給した補助金

判　定　事　例	判　定
私には未就学の子どもがいますが、夫婦共働きで多忙のため、自宅においてベビーシッターのサービスを利用しました。このベビーシッターの利用料について、地方公共団体から補助金を受給しましたが、この補助金は非課税ですか。	○ 非課税です

次に掲げる国又は地方公共団体が保育その他子育てに対する助成を行う事業その他これに類する一定の事業により、その業務を利用する者の居宅その他一定の場所において保育その他の日常生活を営むのに必要な便宜の供与を行う業務又は認可外保育施設その他の一定の施設の利用に要する費用に充てるために支給される金品については、所得税を課さないこととされています。

(1)　非課税とされる金品を支給する事業は、次に掲げる事業とされています。

①　国又は地方公共団体が、保育その他の子育てに対する助成を行う事業

②　国又は地方公共団体が行う事業で、妊娠中の者に対し、子育てに関する指導、相談、下記(2)の①に掲げる業務その他の援助の利用に対する助成を行うもの

(2)　非課税とされる金品は、上記(1)の事業により支給されるもので、かつ、次に掲げる業務又は施設の利用に要する費用に充てるため支給されるものとされています。

①　その業務を利用する者の居宅その他次に掲げる場所において、保育その他の日常生活を営むのに必要な便宜の供与を行う事業（いわゆるベビーシッターや生活援助・家事支援のサービス）

イ　便宜を供与する者の居宅

ロ　上記イに掲げる場所のほか、便宜を適切に供与することができる場所

②　認可外保育施設のほか、次に掲げる施設

イ　児童福祉法に規定する放課後児童健全育成事業、子育て短期支援事業、一時預かり事業、家庭的保育事業、小規模保育事業、居宅訪問型保育事業、事業所内保育事業、病児保育事業又は子育て援助活動支援事業に係る施設

ロ　児童福祉法に規定する地域子育て支援拠点事業に係る施設及びその施設に類する施設

ハ　保育所

ニ　母子保健法に規定する産後ケア事業に係る施設及びその施設に類する施設

ホ　認定こども園

ヘ　子ども・子育て支援法第7条第10項第５号に掲げる事業（預かり保育）、同法第59条第２号に掲げる事業（延長保育事業）又は同条第３号に掲げる事業（実費徴収に係る補足給付事業）に係る施設

ト　子ども・子育て支援法第30条第１項第４号に規定する特例保育を行う施設

チ　子ども・子育て支援法第59条第４号に掲げる事業（小学校就学前の子どもを対象とした多様な集団活動事業に係る施設の利用に要する費用の助成を行うものに限ります。）に係る施設及びその施設に類する施設（認可外保育施設を除きます。）

リ　保育その他の子育てについての指導、相談、情報の提供又は助言を行う事業に係る施設

あなたが受給した補助金は、上記⑴及び⑵の①に記載のとおり、国又は地方公共団体が保育その他の子育てに対する助成を行う事業で、居宅においてベビーシッターのサービスを利用するために要する費用に充てるために支給された補助金であると認められますので、非課税となります。

なお、この制度は、令和３年分以後の所得税について適用されました。

参考：所法９①十六、所規３の２、令３改所法等附２

Q－4　従業員の相続人が受け取った死亡保険金

判定事例	判定
会社員の夫は在職中に死亡しましたが、勤務先が亡夫を被保険者及び保険金受取人とする生命保険契約をしていましたので、その生命保険金の受取手続をするよう連絡を受けました。 保険料は亡夫の勤務先が支払っていたとのことですが、保険金には所得税が課税されるのでしょうか？	× 相続税がかかります

雇用者が契約した被保険者及び保険金受取人を従業員とする生命保険契約の利益は、従業員が享受することとなります。そこで、勤務先が支払った保険料は、従業員が勤務先から受ける経済的利益即ち現物給与（満期返戻金等のない掛け捨ての保険料は除きます。）とされ、また、保険金の課税関係を定めるに当たっても、従業員自身が保険料を支払ったものとして取り扱うこととされています。

したがって、御質問の場合は被相続人（亡夫）が、保険料を支払っていた生命保険契約について、相続人（妻）が受け取った生命保険金として取り扱うこととなりますから、みなし相続財産として相続税が課税され、所得税は課税されません。

参考：相法３①一、相基通３－17、所法９①十七

Q－5　災害死亡保険金

判定事例

　Aの長男が、本年9月、交通事故に遭い、事故後4時間で死亡しました。Aは、長男の死亡後、生命保険会社に対し死亡診断書を提出して、高度障害保険事故による請求をしたところ、災害死亡保険金として3,000万円が支払われました。

　この保険金は、事故から死亡までの4時間の高度障害状態に対する保険金ですから、非課税所得として良いでしょうか？

　なお、被保険者はAの長男で、保険料負担者及び保険金受取人はAです。

判定

×

死亡保険金としてAの一時所得となり、非課税所得とはなりません

　本人の請求の意図がどうであったかにかかわらず、受け取った保険金は死亡診断書によるものであり、死亡保険金としてAの一時所得となり、非課税所得とはなりません。

参考：所令30、基通9－21

Q－6　死亡後に確定した賞与

判定事例

　A社で営業課長をしていた夫が、この11月30日に業務中に死亡して退職しましたが、この度A社から11月分給与、年末賞与及び退職金が送金されてきました。

　その内訳等は次のとおりですが、これは亡夫の準確定申告に当たり、亡夫の所得に含めなければなりませんか？

①　11月分給与 35万円（支給日　11月25日）

判定

○

含めます

　亡夫が死亡する前に支給期（11月25日）が到来していますから、亡夫の給与所得として課税されますので、準確定申告に含める必要があります。

② 年末賞与 80万円（支給日　12月20日）	✕ 含めません

支給日に既に死亡していますので、本来の相続財産として相続税が課税されます。したがって、所得税は課税されません。

③ 死亡退職金 1,000万円 （支給日　11月30日）	✕ 含めません

死亡後３年以内に確定した退職金は相続財産とみなされ相続税が課税されますから、②と同様に所得税は非課税とされます。

参考：所法９①十七、基通９－17、36－９、相法３①二、相基通３－32

Q－7 交通事故により受けた損害賠償金

判定事例	判定
会社員であるＡは、先日、歩行中に自動車に追突されて傷害を受け、加害者から治療費と併せて休職期間中の給料に相当する額の金銭を受け取りました。 また、Ａが契約し被保険者となっている損害保険契約に基づき、傷害保険金も受け取りましたが、これらの金額には所得税が課税されるでしょうか？	✕ 課税されません

心身に加えられた損害に基づいて加害者から受ける慰謝料その他の損害賠償金には、所得税は課税されないこととなっています。

また、身体の傷害に基づいてＡが受けた損害保険契約の保険金についても、損害賠償金と同様、課税の対象とはなりません。

参考：所法９①十八、所令30一

Q－8　親族が受領した傷害保険金

判定事例	判定
Aの妻が交通事故に遭い、入院しました。加害者は無財産でしたが、Aは妻を被保険者とした傷害特約付生命保険の契約を締結していましたので、生命保険会社から入院給付金を受け取りました。ところで、この入院給付金は課税されるでしょうか？ なお、保険料はAが負担しています。	× 課税されません

身体の傷害に基因して支払を受ける損害保険金や給付金は、自己の身体の傷害に基づくものは非課税とされていますが、身体に傷害を受けた者と保険金等を受ける者が異なる場合には、非課税の規定の適用がありません。

しかし、世帯主が妻や子供を被保険者とする保険契約を締結し、その保険料を負担している場合に、妻や子供が傷害を受けたことにより受ける保険金については、同一世帯の誰が受け取っても、その保険金を傷害の治療費等に充てられる場合が多く、自己の身体の傷害による場合と大差がないところから、保険金の支払を受ける者と、身体に傷害を受けた者とが異なる場合であっても、身体に傷害を受けた者の配偶者又は生計を一にする親族が支払を受ける者であるときは、その保険金は非課税として取り扱うこととされています。

参考：所令30一、基通９－20

Q－9　所得補償保険契約に基づく保険金

判定事例	判定
Bは、胃潰瘍の手術を受け個人タクシーの業務を約１か月休みましたが、損害保険会社から加入していた所得補償保険契約に基づき保険金の支払を受けました。 この保険金は、業務を休んだ１か月の所得に相当するものですが、個人タクシーの事業所得に加えなければならないのでしょうか？	× 事業所得に加える必要はありません

事業主自身が、自己を被保険者及び保険金受取人とした所得補償保険契約により支払を受けた保険金は、疾病又は傷害に基因して受けたものであり、身体の傷害に基因して支払を受ける損害保険金として、非課税所得とされますので、事業所得に加える必要はありません。　参考：所令30一、基通９－22

Q－10 借家人が負担した火災保険契約により受け取った保険金

判　定　事　例	判　定
Aは会社員ですが、父所有の建物に無償で住んでいました。Aは父の承諾を得てその建物を対象に火災保険契約を結んでいましたが、失火により全焼してしまい保険金2,000万円の支払を受けました。 この保険金に所得税は課税されますか？	× 課税されません

保険金2,000万円は建物の所有者であるAの父が受け取るべきことになりますが、所得税法では、資産の損害に基因して支払を受けた保険金については非課税とされていますので、Aの父の受け取った保険金については、所得税の課税関係は生じません。

参考：所法９①十八、所令30二

Q－11 日照の妨害に基づく補償金

判　定　事　例	判　定
Aの自宅の南隣に高層マンションが建築されたことで、Aの自宅の１日の日照が、冬至で約３時間となってしまいました。そのために家屋の損耗や光熱費などが目立って増加してきたので、高層マンションの所有者と交渉した結果、Aはその損害に対する補償金として80万円を受け取りました。 Aの自宅は第１種低層住居専用地域の中にありますが、日照、通風、採光の回復は移転以外に望めそうもありません。 この日照の妨害に基づく補償金は課税されますか？	× 課税されません

Aの場合は、金額が当事者間の話合いによって決められているので、はっきりした結論は得がたいものと思われますが、冬至の日照が１日４時間未満で、光熱費なども増加していること、移転によるほか被害を回避する方法が見当たらないこと、住居の位置が住宅地域にあることなどの事情からみれば、その日照妨害は社会通念上の受忍の範囲を超えているものと考えられます。

また、Aが受領した80万円は特に高額であるともいえませんので、Aが日照妨害を事由として取得した補償金は、その名称のいかんにかかわらず、心身に加えられた損害につき支払を受けた慰謝料等に類するものとして、おおむね非課税の取扱いが受けられるものと思われます。

参考：所法９①十八、所令30

Q－12 相続等により取得した年金受給権

判定事例	判定
亡くなった夫から年金を相続した次のような場合、所得税は課税されるのでしょうか？	
① 夫が在職中に死亡し、死亡退職となったため、会社の規約等に基づき、会社が運営を委託していた機関から遺族に退職金として支払われることとなった年金	✕ 課税されません

死亡した人の退職手当金等として相続税の課税対象となります。

判定事例	判定
② 保険料負担者、被保険者及び年金受取人がいずれも夫の個人年金保険契約で、その年金支払保証期間内に夫が死亡したため、遺族が残りの期間の年金を受け取ることとなった場合	✕ 課税されません

死亡した人から年金受給権を相続により取得したものとみなされ、相続税の課税対象となります。

判定事例	判定
③ 死亡したときに支給されていなかった年金を遺族が請求し、受給することとなった場合	○ 課税されます

その遺族の一時所得又は雑所得となりますが、相続税の課税対象とされた部分については、所得税は非課税とされます。

判定事例	判定
④ 厚生年金や国民年金などを受給していた人が死亡したときに、遺族に対して支給される遺族年金	✕ 課税されません

参考：所法９①三ロ、34、基通９－２、34－２、相法３①二、五、相令１の３五、相基通３－46

Q－13 相続等に係る生命保険契約等に基づく年金（その１）

判定事例	判定
私は、本年、夫を亡くしましたが、夫が生前加入していた個人年金保険を生命保険会社から受け取っています。 相続により受け取る年金には所得税が課税されるのでしょうか？	○ 課税されます

支払を受けた年金については、年金支給初年は全額非課税とし、２年目以後は、所得税の課税対象となる部分と非課税とされる部分に区分計算します。

参考：所法35、所令185、186

Q－14 相続等に係る生命保険契約等に基づく年金（その２）

判定事例	判定
Ａは、令和元年中に相続した確定年金（支払期間10年）を生命保険会社から受け取っていますが、受け取った年金には所得税が課税されるのでしょうか？	○ 課税されます

支払を受けた年金については、年金支給初年は全額非課税とし、２年目以後は、所得税の課税対象となる部分と非課税とされる部分に区分計算します。

参考：所法35、所令185、186

Q－15 個人に対して国や地方公共団体から助成金が支給された場合

判定事例	判定
新型コロナウイルス感染症緊急経済対策の、家計への支援として、１人当たり10万円支給された「特別定額給付金」は非課税でしょうか？	○ 非課税です

国や地方公共団体からの助成金については、個別の助成金の事実関係によって、次のとおり課税関係が異なります。具体例については、以下の（参考）でご確認ください。

【非課税となるもの】

次のような助成金（助成金には、商品券などの金銭以外の経済的利益を含みます。以下同じです。）は、非課税となります。

⑴ 助成金の支給の根拠となる法令等の規定により、非課税所得とされるもの

(2) その助成金が次に該当するなどして、所得税法の規定により、非課税所得とされるもの

・学資として支給される金品

・心身又は資産に加えられた損害について支給を受ける相当の見舞金

【課税となるもの】

上記の非課税所得とならない助成金については、次のいずれかの所得として所得税の課税対象になります。

(1) 事業所得等に区分されるもの

事業に関連して支給される助成金（例えば、事業者の収入が減少したことに対する補償や支払賃金などの必要経費に算入すべき支出の補てんを目的として支給するものなど）

※ 補償金の支給額を含めた１年間の収入から経費を差し引いた収支が赤字となる場合などには、税負担は生じません。また、支払賃金などの必要経費を補てんするものは、支出そのものが必要経費になります。

(2) 一時所得に区分されるもの

例えば、事業に関連しない助成金で臨時的に一定の所得水準以下の方に対して一時に支給される助成金

※ 一時所得については、所得金額の計算上、50万円の特別控除が適用されることから、他の一時所得とされる金額との合計額が50万円を超えない限り、課税されません。

(3) 雑所得に区分されるもの

上記に該当しない助成金

※ 一般的な給与所得者については、給与所得以外の所得が20万円以下である場合には、確定申告する必要がありません。

※ 国や地方公共団体による主な助成金等の課税関係については、以下の（参考）をご確認ください。

（参考）１ 新型コロナウイルス感染症等の影響に関連して国等から支給される主な助成金等の課税関係（例示）

非課税	【支給の根拠となる法律が非課税の根拠となるもの】 ・新型コロナウイルス感染症対応休業支援金（雇用保険臨時特例法７） ・新型コロナウイルス感染症対応休業給付金（雇用保険臨時特例法７）
	【新型コロナ税特法が非課税の根拠となるもの】 ・特別定額給付金（新型コロナ税特法４①一） ・住民税非課税世帯等に対する臨時特別給付金（新型コロナ税特法４①一） ・新型コロナウイルス感染症生活困窮者自立支援金 ・子育て世帯への臨時特別給付金（新型コロナ税特法４①二）
	【所得税法が非課税の根拠となるもの】 ○学資として支給される金品（所法９①十五） ・学生支援緊急給付金 ○心身又は資産に加えられた損害について支給を受ける相当の見舞金（所法９①十八） ・低所得のひとり親世帯への臨時特別給付金 ・低所得の子育て世帯に対する子育て世帯生活支援特別給付金 ・新型コロナウイルス感染症対応従事者への慰労金 ・企業主導型ベビーシッター利用者支援事業の特例措置における割引券 ・東京都のベビーシッター利用支援事業における助成

課税	【事業所得等に区分されるもの】 ・事業復活支援金・持続化給付金（事業所得者向け） ・東京都の感染拡大防止協力金 ・中小法人・個人事業者のための一時支援金・月次支援金 ・雇用調整助成金 ・小学校休業等対応助成金（支援金） ・家賃支援給付金 ・小規模事業者持続化補助金 ・農林漁業者への経営継続補助金 ・医療機関・薬局等における感染拡大防止等支援事業における補助金 ・新型コロナウイルス感染症特別利子補給制度に係る利子補給金
	【一時所得に区分されるもの】 ・事業復活支援金・持続化給付金（給与所得者向け） ・Go Toトラベル事業における給付金 ・Go Toイート事業における給付金 ・Go Toイベント事業における給付金
	【雑所得に区分されるもの】 ・事業復活支援金・持続化給付金（雑所得者向け）

（参考）2　国等から支給される主な助成金等の課税関係（例示）（新型コロナウイルス感染症等の影響に関連して給付されるものを除く。）

非課税	【支給の根拠となる法律が非課税の根拠となるもの】 ・雇用保険の失業等給付（雇用保険法12） ・生活保護の保護金品（生活保護法57） ・児童（扶養）手当（児童手当法16、児童扶養手当法25） ・被災者生活再建支援金（被災者生活再建支援法21）
	【租税特別措置法が非課税の根拠となるもの】 ・簡素な給付措置（臨時福祉給付金）（措法41の8①一） ・子育て世帯臨時特例給付金（措法41の8①二） ・年金生活者等支援臨時福祉給付金（措法41の8①三）
	【所得税法が非課税の根拠となるもの】 ○学資として支給される金品（所法9①十五）（※） ・東京都認証保育所の保育料助成金 ○国等から支給される子育て給付金（学資として支給される金品を除く。）（所法9①十六）（※） ・企業主導型ベビーシッター利用者支援事業における割引券 ・東京都のベビーシッター利用支援事業における助成 ※　この非課税措置は令和3年度税制改正により創設されました。 なお、令和3年1月1日前に交付を受けるものについては、課税対象となる場合があります。
課税	【事業所得等に区分されるもの】 ・肉用牛肥育経営安定特別対策事業による補てん金
	【一時所得に区分されるもの】 ・すまい給付金 ・地域振興券

参考：所法9①十五、十八

第5章　所得の帰属

Q－1　不動産所得の帰属者

判定事例	判定
夫の所有する土地に妻が建物を建設し、これを夫が代表者である法人に貸し付けている場合、法人が妻に支払う賃借料のうち家賃は妻の所得とし、地代は夫の所得として所得税の申告をすることが認められますか？	× 認められません

補足説明

法人が借り受けた建物の所有者が妻であれば、その建物の賃貸により生ずる所得は、原則として妻に帰属することになります。

参考：所法12、基通12－1

Q－2　医師とその妻である薬剤師の所得の帰属

判定事例	判定
内科医Aの妻は、薬局の開設許可を得て、Aが従来から営んでいた医院の敷地内の別棟の建物で薬局を開業しました。Aと妻は生計を一にしていますが、薬局で得た所得を妻の所得として申告することが認められますか？ ①　薬局、病棟、診療所はそれぞれ別棟であり、妻はAに月額5万円の家賃を支払っています。 ②　薬局への備品流用は計量器程度であり、電話は個別に架設しています。 ③　薬局では市販の商品は取り扱わず、Aの作った処方せんの調剤だけを行っています。 ④　医院と薬局の経理を明確にするため、妻の開業前にAの医院にあった薬品は医薬品販売業者に一度返品したこととし、それを妻が薬局用に再仕入れした形式をとりました。 ⑤　薬局と医院の取引銀行は異なり、社会保険診療報酬も個別の預金口座に振り込まれています。	× 認められません

補足説明

御質問の場合は、薬局経営が独立したものではなく、医院経営に従属していると認められ、薬局経営の事業主はAの妻ではなくAであると認められますので、薬局経営から生ずる所得はAの所得として申告する必要があると考えられます。

参考：基通12－2、12－5

Q－3　未分割の遺産から生ずる不動産所得の帰属

判定事例	判定
相続分に不服があるとして、兄弟４人の相続人が訴訟を提起し、現在係争中です（遺言による相続分の指定はありません。）。 係争中の遺産から不動産収入が生じていますが、そのすべてが供託されているので、各相続人はその所得を申告していません。	
①　この場合の所得は、相続人の所得として課税されるそうですが、各相続人に帰属する所得の金額は、法定相続分で計算するのでしょうか？	○ 「法定相続分」で計算し、それぞれが申告します
②　確定申告をした後に、法定相続分と異なる相続分で協議分割が行われた場合には、相続時点までさかのぼって修正申告等をするのでしょうか？	× 判決又は和解のあった日からその相続分に応じて申告することになります

参考：民法第898条、899条、900条、901条

Q－4 賃借人が受領した立退料の所得の帰属

判定事例	判定
借家を立ち退いた場合に、借家の居住者であった夫婦（契約者は夫）が家主から受け取った立退料を折半して各人の所得として申告することは認められますか？ なお、賃貸借契約は家主と夫の間で締結されています。	× **認められません**

御質問の場合は、賃貸借契約の当事者である夫が借家権を有していたことになりますから、立退料の収入は夫の所得として申告しなければなりません。

参考：所法12、基通12－1

Q－5 信託財産に係る所得の帰属

判定事例	判定
Cは、死亡した次男の子供（孫）の養育費とするため、受益者を孫として、Cが保有していたA電力会社の株式をB信託会社に信託しました。 B信託会社は、A電力会社の株式に係る配当金から手数料を差し引いた残りを孫に直接支払うこととなっていますが、孫が受け取る配当金はCの所得となりますか？	× **孫の配当所得となります**

御質問のA電力会社の株式をB信託会社に信託して、受益者（孫）に対して利益の分配がされた場合には、受益者（孫）が、その株式を所有しているものとみなされますから、B信託会社がA電力会社から分配を受けた配当は配当所得として、受益者である孫に対して課税されることになります。

参考：信託法第2条、所法13①

第6章 各種所得（金融所得を除く）

第1節●不動産所得

Q－1●不動産貸付けの規模（その1）

判定事例	判定
Aはビルを5棟所有し、いずれも事務所や店舗として貸し付けています。したがって、相当多額の家賃収入がありますが、このように大規模な不動産の貸付けによる所得は、事業所得になるのでしょうか？	× 不動産所得となります

不動産所得となる不動産、不動産の上に存する権利、船舶又は航空機の貸付けの定義を考えれば、これらの貸付けを事業として行っている場合においても、また、その貸付けの規模がいくら大きくても、その事業から生ずる所得は不動産所得であって、事業所得には該当しないことになります。

判定事例	判定
事業規模の大小によって、所得の計算方法に相違がありますか？	○ 相違があります

不動産等の貸付けによる所得については、その貸付けが事業と称するに至る程度の規模で行われているかどうかにより、税法上の取扱いに差異が設けられています。

つまり、貸付けが事業として行われている場合には、その不動産の取壊し、滅失、除却等の損失金額が全額必要経費になります。一方、事業として行われていない場合には、①その不動産の取壊し、滅失、除却等の損失がないとした場合に計算される不動産所得の金額が、損失金額の必要経費算入限度となって、その損失金額が不動産所得の金額を超えるときは、その超える部分の金額は必要経費算入が認められないこと、②事業専従者控除（青色事業専従者給与）の必要経費算入が認められないこと、③延納に係る利子税の必要経費算入が認められないこと等とされています。

また、青色申告特別控除のうち、55万円又は65万円の青色申告特別控除については、事業所得を併有する場合を除き、不動産の貸付けが事業としての規模で営まれる場合に限り、適用されます。

（注）　令和２年分以後、取引を正規の簿記の原則に従って記録している者の青色申告特別控除額は55万円とされ、さらに一定の要件を満たす場合に65万円とされました。

そこで、不動産等の貸付けが事業として行われているかどうかの判定が問題となりますが、建物の貸付けが不動産所得を生ずべき事業として行われているかどうかは、所得税基本通達26－９《建物の貸付けが事業として行われているかどうかの判定》において、社会通念上事業と称するに至る程度の規模で建物の貸付けを行っているかどうかにより判定するべきものですが、次に掲げる事実のいずれか一に該当する場合又は賃貸料の収入の状況、賃貸資産の管理の状況等からみてこれらの場合に準ずる事情があると認められる場合には、特に反証がない限り、事業として行われているものとして取り扱うこととしています。

⑴　貸間、アパート等については、貸与することができる独立した室数がおおむね10以上であること

⑵　独立家屋の貸付けについては、おおむね５棟以上であること

参考：所法26、45①二、51①④、57、基通26－１、26－９、措法25の２③④

Q－２　不動産貸付けの規模（その２）

判定事例	判定
Ａは会社員ですが、アパートの貸室を８室所有していますので、青色申告により、確定申告しています。このたび、相続により取得した土地を青空駐車場として整備し、30スペースを賃貸することとしました。このアパートや、青空駐車場の賃貸料の集金や管理、契約書等の作成や記帳などの事務には、Ａの妻が従事しています。Ａの妻を青色事業専従者として届け出た場合、青色事業専従者給与を必要経費に算入することができますか？	○ 青色事業専従者給与の規定に該当すれば、認められます
また、Ａの妻は正規の簿記の原則に従い記帳していますが、青色申告特別控除として55万円を差し引くことが認められますか？	○ その他の要件に該当すれば、適用されます

補足説明

御質問の場合は、建物だけでなく、土地についても青空駐車場として貸し付けているということですが、この場合も、まず不動産所得の貸付けが社会通念上事業と称するに至る程度の規模として貸付けが行われているかどうかにより判断することになります。

しかし、その判定が困難な場合には、①貸室1室及び貸地1件当たりのそれぞれの平均賃貸料の比、②貸室1室及び貸地1件当たりの維持・管理及び債権管理に要する役務の提供の程度を考慮し、地域の事情及び個々の実態等に応じ、1室の貸付けに相当する土地の貸付件数を「おおむね5」として判定して差し支えないと考えられています。

御質問の場合、その貸し付けている土地の地域の実情等について詳しく検討する必要がありますが、上記により判定した場合、14室（8室＋（30スペース÷5）＝14室）相当の貸付けを行っていると判定されますので事業的な規模で不動産の貸付けを行っていると考えて差し支えないと思われます。

したがって、Aが妻に支払う給与が青色事業専従者給与の届出の範囲内でその金額が相当であるなど、青色事業専従者給与の規定に該当すれば、必要経費として認められるものと思われます。

また、青色申告特別控除についても、その他の要件に該当すれば、適用されます。

（注） 令和2年分以後、取引を正規の簿記の原則に従って記録している者の青色申告特別控除額は55万円とされ、さらに一定の要件を満たす場合に65万円とされました。

参考：基通26－9

Q－3 返還を要しない敷金

判 定 事 例	判 定
不動産を賃貸している場合に、借主から預かっている敷金の返還条件に関し、次のような約定がある場合に、返還を要しない部分の金額が確定するのは、契約終了の時であると考えて良いでしょうか？ 第n1条　貸主に正当な事由が生じて賃貸借契約を解除する場合には、貸主は敷金の全額を返還する。 第n2条　前条以外の場合には契約終了の際、敷金の90％を返還する。	○ 契約終了の時となります

補足説明

御質問のような事例においては、現段階で確定し得る返還を要しない敷金は、n2条によって、敷金10％相当額であるというべきですので、その金額を契約年分の不動産所得の収入金額に算入することになり、貸主の方から契約を解除する事態が起きた場合には、そのときに敷金の10％相当額を借家人の損害賠償金として貸主から改めて支払ったものと考え、他の立退料とともに貸主の不動産所得の金額の計算上必要経費に算入することとなります。

参考：基通36－7

Q－4　土地信託に基づく分配金の所得区分

判定事例	判定
Bは、1,500㎡の遊休土地を所有しています。このたび、BはA信託銀行と土地信託契約を結びました。 その内容は、B所有の土地をA信託銀行に提供し、A信託銀行はその上に貸ビルを建てて賃貸し、その賃貸料収入から、手数料等を差し引いた残額をBに分配金として支払うというものです。 この場合、Bが支払を受ける分配金の所得区分は、不動産所得となるのでしょうか？	○ なります

御質問の場合は、土地信託契約によりBの土地及びその上の貸しビル（信託不動産）の私法上の所有権は受託者であるA信託銀行にありますが、Bが土地信託の委託者かつ受益者であることから、所得税法上は、Bが信託不動産を所有するものとみなされ、信託不動産に帰せられる賃貸料収入及び手数料はBの収益及び費用とみなして課税されることとなります。

そして、Bが支払を受ける分配金は、信託不動産の賃貸により生じた所得であることから、不動産所得となります。

参考：所法13①、昭61.7.9直審5－6

Q－5　不動産の所有をめぐる紛争の解決により受けた損害賠償金

判定事例	判定
Aが所有している土地を数年前からAの叔父が無断で使用し、更にAの知らない間に、その土地はAの叔父の名義に切り換えられていることが分かりました。 そのため、Aはその土地の所有権がAにあることの確認訴訟を提起しましたが、このほど和解して、Aはこの土地の明渡しを受け、不法に使用されていた期間の損害賠償金として100万円を受領しましたが、この損害賠償金は課税されるのでしょうか？	○ 課税されます

御質問のように土地を数年間にわたり叔父に不法占有されたことにより受け取る損害賠償金は、その土地をもし所有者自らが利用していれば得られたはずの収益、すなわち、失われたその不動産の使用収益対価の回復としての損害賠償金と考えられますから、御質問の場合は、不動産所得の収入金額に算入することが相当です。

参考：所法9①十八、所令30一、二、94①二

Q－6 不動産売買業者が所有する不動産の一時的貸付け

判定事例	判定
不動産売買業を営むAは、マンション経営者から入居者がいるマンションを購入し、新たにマンションを一棟買いしてくれる買手を探していますが、その間に入居者からの家賃収入があります。 この家賃収入は、Aの不動産所得として取り扱われますか？	× 事業所得の総収入金額に算入することになります

補足説明

御質問のように不動産売買業者が取り扱う土地建物は、販売の対象となる棚卸資産であり、その棚卸資産から短期間に生じた一時的な賃貸料の収入については、不動産売買業の付随収入として事業所得の総収入金額に算入することになります。

参考：基通26－7

Q－7 不動産賃貸料の収入金計上時期

判定事例	判定
貸文化住宅を20戸持っていますが、賃貸料は前月末日払いのものと翌月5日払いのものなど、契約はいろいろです。	
① 前月末に先払いを受ける賃貸料は貸付期間対応で収入金に計上し、翌月5日払いのものは、支払日基準で収入金に計上する経理方法は認められますか？	× 認められません
② 賃借人の入居時に受け取った権利金について、3年の契約期間を定めていますので、契約期間で按分して収益計上することが認められますか？	× 認められません

参考：所法67、基通36－5(1)、36－6、昭48.11.6直所2－78

Q－8 供託された家賃

判定事例	判定
借家人に対し家賃の値上げの要求をしましたが断られ、現在係争中です。その期間の家賃の受領は拒否していますので、借家人は係争前の家賃30,000円に5,000円を積み上げ、合計35,000円を各月の約定支払日に供託しています。 このように供託されたものであっても、私の不動産所得になるのでしょうか？	○ 収入金額に計上しなければなりません

御質問の家賃の値上げについての係争の場合には、借家人が供託している家賃の部分については、もはや争いのない金額の部分であるといえますから、たとえその供託中の家賃を受け取っていなくても、その供託中の金額（35,000円）については収入金額に計上しなければなりません。

そして、判決、和解等があった日において、値上げされた部分の金額及び遅延利息その他損害賠償金を含めた合計額から、既に供託されていた家賃で収入金額に計上されている金額を控除した残額を、不動産所得の総収入金額に計上することとなります。

参考：所法26②、基通36－5、36－6

Q－9 工事用車両の通行を承諾した謝礼金

判定事例	判定
Aは郊外に工場を建設し、製造業を営む青色申告者です。このたび、工場の隣接地が宅地造成されることになり、隣地の地主から工場敷地内の私道への工事用車両の通行の承諾を求められました。工場への原材料の搬入や製品の搬出に支障を来す心配もないので、Aは工事用車両の通行を承諾することにしました。 その謝礼として隣地の地主から200万円の支払を受けましたが、対価性のない一時所得となるのでしょうか？	× なりません

土地そのもの又は土地の定着物としての道路を使用させることによる所得として、不動産所得となります。

参考：所法26①

第2節●事業所得

Q－10●有料駐車場の所得

判定事例	判定
所有する土地を有料駐車場として利用することとし、このほど施設も完備したので近日中に開業するつもりです。 この有料駐車場には管理者を置き、使用時間の長短、自動車の大きさに応じた料金を徴収する方法で経営するつもりですが、一部月極めの契約も結びます。 この場合は、いずれも事業所得になりますか？	○ なります

有料駐車場から生ずる所得がいずれの所得になるかは、有料駐車場に利用されている土地の上に新たな「自動車預かり」というサービス業務が営まれているかどうかで見分ければよく、そこに駐車している自動車の保管責任を全面的に負っているかどうかが判定の基準になります。

保管責任を全うするためには、御質問のように、①管理者を置く　②自動車の出入りをコントロールする　③周囲を塀、フェンスなどで囲む　④夜間は施錠する、などの処置が当然講じられるでしょうから、外観上、このような処置の施してある有料駐車場はもはや不動産所得でなく、通常は事業所得として課税されるものと思われます。

このような営業形態の有料駐車場であれば、料金の徴収がたとえ月極めで行われ、あたかも、地代収入のように見えていても、不動産所得であるとはいえません。

参考：基通27－2

Q－11●労働施策総合推進法により支給される職業転換給付金

判定事例	判定
労働施策総合推進法に基づき、中高年齢者又は身体障害者を雇用する目的で、試験的に数名を仕事に従事させています。これに対し地方公共団体から、事業主に対して補助金が支払われます。 ところで、この補助金は法律に基づいて社会福祉事業として給付されるものですので、非課税所得になりますか？	× なりません

職業転換給付金のうち、被用者が受けるものは、非課税となっていますが、事業主に対する給付金は課税対象となり、事業の遂行に付随して生じた収入として事業所得の総収入金額に算入されます。

参考：労働施策総合推進法第18条、第22条

Q－12●雇用保険法により支給される「特定求職者雇用開発助成金」

判　定　事　例	判　定
公共職業安定所の紹介で高年齢者、心身障害者その他就職が特に困難なものを雇用した事業主は、雇用保険法の規定に基づいて「特定求職者雇用開発助成金」の支給を受けることができます。 この助成金は、事業所得の金額の計算上、総収入金額に算入しなければなりませんか？	○ **総収入金額に算入します**

「特定求職者雇用開発助成金」は、高年齢者等に支払った賃金で事業所得の金額の計算上必要経費に算入される金額を補塡するための経費補償金のような性格のものですから、事業所得の金額の計算上、総収入金額に算入しなければなりません。

Q－13●中小企業倒産防止共済契約の解約手当金

判　定　事　例	判　定
私は、10年前から中小企業倒産防止共済契約に係る掛金を納付していましたが、このほど、この共済契約を解約して解約手当金を受け取りました。 この中小企業倒産防止共済契約に係る掛金は、これまで、支払った年分の事業所得の金額の計算上、必要経費に算入してきましたが、このたびの共済契約を任意解約したことにより受け取った解約手当金は、10年間もの長期にわたって負担した掛金の解約金ですので、一時所得となるのでしょうか？	× **なりません** **事業所得に算入します**

この解約手当金は、事業所得の金額の計算上、必要経費に算入した共済掛金に係るものですので、一時所得とするのではなく、事業所得の金額の計算上、総収入金額に算入すべきものとなります。

参考：措法28①二、措通28－2

Q－14 固定資産税の前納報奨金

判定事例	判定
固定資産税を前納すると、市町村から前納報奨金を交付されることがあります。 この場合、事業用固定資産に係る前納報奨金は、各種所得の金額の計算上、必要経費に算入する固定資産税の額から控除するのでしょうか？	× **事業所得の金額の計算上、総収入金額に算入します**

補足説明

事業用固定資産に係る固定資産税は、事業所得の金額の計算上、必要経費に算入していますので、その固定資産に係る前納報奨金は、事業所得を生ずべき事業の遂行により生じた付随収入として事業所得の金額の計算上、総収入金額に算入しなければなりません。

参考：基通27－5(6)

Q－15 私立保育所が地方公共団体から収受する措置費

判定事例	判定
AはT市で保育所を経営しており、T市から保育の委託を受けた幼児については、T市から児童福祉法第51条《市町村の支弁》の規定に基づく措置費の支給を受けています。 この措置費は、児童福祉法第57条の5《課税除外及び差押えの禁止》の規定から、非課税所得に該当しますか？	× **該当しません**

補足説明

児童福祉法第57条の5《課税除外及び差押えの禁止》の規定は、乳児又は幼児等が、児童福祉法の規定により各種の給付を受ける金品に対しての非課税規定であって、児童福祉法の規定により乳児又は幼児等が保育所等に入所した後に、地方公共団体等が保育所等に対してその措置費として支給するものについては適用がないものと考えられます。

参考：児童福祉法第51条、第57条の5

Q－16 私立幼稚園の入学金の収益計上時期

判定事例	判定
個人経営の幼稚園において、入学金、保育料を次のように受け取っている場合、収入の計上時期はどうなるでしょうか。	
① 毎年12月中旬までに翌年の園児の入園手続をとっており、入学金も12月中に受け取っています。 この場合の入学金は受け取った年分に計上しなければなりませんか？	× **翌年の園児の入園する年の総収入金額として計上します**

入学金に対する園児の保育などの役務提供は翌年に新園児が入園してからであり、費用などの支出と収益が対応しなくなることから、前受金又は預り金として処理することが認められています。

したがって、御質問の入学金については、翌年の園児の入園した年の総収入金額として計上することが認められます。

判定事例	判定
② 保育料は、２期に分けて３月と９月に受け取ります。９月分は10月から翌年３月までのものですから、翌年１月から３月分に相当する部分は前受金で処理しても良いでしょうか？	× **受け取った年分の総収入金額に計上しなければなりません**

保育料については、約款等により支払日が定められ、その内容に従って定型的に収入があることから、たとえ３月と９月の２回に分けて受け取っている場合であっても、翌年分に対応する３か月分については翌年分に繰り延べることは認められていませんので、受け取った年分の総収入金額に計上しなければなりません。

参考：昭43.12.27直所３－37

Q－17 不動産仲介料の収入金計上時期

判定事例	判定
不動産仲介業を営むAは、年末に売買契約を1件成立させて、仲介報酬40万円を収受しました。しかし、Aは、仲介業務は物件の登記完了によって完結するという考え方のもとに、仲介報酬40万円を前受金として経理し、登記の終わった翌年分の収入金額に計上しています。このような処理は認められますか？	✕ 認められません

不動産仲介業者は、仲介により売買契約等を成立させることによってその役務の提供は完了し、報酬請求権が発生するものと考えられます。したがって、登記手続は、売買あっせんが終了した後のアフターサービスと考えられ、登記の完了を待たなくとも、仲介報酬の収入すべき権利は確定しているものと認められます。

以上により、御質問のAの仲介報酬40万円は、売買契約を成立させて、報酬を収受した年分の収入とすべきであり、登記完了の年分の収入とすることは認められません。

参考：商法第550条、宅地建物取引業法第46条、基通36－8(5)

Q－18 弁護士報酬の収入時期

判定事例	判定
弁護士業務のうち訴訟事件は、相当長期間を要しますが、所得金額の計算上、それらの事件の着手金や成功報酬の収入金額の確定する時期は、その仕事の完了した日とするのでしょうか？	○ 原則として、その仕事の完了した日とします

弁護士業務の報酬は、原則的には、その仕事が完了した日の収入となりますが、訴訟事件等は普通その完結までに相当長期間を要しますので、事業所得の計算上、それらの収入金額は現実に受領した金額だけでなく、既に請求し得る状態に至った金額についても総収入金額に算入することとなっています。

具体的には次によります。

(1) 毎月受ける顧問料、料金のようにあらかじめ支払日の定められているもの……その支払日

(2) 着手金のように着手時に支払われるのが慣習となっているもの……その時

(3) 成功報酬のように一定の事実が収入の要件となるもの……その要件を満たした日

参考：基通36－8(5)

Q－19 医師の診療報酬の帰属する時期

判定事例	判定
開業医Ａは、保険診療報酬を支払基金又はその他の保険機関に対して、その月分の診療報酬を取りまとめて、翌月の10日までに請求しています。	
① 12月分は翌年１月10日に請求することになりますが、本年の収入に加えなければなりませんか？	○ 本年（12月分）の収入に計上します
② 交通事故による被害者の診療報酬で、診療を行った年中に加害者を相手とする債権者代位調停がまだ成立していないものについても、本年の収入になるのでしょうか？	○ なります

医師の診療報酬債権は、原則として医師が診療契約に基づいて患者に対する診療行為を行うことによって、直ちに行使できる権利ですから、診療報酬は医師が患者に対して診療を行った日の属する年分の総収入金額に計上することになります。具体的には、現金入金の時や支払基金への請求時期ではなく、診療が個々に行われた時期ということになります。

参考：所法36①、基通36－８(5)

Q－20 損益の帰属時期の特例

判定事例	判定
製造業を営むＡは、製品の販売による売上げの計上については、通常、製品を出荷した日に記帳しています。 しかし、特別な受注製産品については、いったん納入しても相手方の検収を経た後でなければ価格が決まらないこともあり、記帳がしにくいので、このような場合には、検収を受けた日に売上げを計上する方法をとることは認められますか？	○ 認められます

棚卸資産の引渡しの日がいつであるかについては、例えば、出荷した日、船積みをした日、相手方に着荷した日、相手方が検収した日、相手方において使用収益ができることとなった日、検針等により販売数量を確認した日等でその棚卸資産の種類及び性質、その販売に係る契約の内容等に応じその引渡しの日として合理的であると認められる日のうち、その人が継続して収入

金額に計上することとしている日によるものとしても良いことになっています。

参考：基通36－8(1)、36－8の2

Q－21 帳端分の処理

判定事例	判定
事業所得の金額の計算上、収入金額及び必要経費の計上時期に関していくつかの特例が定められていますが、いわゆる帳端分を翌年分に繰り越すことは認められますか？ 例えば、毎月20日を帳簿の締切日としている場合に、12月21日から12月31日までの売上げ、仕入れを翌年分に繰り越して計上することも、法人税では認められているようですが、所得税では認められますか？	× 認められません

補足説明

所得税においては、課税標準の計算が年分計算によっており、しかも、累進税率を採用していますので、いかに計算の便宜を考えても、御質問のような特例を認めることは、課税上のバランスを失い、課税上の弊害が多いところから、現在のところ帳端分を翌年に繰り越すことは認められていません。

Q－22 現金主義による経理

判定事例	判定
小規模の青色申告者は、現金主義によって所得の計算ができるのでしょうか？	○ できます

補足説明

所得税法においては、各種所得の金額を現金主義で計算することは原則として認められていません。しかし、個人にあっては、発生主義による所得計算になじまない小規模事業者もあり、また、記帳の簡素化を意図する簡易帳簿についても、記帳時間の不足や経理の知識不足などで、その記帳になじめない青色申告者もあるところから、このような小規模の青色申告者については、特例として、不動産所得と事業所得（山林の伐採又は譲渡によるものは除かれます。）の計算に限り、総収入金額と必要経費の金額をそれぞれ次の金額とする、いわゆる現金主義による経理が認められています。

参考：所法67、所令196

なお、令和4年分以後、上記の「現金主義による所得計算のできる小規模事業者」に、①雑所得を生ずべき業務を行う居住者である者で、②その年の前々年分の雑所得を生ずべき業務に係る収入金額が300万円以下である事業者が追加されました。　参考：所法67②、所令196の2、令2改所法等附1四

Q－23　事業用資金の預金利子

判定事例	判定
化粧品の小売業を営む青色申告者Aは、営業上の経費や小口仕入れのために普通預金の口座を持ち、その出入りを通帳に記入しています。 この預金から生ずる利子は雑収入として経理していますが、決算の際に利子所得に該当するとして修正仕訳を行う必要がありますか？	○ あります

小売業やサービス業などの事業所得を生ずべき事業を行う場合に、その資金を一時的に普通預金や通知預金に入金し、また、借入金の担保などに供するために定期預金に入金したような場合のこれらの預金から生じる利子は、たとえ事業に関連して生じたものであっても、すべて利子所得として取り扱われることとなっています。

したがって、いったん事業上の雑収入として経理されたこれらの利子は決算に際し、雑収入勘定から事業主借勘定への修正仕訳を行う必要があります。

参考：所法23①

Q－24　競走馬の保有による所得

判定事例	判定
Aは、３年前から競走馬を３頭保有し、いずれも登録して中央競馬に出走させています。Aはこれまで賞金などによる所得を雑所得として申告してきましたが、事業所得として申告することが認められる場合もあるのでしょうか？	○ あります

競走馬の保有に係る所得は、その規模、収益の状況その他の事情を総合勘案して、事業所得か、雑所得かを判断することとされますが、形式的な基準として、次の⑴又は⑵のいずれかに該当すれば、事業所得とされます。

⑴　その年において、競馬法第14条《馬の登録》（同法第22条《準用規定》において準用する場合を含みます。）の規定による登録を受けている競走馬（以下「登録馬」といいます。）でその年における登録期間が６か月以上であるものを５頭以上保有している場合

⑵　次のイ及びロの事実のいずれにも該当する場合

イ　その年以前３年以内の各年において、登録馬（その年における登録期間が６か月以上のものに限ります。）を２頭以上保有していること。

ロ　その年の前年以前３年以内の各年のうちに、競走馬の保有に係る所得の金額が黒字である年が１年以上あること。

参考：競馬法第14条、第22条、基通27－7

Q－25 少額の減価償却資産の譲渡収入

判定事例	判定
事業所得等の金額の計算上消耗品費として必要経費に算入している取得価額が10万円未満の少額減価償却資産を譲渡した場合の収入は、事業所得として良いでしょうか？	○ 事業所得として かまいません

補足説明

事業所得等を生ずべき事業の用に供している少額な減価償却資産で、既にその取得価額が必要経費に算入されているものや、一括償却資産として、取得価額の３分の１ずつの金額を必要経費に算入することとされているものは、準棚卸資産として譲渡所得の基因となる資産からは除かれています。ただし、そのような準棚卸資産であっても例えば貸衣装業における貸衣装などその事業の性質上基本的に重要であると認められる資産（いわゆる少額重要資産）は譲渡所得の基因となる資産に含まれます。

参考：所法33②、所令81

第３節●給与所得

Q－26●所得金額調整控除

判 定 事 例	判 定
Aには扶養親族である18歳の子が一人います。Aは今年、給与等の収入金額が1,000万円、公的年金等に係る雑所得が50万円ありました。Aの妻も給与等の収入金額が1,200万円ありましたが、所得金額調整控除は夫婦ともに受けられますか？	○ 受けられます

所得金額調整控除とは、一定の給与所得者の総所得金額を計算する場合に、一定の金額を給与所得の金額から控除するというものです。

所得金額調整控除には、次の１及び２のとおり２種類の控除があります。このうち１の控除は年末調整において適用することができます。

１　子ども・特別障害者等を有する者等の所得金額調整控除

その年の給与等の収入金額が850万円を超える給与所得者で、⑴のイ～ハのいずれかに該当する給与所得者の総所得金額を計算する場合に、⑵の所得金額調整控除額を給与所得金額から控除します。

⑴　適用対象者

イ　本人が特別障害者に該当する者

ロ　年齢23歳未満の扶養親族を有する者

ハ　特別障害者である同一生計配偶者又は扶養親族を有する者

⑵　所得金額調整控除額

｛［給与等の収入金額（1,000万円超の場合は1,000万円）］－850万円｝×10％

＝控除額※

※　１円未満の端数があるときは、その端数を切り上げます。

なお、この控除は扶養控除と異なり、同一生計内のいずれか一方のみの所得者に適用するという制限がありませんので、御質問の場合、夫婦双方がこの適用を受けることができます。

２　給与所得と年金所得の双方を有する者に対する所得金額調整控除

その年において、⑴に該当する者の総所得金額を計算する場合に、⑵の所得金額調整控除額を給与所得から控除します。

⑴　適用対象者

その年分の給与所得控除後の金額と公的年金等に係る雑所得の金額の合計額が10万円を超える者

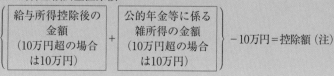

⑵　所得金額調整控除額

｛［給与所得控除後の金額（10万円超の場合は10万円）］＋［公的年金等に係る雑所得の金額（10万円超の場合は10万円）］｝－10万円＝控除額（注）

（注） 上記１の所得金額調整控除の適用がある場合は、その適用後の給与所得の金額から控除します。

御質問の場合、Ａのみ、上記１の控除の適用後の給与所得の金額からさらに10万円を控除することとなります。

参考：措法41の３の３、41の３の４、措令26の５、措通41の３の３－１

Q－27 給与所得者の特定支出

判定事例	判定
会社員も自営業者などと同様に確定申告をして、実際にかかった経費を控除することはできますか？	○ できます

会社員についても、勤務に伴う特定支出金については実額控除を認め、確定申告を通じて自らの所得税の課税標準及び税額を確定させることができるという「給与所得者の特定支出控除制度」が設けられています。

参考：所法28、57の２

Q－28 特定支出（交際費）

判定事例	判定
職場の同僚が結婚することになったため、お祝いのパーティーが仲間内で開かれました。 この会合に出席するための参加費は、特定支出となりますか？	× なりません

特定支出となる交際費等とは、次に掲げるような性格を有する支出をいいます。

① 「接待等の相手方」が給与等の支払者の得意先、仕入先その他職務上関係のある者であること

② 「支出の目的」が給与等の支払者の得意先、仕入先その他職務上関係のある者との間の親睦等を密にして取引関係の円滑化をはかるものであること

③ 「支出の基因となる行為の形態」が、接待、供応、贈答その他これらに類するものであること

したがって、職場における同僚との親睦会や同僚の慶弔のための支出は、特定支出とはなりません。

参考：所法57の２②七ロ

Q－29　特定支出（衣服費）

判定事例	判定
勤務先の社内規定により、職場ではスーツを着用することとされています。 この場合、スーツを購入するための支出は、特定支出となりますか？	○ なります

制服、事務服その他の勤務場所において着用することが必要とされる衣服を購入するための支出で、その支出が、その者の職務の遂行に直接必要なものとして給与等の支払者により証明がされたものは、特定支出となります。

参考：所法57の２②七イ、所令167の３⑦四、所規36の５①八

Q－30　成人祝金品

判定事例	判定
成人を迎えた従業員に、１万円程度の万年筆セットを成人祝の記念品としてプレゼントした場合、現物給与として課税（源泉徴収）する必要がありますか？	× ありません

成人を祝う慣行は一般化されており、御質問の成人祝記念品も、いわば、使用者と使用人という関係のもとで交付されるものとは一概には言えないものと考えられますし、その金額が支給を受ける者の地位等に照らし、社会通念上相当と認められるものについては、強いて課税（源泉徴収）しなくても差し支えないものとして取り扱われています。　参考：所法36①、基通28－5

Q－31　医師の嘱託手当

判定事例	判定
内科の診療所を経営する医師が、Ａ社の委嘱によって、Ａ社の医務室で毎週１回、１日４時間程度、健康相談又は診療等に従事し、月額５万円の謝礼金を受けている場合のこの収入は、この医師の事業所得に加算しなければなりませんか？	× 給与所得として取り扱うのが妥当です

自由職業者本来の業務の流れから少しはずれたところで生ずる所得については、その役務の提供に雇用契約に近い拘束（例えば、役務の内容や時間などに相当の拘束があることなど）があり、かつ、手当等の支払時期や金額があらかじめ一定しているいわゆる固定給の性格が強いものは給与所得とし、それ以外は事業所得として取り扱うのが最も合理的な判定方法と考えられま

す。

御質問の場合は、役務の提供の拘束度につきなお判然としないところはありますが、謝礼金の支払状況からみて、雇用契約としての実態が強いと考えられることから、給与所得として取り扱うのが妥当です。

参考：基通27－5(5)、28－9の2、28－9の3

Q－32 保険外交員の所得

判定事例	判定
私は保険の外交員をしているのですが、固定給と歩合給とをもらっています。この場合、所得の種類は異なるのでしょうか？	○ 給与所得と事業所得とするのが原則です

外交員が保険会社と締結する契約には、雇用契約と委任契約の２通りの契約があり、その形式に従う限り、雇用契約の場合は給与所得、委任契約の場合は事業所得とするのが原則です。

しかし、現実には、契約の形式は異なっていても支給の実態は全く同じである場合も多くみられ、形式にこだわることによってかえって課税のバランスが失われることも予想されますので、税法上は、支給の実態に応じ、それぞれ給与所得又は事業所得の区分を判定することとしています

参考：基通204－22

Q－33 給与等の受領を辞退した場合

判定事例	判定
会社の役員が事業不振の責任を取り、役員賞与を辞退した場合には、その役員賞与相当額は課税されますか？	× 課税されません

給与等の支払を受けるべき者が、給与等の支給期前に辞退の意思を明示し、辞退した場合に限り、給与所得の課税をしないこととされています。

また、役員が、支給期後においても次のような理由により、一般債権者の損失を軽減するためその立場上やむを得ず未払役員賞与等を辞退した場合には、辞退することにより支払われなくなった部分については、収入がなかったものとして源泉徴収されないこととなり、給与等としての課税も受けないこととなります。

(1)　その法人が特別清算の開始の命令を受けたこと

(2)　その法人が破産手続開始の決定を受けたこと

(3)　その法人が再生手続開始の決定を受けたこと

⑷　その法人が更生手続の開始決定を受けたこと

⑸　その法人が事業不振のため会社整理の状態に陥り、債権者集会等の協議決定により債務の切捨てを行ったこと

参考：基通28－10、基通181～223共－3

Q－34●勤務先から受けた献策等の報償金

判定事例	判定
Aは勤務する会社の担当事務に関し、その事務合理化のためのアイデアが会社に採用されたことから、社内規定に従って報償金を受けることになりました。これは給与所得になりますか？	○ なります

事務若しくは作業の合理化等に寄与する工夫や考案等をしたことにより、勤務先から受ける報償金については、その工夫、考案等がその者の通常の職務の範囲内の行為であるかどうかにより、次のように所得が区分されます。

⑴　工夫、考案等を通常の職務としている者が、その工夫、考案等の成果に対して受ける報償金等………給与所得

⑵　⑴以外の者がたまたま有益な工夫、考案等を行ったことにより受けるもの………それが一時に支払を受けるものであるときは一時所得、その工夫、考案等の実施後の成績に応じ継続的に支払を受けるものであるときは雑所得

御質問の場合、Aは、社員として事務の合理化のためのアイデアを会社に提出し、報償金を受け取られたのですから、Aの職務の範囲内の行為と考えられ、その報償金は給与所得として取り扱われます。

参考：基通23～35共－1

Q－35 転勤中に受け取る自宅借上げ家賃

判　定　事　例	判　定
Ａの勤務している会社では、自宅として使用する家屋を取得する場合には低利による融資を受けることができる制度が設けられています。このたび、Ａは転勤により５年前に購入した自宅に居住することができなくなったため、この低利融資が受けられなくなりましたが、その負担増加部分に相当する金額で、会社が自宅を借り上げてくれることとなりました。 Ａの場合、借上げの対価は、月1,500円程度となりますが、これは一種の家賃と思われますので、不動産所得として申告することができますか？	✕ **給与所得となります**

御質問の借上げの対価は、実質的には不動産の貸付けの対価ではなく、転勤のため低利融資を受けることができなくなったことによる利子補給であると認められますので、不動産所得には該当しないものと思われます。

給与の支払者から支払われる利子補給は給与所得に加算されることになります。

参考：所法26

第４節●退職所得

Ｑ－36●死亡退職金

判定事例	判定
会社役員をしていたＡの夫が死亡してから３か月後に、相続人であるＡは、会社からＡの夫の退職金として500万円を受け取ることになりました。この退職金には所得税が課税されますか？	× 課税されません

退職の原因が死亡によるものである場合には、退職手当等の収入の時期はその死亡の日以後に到来することとなり、その死亡した役員に対して所得税は課税されません。

被相続人の死亡によって取得した被相続人に支給されるべきであった退職手当金等で、被相続人の死亡後３年以内に支給額が確定したものについては、その支給を受ける者が相続又は遺贈によって取得したものとみなされて相続税が課税されることとなっています。

参考：相法３①二、基通９－17

Ｑ－37●使用人から役員になった場合に支給される退職金

判定事例	判定
使用人が昇任して取締役に就任することになりましたが、これまで20数年間会社の使用人として勤務していた期間の退職金として2,000万円を支給された場合は、退職所得となりますか？	○ なります

御質問の場合、使用人であった勤続期間に対応して打切支給される給与は、退職に伴って支給されるものではありませんが、使用人から役員になった者に対し、その使用人であった期間の退職手当等として支払われる給与については、その後の退職に際して支払われることになる退職手当等の計算において、使用人であった勤続期間を一切加味しない条件がある場合に限って、退職所得とされます。

参考：所法30①②、基通30－２(2)

Q－38 解雇予告手当

判定事例	判定
会社の業績不振のため、突然解雇されました。その際に私が会社から支払を受けた予告手当30万円は、給与所得の収入金額となるのですか？ なお、私はこの会社から毎月30万円程度の給与を受け取っていました。	✕ なりません

解雇予告手当は、平均賃金を基準として支払われますが、解雇、すなわち、退職を原因として一時に支払われるものであるため、その金額の多寡にかかわらず退職所得に該当します。

参考：基通30－5

Q－39 退職金に代えて生命保険契約の名義を変更した場合

判定事例	判定
A社は、保険金受取人をA社として各役員を被保険者とする生命保険契約に加入しています。このたび、役員Bの退職に当たり、A社契約の生命保険契約を解約して退職金を支払うこととしましたが、Bの申入れにより、退職金の支払に代えてA社契約の生命保険契約の名義をBに変更することにしました。 この場合、名義変更時に解約したとした場合の解約返戻金相当額を、Bの退職所得の収入金額とするのでしょうか？	○ そのようにします

参考：基通36－37

Q－40 企業内退職金制度の改廃等に伴い支払われる一時金

判定事例	判定
企業内退職金制度の改廃等によって打切支給が実施された場合、引き続き勤務する従業員に対して支払われる一時金は、退職の事実がないため、給与所得とされるのでしょうか？	✕ されません

引き続き勤務する役員又は使用人に対して退職手当等として一時に支払われる給与のうち、新たに退職給与規程を制定し、又は中小企業退職金共済制度若しくは確定拠出年金制度への移行等相当の理由により従来の退職給与規程を改正した場合において、使用人に対しその制定又は改正前の勤続期間に係る退職手当等として支払われる給与で、その後の退職に際して支払われる

ことになる退職手当等の計算において、この給与の計算の基礎となった勤続期間を一切加味しない条件がある場合に限って、退職所得として取り扱われます。

したがって、企業内退職金制度の改廃等によって引き続き勤務する従業員に支払われる一時金が、上記の要件を満たす場合には、その従業員に退職の事実がない場合であっても、退職所得として取り扱われることになります。

参考：所法30①、基通30－１、30－２(1)

Q－41 ● 退職することを権利行使の要件とするストックオプションの所得区分

判定事例	判定
役員退職慰労金制度を廃止し、これに代えて、会社の新株予約権を無償で付与することとした場合、これは、実質的には退職金の代わりとなる性格のもので、以下の要件を付していることもあり、退職所得として取り扱ってよろしいでしょうか？ （要件） ・新株予約権の付与については、雇用契約又はこれに類する関係に基因し、過去の勤務実績に基づく在職役員に対して行われる。 ・権利行使期間については、発行日から30年以内において退職を基因とし、かつ退職後１か月以内に一括して行使することとなっている。 ・新株予約権については、譲渡制限を付している。 ・権利行使時の権利行使価額は、１株当たり１円とする。	○ **差し支えありません**

補足説明

御質問の場合、この新株予約権は、現実に役員を退任しなければ権利行使をすることができず、また、退任後１か月以内という極めて短い期間に一括して権利行使をしなければなりません。譲渡についても制限があり付与者の恣意的判断も除かれていますので、給与所得や雑所得に当たらず、退職所得として課税して差し支えないと思われます。

参考：所法30①、基通23～35共－６(1)イ、30－１

Q－42 短期勤続年数に係る短期退職手当等

判　定　事　例	判　定
私は、令和４年１月末に会社を退職しましたが、退職の際に、会社から退職手当の支払を受けました。勤務した期間は４年間で、役員等ではありませんでした。 令和４年１月から、勤続年数が５年以下の場合の退職所得金額（短期退職手当等）の計算方法が変わったと聞きましたが、私が受け取った退職金は短期退職手当等に該当しますか？	○ 短期退職手当等に該当します

退職所得とは、退職手当、一時恩給その他の退職により一時に受ける給与及びこれらの性質を有する給与（以下「退職手当等」といいます。）に係る所得をいいます。

退職所得の金額は、原則として、その年中の退職手当等の収入金額から退職所得控除額を控除した残額の２分の１に相当する金額ですが、退職手当等が「短期退職手当等※」に該当する場合は、次の区分に応じてそれぞれ次に定める金額となります。

① （退職手当等の収入金額－退職所得控除額）≦300万円の場合
　…当該残額の２分の１に相当する額

② （退職手当等の収入金額－退職所得控除額）＞300万円の場合
　…150万円+〔収入金額－（300万円+退職所得控除額）〕

つまり、短期退職手当等について、①の場合は従来どおり２分の１課税が適用されますが、②の場合は300万円を超える部分の金額の２分の１に相当する金額である150万円に、300万円超の部分について２分の１課税が適用されません。

御質問の場合、あなたが退職に起因して会社から支払を受けた退職手当は、短期勤続年数に係る退職手当であり、短期退職手当等に該当するため、退職手当等の収入金額から退職所得控除額を控除した残額が300万円以下になる場合は①で、残額が300万円を超える場合は②で計算することになります。

※　「短期退職手当等」とは、退職手当等のうち、退職手当等の支払をする者から短期勤続年数（勤続年数のうち、役員等以外の者としての勤続年数が５年以下であるものをいいます。）に対応する退職手当等として支払を受けるものであって、特定役員退職手当等に該当しないものをいいます。

参考：所法30①②④⑤、所令69の２①

第５節●譲渡所得

Q－43●借地権の譲渡

判定事例	判定
Ａは、借地の上に店舗を建築し、15年前から喫茶店を経営してきましたが、店を他へ移転することになり、地主の承諾を得て、この建物をレストランの経営を引き継ぐ人に譲渡します。Ａの受領する建物の譲渡代金は、建物の代価と借地の権利に相当する代価とを併せたものですが、この場合、借地の権利の売却による所得も譲渡所得になりますか？	○ なります

参考：所法33②、基通33－1

Q－44●借地権の更新料としての貸地の一部返還

判定事例	判定
150坪の土地を貸していた契約期限が満了となり、借主に更新料として300万円請求したところ、資金繰りの都合で支払えないので、土地の一部（50坪、借地権価額200万円）の返還を受けた場合、返還を受けた部分について課税されますか？	○ 課税されます

借地権の契約更新の対価として受け取ることになる借地権設定の一部解除による利益相当額、すなわち返還を受ける借地権の時価相当額200万円は、返還を受けた年分の不動産所得の収入金額とされます。　参考：所法36

Q－45●借家の明渡しによる立退料

判定事例	判定
家主の都合により住居として10年間使用してきた借家を明け渡すこととなり、その際、家主から立退料を受け取りましたが、交渉の過程ではその立退料がどのような内容の補償であるかを特に明らかにして要求したわけではありません。これを雑所得としてよいでしょうか？	× その形式・内容から、一時所得、譲渡所得及び事業所得に区分します

借家を明け渡すことによって受け取る立退料の性質は、おおむね①立退きのための費用の弁償　②借家権の消滅の対価　③事業者の場合の営業補償とに区分することができますが、通常はこれらの性質の２以上が混在することが多く、所得計算に当たっては、その実質に従って立退料の金額を区分しなければならない場合が生じます。

仮に、これらの区分が形式、内容とも明確になったとした場合は、①については一時所得、②については譲渡所得、③については事業所得となり、それぞれ定められた計算方法によって所得金額を計算することになります。

参考：所令95、基通33－6、34－1(7)

Q－46 砂利の採取をさせたことにより得た所得

判定事例	判定
砂利採取業者から、砂利の採取をするために私の所有する農地（水田）を１年間貸してほしいという強い要請があり、仕方なく1,000㎡だけ貸し付ける契約をして、賃貸料50万円と稲作補償金20万円を受け取りました。 なお、地中の砂利を掘削した後は砂利採取業者がその穴を埋め戻し、水田として利用できるように原状に復して返還することとしています。	
①　賃貸料50万円は、事業所得となりますか？	✕ なりません
②　稲作補償金20万円は、事業所得となりますか？	○ なります

御質問の場合は、形式的には土地を貸し付けた契約をされていますが、実質は砂利採取業者に対して地中に埋蔵されている砂利を譲渡した対価として支払を受けたものであり、譲渡所得となります。

また、稲作補償金20万円は、砂利採取業者が砂利を採取するため１年間は農耕を休止しなければならないため支払を受けるものであり、農業所得の補償として事業所得となります。　参考：所令94①二、基通33－6の5

Q－47 不動産売買業の廃業後に譲渡した土地の所得

判　定　事　例	判　定
Aは、昨年、個人で営んでいた不動産売買業を法人経営に組織変更し、個人事業を廃止する旨を所轄の税務署に届け出ました。 その際、個人事業当時に棚卸資産として所有していた土地の一部を将来、居宅の敷地に利用するつもりでその法人に引き継いでいませんでしたが、今年になって、その土地の買手が現れたので売却することにしました。 このような場合、Aは既に廃業しているので、この土地の譲渡による所得は譲渡所得となるのでしょうか？	✕ なりません

御質問の場合は、棚卸資産として有していた土地を家事に使用しないまま他に販売したわけですから、事業活動がこの時点で実質的に終了したとみることが相当であり、その販売による利益は、譲渡所得ではなく、事業所得として課税されるものと考えられます。

Q－48 土地の造成販売による所得

判　定　事　例	判　定
都市近郊の農家が、戦前から所有していた3ヘクタールの農地を整地し、宅地に造成した上で分譲しましたが、不動産売買業の資格がないので、造成販売はいずれも業者に依頼しました。この所得はすべて譲渡所得になるのでしょうか？	✕ すべてが譲渡所得となるわけではありません

その区画形質の変更等をした土地が極めて長期間にわたって保有されていたものであるときには、その土地の譲渡による所得のうち、区画形質の変更等によって生じた値上がり益に対応する部分だけを事業所得又は雑所得とし、その他の部分を譲渡所得とする取扱いが認められています。この場合の譲渡所得の収入金額は、その区画形質の変更等に着手する直前の時価とし、更に、その譲渡に要した費用はすべて事業所得又は雑所得の必要経費として計算することになっています。

御質問の場合は、その区画形質の変更の規模も相当大きいところからそのすべてを譲渡所得として申告することは認められず、その土地の保有期間の長短に応じ、上記に従って所得の種類を判定することになります。

参考：所法33②、基通33－4、33－5

Q－49 タクシー営業権の譲渡による所得

判 定 事 例	判 定
Aは個人タクシー業者ですが、近く廃業するに際し、自動車と個人タクシーの権利を、一括して他人に譲渡しようと思います。 この譲渡による所得は譲渡所得になりますか？	○ なります

個人タクシーの権利は、個人タクシーを営業することの許可を受けることによって事実上発生した権利であり、その譲渡による所得は、譲渡所得の収入金額となります。

また、自動車の譲渡収入も譲渡所得の収入金額となりますから、この場合、その自動車の未償却残額が、取得費として収入金額から差し引かれます。

参考：所法38②、基通33－1

Q－50 譲渡所得の収入金額の計上時期

判 定 事 例	判 定
Aは本年、所有する農地の譲渡契約をし、代金の全額を受領しましたが、契約上農地法第５条による転用許可の日を引渡日としており、その許可の日は、現在のところいつになるか分かりません。 転用許可がなかった場合、農地の譲渡を本年のものとして申告することができますか？	○ 認められます

御質問の場合には、農地法による許可等又は引渡しがなくても農地の売渡契約を締結した本年分の譲渡として、申告することができます。

参考：基通36－12

Q－51 贈与の際に支出した名義変更手数料

判 定 事 例	判 定
７年前、名義変更手数料100万円を支払い贈与を受けたゴルフ会員権を、本年、売却したのですが、この名義変更手数料は取得費になりますか？	○ なります

ゴルフ会員権の贈与を受けた際に支払った名義変更手数料は、その資産を取得するために通常必要な費用と考えられ、ゴルフ会員権に係る譲渡所得の計算に当たり取得費に算入することができます。

参考：基通60－2

Q－52　固定資産の交換の場合の譲渡所得の特例

判定事例	判定
甲と乙は、農地法第３条及び第５条による許可を得ましたので、それぞれ10年来耕作していた畑と田を交換しました。交換によって田を取得した甲は、取得後水田として使用していますが、畑を取得した乙は、そこにアパートを建てました。 この場合、交換による取得資産の用途と交換による譲渡資産の用途とは、完全に同一とはいえませんが、甲は固定資産の交換の場合の譲渡所得の特例の適用は認められますか？ なお、交換した畑と田は、いずれも時価が同程度であったため交換差金（清算金）の授受はありません。	○ 認められます
また、乙は固定資産の交換の場合の譲渡所得の特例の適用は認められますか？	× 認められません

甲は、交換取得資産を交換譲渡資産の交換直前の用途（田畑）と同一の用途に供したことになりますから、この特例の適用が認められますが、乙は、交換取得資産を交換譲渡資産の交換直前の用途（田畑）と同一の用途に供したことになりませんから、この特例の適用は認められず、交換取得資産の時価を収入金額として譲渡所得の申告が必要になります。

参考：所法58、基通58－6(1)

Q－53　保証債務を履行するための資産の譲渡

判定事例	判定
Ｂは、友人Ａの債務保証をしていましたが、友人Ａが事業に失敗し、借入金の返済が不能となったため、友人Ａの債権者からＢに返済請求がありました。 急なことでしたので、Ｂはいったん銀行から借入れをして友人Ａの債務を返済し、銀行へは、後日自己所有の土地を譲渡して、その代金で返済しました。 この場合、保証債務を履行するための資産の譲渡に該当し、譲渡がなかったものとみなされますか？	○ みなされます

借入金を返済するための資産の譲渡が、保証債務を履行した日からおおむね１年以内に行われている等、実質的に保証債務を履行するためのものであると認められるときは、保証債務を履行するために資産の譲渡があった場合に該当し、譲渡がなかったとみなされます。　参考：所法64②、基通64－5

Q－54　家屋の所有者と敷地の所有者が異なる場合の居住用財産の特別控除

判定事例	判定
Aは父Bの土地に住居を建て、父とともに住んでいましたが、このたび、この土地建物を一括して譲渡しました。 この譲渡による譲渡代金は、建物1,500万円、土地3,000万円で、譲渡益は、建物500万円、土地2,500万円となりました。 この場合、居住用財産の3,000万円の特別控除は認められますか？	○ A、Bともに認められます

御質問の場合には、まず、Aの建物の譲渡益500万円について居住用財産の3,000万円の特別控除を適用し、次に、Bはその家屋の所有者ではありませんが、Aの譲渡益が3,000万円に満たず、かつ、次の要件のすべてに該当しますから、Aの譲渡益から控除しきれなかった2,500万円をBの譲渡益2,500万円から控除することとなります。

(1) その家屋とともにその敷地の用に供されている土地等の譲渡があったこと

(2) その家屋の所有者とその土地等の所有者とが親族関係を有し、かつ、生計を一にしていること

(3) その土地等の所有者は、その家屋の所有者とともにその家屋を居住の用に供していること　参考：措通35－4

Q－55　同一年中における２以上の居住用財産の譲渡

判定事例	判定
Aは、本年３月に20年来居住していた家屋とその敷地を3,000万円で譲渡し、その譲渡代金に銀行借入金を加えて、４月に新たに分譲住宅を4,000万円で購入し居住しました。 ところが、Aの個人事業が不振に陥り、運転資金が必要となったため、この分譲住宅を処分しなければならなくなり、本年９月に4,500万円で譲渡しました。 この場合、Aは同一年中に２度にわたって居住用財産を譲渡していますが、両方について居住用財産の3,000万円の特別控除の適用は受けられますか？	○ 3,000万円を限度に受けられます

御質問の場合、同一年中に２度にわたって居住用財産を譲渡されていますから、双方に特別控除が適用されます。この場合の特別控除額は3,000万円を限度とし、まず、９月に譲渡された家屋の短期譲渡益から控除し、残余の特別控除額を３月に譲渡された家屋の長期譲渡益から控除します。

参考：措法35①②、措通36－１

Q－56　２棟の家屋を居住の用に供していた場合の譲渡

判定事例	判定
15年前に家屋Aを建築し、その後引き続き居住の用に供してきましたが、３年前に、同一敷地内に隣接して家屋Bを新築し、子供（高校生、中学生）の勉強部屋及び寝室として使ってきました。 この家屋A及びBを同時に譲渡した場合、双方について、「居住用財産の譲渡所得の特別控除」の適用を受けることができますか？	○ できます

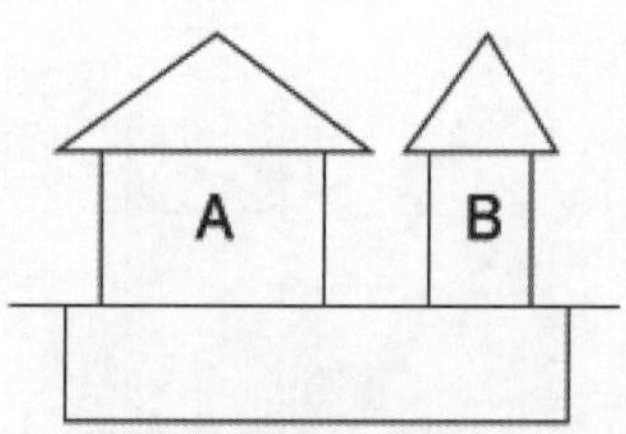

御質問の場合、家屋A及び家屋Bは、一体としての機能を有する一構えの家屋と認められますので、双方について「居住用財産の譲渡所得の特別控除」の適用を受けることができます。

参考：措令23①、20の３②

Q－57 一時的に貸し付けた住宅と居宅用財産の特別控除

判定事例	判定
今年の５月から、郊外に住宅を購入して住んでおり、それまで住んでいた住宅については、適当な買手がないため、勤務先に一時的に貸し付けているものの、２年以内には売却したいと思っています。この場合のように、いったん貸し付けた後に売却した場合でも、貸付けの期間が短ければ、居住用財産の3,000万円の特別控除を適用できますか？	○ できます

補足説明

御質問の場合は、居住用の家屋を居住の用に供さなくなった日から３年を経過する日の属する年の末日までに取り壊さずに譲渡した場合であれば、その家屋をその間貸家として使用していても3,000万円の特別控除の適用が受けられます。

参考：措法35②一、二、措通31の３－14、35－２、35－５

Q－58 店舗併用住宅を譲渡した場合の特別控除

判定事例	判定
長年、店舗併用住宅として使用してきた住宅とその敷地を譲渡しました。 この場合、居住用財産の3,000万円の特別控除は、店舗部分についても適用されるのでしょうか？	× されません

参考：措法35②一、措令23①、20の３②

Q－59 低未利用土地等を譲渡した場合の長期譲渡所得の特別控除

判定事例	判定
Aは、都市計画区域内にある土地基本法第13条第４項に規定する低未利用土地を売却したので、低未利用土地等を譲渡した場合の長期譲渡所得の特別控除を受けようと思っています。 この控除の適用を受けるためには、その土地等の売却の金額が500万円以下でなければならないのですが、Aはその年中にこの土地を含めて２か所の低未利用土地を、それぞれ300万円の計600万円で売却しており、売却金額の合計が年間で500万円を超えます。 Aはこの特別控除の適用を受けることはできますか？ なお、それ以外の要件は満たしています。	○ できます

低未利用土地等を譲渡した場合の長期譲渡所得の特別控除は、令和２年７月１日から令和７年12月31日までの間に、都市計画区域内にある一定の低未利用土地等を500万円以下で売った場合に、その年の低未利用土地等の譲渡に係る譲渡所得の金額から100万円を控除することができる制度です（その譲渡所得の金額が100万円に満たない場合には、その譲渡所得の金額が控除額になります。）。

この控除を受けるためには、次の要件をすべて満たす必要があります。

⑴　売った土地等が、都市計画区域内にある低未利用土地等であること。

⑵　売った年の１月１日において、所有期間が５年を超えること。

⑶　売手と買手が、親子や夫婦など特別な関係でないこと。

なお、特別な関係には、生計を一にする親族、内縁関係にある人、特殊な関係のある法人なども含まれます。

⑷　売った金額が、低未利用土地等の上にある建物等の対価を含めて500万円以下であること。

※　令和５年１月１日以後に行う低未利用土地等の譲渡においては、その低未利用土地等が次の区域内に所在する譲渡の場合は、対価の額の要件が800万円以下とされました。

①　市街化区域又は区域区分に関する都市計画が定められていない都市計画区域のうち、用途地域が定められている区域

②　所有者不明土地対策計画を作成した市町村の区域

⑸　売った後に、その低未利用土地等が利用されること。

⑹　この特例の適用を受けようとする低未利用土地等と一筆であった土地から前年又は前々年に分筆された土地又はその土地の上に存する権利について、前年又は前々年にこの特例の適用を受けていないこと。

⑺　売った土地等について、収用等の場合の特別控除や事業用資産を買い換えた場合の課税の繰延べなど、他の譲渡所得の課税の特例を受けないこと。

なお、⑷の売った金額が500万円以下であることの判定については、次に

より行うこととされています。

イ　低未利用土地等が共有である場合は、所有者ごとの譲渡対価により判定します。

ロ　低未利用土地等とその低未利用土地等の譲渡とともにした低未利用土地の上にある資産の所有者が異なる場合は、低未利用土地等の譲渡対価により判定します。

ハ　低未利用土地とその低未利用土地の上に存する権利の所有者が異なる場合は、所有者ごとの譲渡対価により判定します。

ニ　同一年中にこの特例の適用を受けようとする低未利用土地等が２以上ある場合は、その低未利用土地等ごとの譲渡対価により判定します。

御質問の場合、その低未利用土地等の年間の売却金額の合計は600万円ですが、上記(4)の売却金額が500万円以下であることの判定については、(7)ニのとおり、低未利用土地等ごとの売却金額で行うこととされています。

したがって、それぞれの低未利用土地等の売却金額（300万円）が500万円以下であること、また、それ以外の要件についても満たしているとのことですので、低未利用土地等を譲渡した場合の長期譲渡所得の特別控除の適用を受けることができます。

参考：措法35条の３、措令23条の３　措通35の３－２

第６節●一時所得

Q－60●不動産売買契約の解除に伴う違約金の所得

判定事例	判定
Aは、小売業を営むかたわらアパートの経営をするつもりで、敷地として予定した土地を購入する売買契約を結んでいましたが、売主の都合でその契約が破棄され、先に支払っていた手付金の返還を受けるとともに同額の違約金を受け取りました。これは一時所得として課税されますか？	○ 課税されます

補足説明

御質問の場合、民法第557条《手付》の規定に基づく手付流し又は手付倍返しの金額として受け取った場合には、不動産売買業者が受けるものや商品、原材料などの売買に関して受けるものなど現に営む業務に関連して受けたもので事業所得等として課税されるものを除き、一時所得として取り扱われます。

参考：民法第420条、第557条、所法９①十八、基通34－1(8)

Q－61●立退料の収入金額の計上時期

判定事例	判定
Aは、家主から立退きを要求されたので立ち退くことを承諾し、家主と次のとおり借家の立退料（一時所得とされるもの）について契約しました。 (1)　契約日　令和５年６月30日 (2)　立ち退くべき日　令和６年１月31日 (3)　立退料決済年月日及び立退料 令和５年６月30日　100万円 令和６年１月31日　100万円 この場合、立退料はそれぞれの年分の所得となるのでしょうか？	× いずれも令和５年分の一時所得の収入金額となります

補足説明

一時所得の収入金額は、その支払があってはじめて収入のあったことを認識する場合が多いものと考えられるところから、一時所得の収入金額の計上時期は、一般的にはその支払を受けた日によることとされています。

しかし、御質問のように、立退料の総額とその支払日を契約の上で定めている場合にあっては、その契約の効力の発生した日（通常は契約を締結した日となります。）にその立退料を収入する債権を取得して、その反対に借家を立ち退くという債務を負うことになりますので、令和５年６月30日に支払を受けた100万円及び令和６年１月31日に支払を受けた100万円いずれについても、立退料の支払を受ける権利を取得した日、つまり契約した日の属する令和５年分の一時所得の収入金額として計上することになります。

Q－62 店舗に係る損害保険契約の満期返戻金

判定事例	判定
衣料品小売業を営む者が、店舗に掛けていた長期保険約款に基づく損害保険契約が本年６月に満期となり、300万円の満期返戻金を受け取りました。この満期返戻金は、事業所得の金額の計算上総収入金額に算入するのでしょうか？ なお、毎月の掛金については積立部分を除いて、事業所得の金額の計算上必要経費に算入しています。	✕ **一時所得に係る総収入金額に算入します**

御質問のように店舗に掛けていた損害保険契約に係る満期返戻金については、事業所得に係る総収入金額に算入するのではなく、一時所得に係る総収入金額に算入することになります。

なお、一時所得の金額の計算上、既に事業所得の金額の計算上必要経費に算入されていた掛金の額は、控除することができません。言い換えれば、積立保険料部分だけを、一時所得の金額の計算上その収入を得るために支出した金額として、控除します。

Q－63 生命保険契約の満期返戻金

判定事例	判定
自分自身が保険契約者、被保険者及び保険金受取人となっている生命保険契約が本年12月20日で満期となり、その翌日からいつでも満期返戻金を受領することができることになっています。 自己の都合で、翌年の１月に受領する場合、この満期返戻金は翌年分の一時所得として申告すれば良いのでしょうか？	✕ **本年分の一時所得となります**

一時所得の総収入金額の収入すべき時期は、所得の性格上、現実に収入するまでは不確定であるものが多いところから、原則として、その支払を受けた日によることとされています。しかし、生命保険契約の一時金のように、あらかじめ契約によって定められている一定の事実が生じたときに支払を受けることができるものは、その収入すべき日も、その支払を受けるべき事実が生じた日によることとされています。

御質問の満期返戻金は、実際に受領したのが翌年であっても、その支払を受けるべき事実が生じた日が本年中に到来していますから、本年分の一時所得として申告する必要があります。　参考：基通34－1(4)、36－13

Q－64　生存給付金付保険に係る一時金

判定事例	判定
甲生命保険会社の生存給付金付保険は、満期日前（５年目、８年目、10年目等）に一時金（生存給付金）を受け取ることができる契約になっています。この一時金は一時所得として課税されますか？ なお、この生存給付金付保険は、保険契約期間中に一時金の支払が数回にわたって行われるものですが、年金形式で支払われるものではありません。	○ 課税されます

参考：基通34－1(4)

Q－65　外国の保険事業者から受け取った死亡保険金

判定事例	判定
Ａ商社のドイツ駐在の社員が、Ｐ保険会社（ドイツの保険事業者）と、被保険者を本人とし受取人を本人の妻とする生命保険契約を締結し、保険料を支払っていました。ところが、本人は本年11月に病気により死亡し、日本に居住している留守家族（本人の妻）がその保険金を受け取りました。 この保険金は、相続財産とされて所得税は非課税となるのですか？	○ Ｐ保険会社が、日本で保険業法第２条第６項に規定する外国保険業者であれば、所得税は課税されず、相続税が課税されます

参考：相法３①一、相令１の２①、所法９①十七

Q－66　契約者貸付金がある場合の受取保険金の課税

判　定　事　例	判　定
Ａは、次のような養老保険に加入していましたが、本年８月にこの保険が満期となり、保険金受取人であるＡの妻は剰余金を含めて350万円を受け取りました。 ・契約者、保険料負担者……Ａ ・被保険者……………………Ａ ・保険金受取人………………Ａの妻 契約による満期保険金は500万円ですが、Ａは、以前にこの保険金を担保に保険会社から200万円を借りており、それが返済未了となっていましたので、約定により満期保険金から差し引かれています。	
①　この200万円はＡの一時所得の収入金額となりますか？	○ なります
②　受取保険金は贈与税が課税されるのでしょうか？	○ 課税されます

Ａの妻には、剰余金を含めて実際に受け取った350万円について贈与税が課税されます。

Ａには、契約者貸付金の額に相当する保険金200万円が一時所得の収入金額として課税されます。この場合、一時所得の収入金額から控除する保険料の額は、200万円に対応する金額となります。

参考：相法５、相基通３－９、５－１、所法34、所令183②二、基通34－１⑷、34－４

Q－67　生命保険契約の契約者名義の中途変更

判定事例

Ａは父の死亡により生命保険金800万円を受け取りました。この契約は、当初父が締結したもので、その後父に資力がなくなり、中途でＡが契約者となって保険料の支払を引き継いだものです。

この場合でもすべて一時所得になりますか？

契約者（保険料の支払者）　父からＡに変更

保険料の支払額　父　130万円（８年間）

〃　Ａ　30万円（２年間）

被保険者　父（死亡）　保険金受取人　Ａ

判定

×

相続税が課税される部分と一時所得として所得税の課税対象となる部分があります

補足説明

御質問の生命保険契約は、保険事故の発生時点ではＡが契約者であって、保険料もＡが負担しているわけですが、当初、父親が契約者で保険料を支払っていたものを、中途で契約者名義を変更していますので、保険金800万円のうち、父親の負担した保険料に対応する部分は、相続によりＡが取得したものとみなして相続税が課税されます。

参考：所法９①十七、34、所令183②、基通34－１⑷、34－４、相法３①、５①②

Q－68　生命保険契約の満期金から控除する保険料

判定事例

Ａは、生命保険契約が満期を迎えたことにより、本年10月に満期保険金1,000万円を受け取りました。

保険料の800万円は、勤務先と折半して負担したものです（Ａの負担額400万円、勤務先の負担額400万円）。勤務先が負担した保険料については、給与所得として課税されていません。

勤務先が負担した400万円は、一時所得の金額の計算上、生命保険契約の満期金から控除することができますか？

判定

×

できません

補足説明

御質問の場合、受け取った満期保険金については、一時所得として申告する必要がありますが、一時所得の金額の計算上、控除される保険料等の金額は、Ａが負担した400万円のみとなり、勤務先が負担した400万円は、控除することはできません。

参考：所法34②、所令183④、184③一

Q－69 クイズの賞金

判定事例	判定
ある食品メーカーが募集したクイズに当選し、賞金を受け取りましたが、賞金の10%は老人施設に寄附する定めに従い、あらかじめ差し引かれています。 この賞金は、一時所得として申告することになりますか？	○ なります

御質問の場合、あらかじめ定められたところに従い、老人施設に寄附した金額は、一時所得の金額の計算の際に収入を得るために支出した金額に含めて差し引くこととなります。　参考：所法34②、基通34－1⑴、34－3

Q－70 名義の無断使用に対する損害賠償金

判定事例	判定
会社役員Aは、友人のBに名義と印鑑を盗用されていることに気づき、このほど、その事後処理として40万円の示談金を受け取りました。 この示談金は、非課税所得になりますか？	× なりません

「心身に加えられた損害」「突発的な事故により資産に加えられた損害」について受ける損害賠償金や慰謝料には該当しないと思われますので、一時所得となり、非課税所得には該当しません。

Q－71 借入金の債務免除による利益

判定事例	判定
Aは、保証債務を履行するため、マイホームを手離すこととなりました。 そこで、5年前まで役員をしていた会社から退職後マイホーム資金として借りた借入金500万円の残金200万円の債権放棄を受けました。 この債務免除益は一時所得となりますか？	○ なります

御質問の場合には、免除した債権者は5年前まで役員をしていた法人であり、また、免除を受けた債務はマイホーム資金の借入金であることから法人からの贈与として、一時所得に該当します。　参考：基通34－1⑸

Q－72 時効による土地の取得

判定事例	判定
Ａの隣家が譲渡されることに関連し、Ａの自宅の敷地の一部が隣家のものであることが判明し、Ａはその返還を求められました。 しかし、戦前から自分の土地として使用していたものであり、Ａは取得時効を援用し、正式にＡの名義として登記しました。 この所得は一時所得となりますか？	○ なります

補足説明

取得時効による所得は一時の所得で対価性のないものであり、原則として一時所得に該当するものと考えられます。

参考：民法第145条、所法34、36

第7節●雑所得

Q－73●厚生年金を過去にさかのぼって一括受給した場合の受給金の収入すべき時期

判定事例	判定
厚生年金の受給資格があるにもかかわらず、申請手続を失念していたAは、今年になって気付き申請したところ、5年分の年金が一括して支給されました。 この場合、支給された年金は全額本年分の所得として、まとめて申告することになるのでしょうか？	× 各年分の所得として申告します

御質問の場合のように5年分の年金が一括して支給された場合であっても、法令等により定められた支給の対象期間に係る各年ごとの支給日が、それぞれ収入すべき時期となり、受給した年分に一括して申告するのではなく、5年間の各年分の所得として申告する必要があります。 参考：基通36－14(1)イ

Q－74●年金法改正に伴う改定差額の収入すべき時期

判定事例	判定
国民年金の受給者が、昨年4月にさかのぼって年金の改定差額を支給する旨の改定通知書（本年2月に改定差額を支給する旨が明記されています。）を本年1月に受け取りました。 この場合、支給される年金の改定差額は、本年分の所得となりますか？	○ なります

御質問の場合の年金の改定差額については、改定通知の際にその支給日が本年2月と定められていることから、その収入すべき時期は、その支給日となり、本年分の所得となります。 参考：基通36－14(1)ロ

Q－75●代物弁済による利益

判定事例	判定
友人に1,000万円を貸し付けていましたが、金銭による返済に代え、不動産鑑定士の鑑定によれば時価1,500万円という土地をもらいました。 この差額の500万円は、所得税の課税対象になりますか？	○ なります

代物弁済で消滅させた債権額と取得した土地の価額（時価）との差額500万円は受取利息として雑所得の総収入金額に算入されます。

参考：民法第482条、所法36、基通27－4㈱1

Q－76 就職支度金

判定事例	判定
従業員の新規採用に当たり、雇用契約を前提として、就職支度金50万円を支給する予定です。 新規採用者は勤務によって転居しなければならない事情はなく、この支度金は優秀な人材を確保するためのものですが、このような場合に、支度金を受け取る新規採用者に対しては給与所得として課税されるのでしょうか？	× 雑所得となります

この支度金は雇用契約を前提として支給されるもので、雇用契約そのものによって支給されるものではありませんから給与所得ではなく、また、一時に受けるものであっても、労務の対価たる性質がある以上一時所得でもなく、更に、委任契約や請負契約に基づいて受ける契約金のように事業所得としての性格もないところから、課税に当たっては、雑所得として取り扱われます。

参考：所法９①四、所法204①七、205、基通35－1⑾

Q－77 再就職活動者が受け取る職業訓練受講給付金

判定事例	判定
Aは、勤務先の深刻な経営不振により離職を余儀なくされ、再就職先を探すため、ハローワークのあっせんにより公共職業訓練を受講することとなりました。訓練期間中の生活保障として、職業訓練受講給付金を受給することとなりましたが、この給付金には、所得税が課税されますか？	× 課税されません

この職業訓練受講給付金には、公租公課の禁止規定が設けられていることから非課税となります。

参考：職業訓練の実施等による特定求職者の就職の支援に関する法律第７条、第10条

Q－78 会社の退職者互助会が支払う遺族年金

判　定　事　例	判　定
A社には、A社退職者互助会制度があります。当互助会は、原則としてA社に20年以上勤務した退職者で組織される福利厚生団体で、団体の活動の原資は、A社からの寄附（拠出）金と会員が入会時に支払う入会金から成っています。 制度の内容は、会員等に対する入院給付金、葬祭料及び遺族年金の給付です。 この場合、会員の相続人が受け取る遺族年金は非課税となりますか？	✕ なりません

補足説明

この年金は本人の勤務に基づいて支給されるものではなく、会員の相互扶助の目的で支給されるものですから、非課税所得に定義する遺族年金には該当せず雑所得となります。

参考：所法9①三ロ、基通9－2

Q－79 不動産仲介業者の使用人が取引先から直接受け取った礼金

判　定　事　例	判　定
不動産仲介業者に勤務しているAは、取引先であるB社から「取引のことで大変お世話になったから」といって謝礼金100万円を受け取りました。 このAの謝礼金100万円は雑所得になりますか？ なお、Aは不動産仲介業者の使用人で給与所得のみを有し、いわゆる外交員報酬の支払は受けていません。	○ なります

補足説明

給与所得者（給与の他に外交員報酬等の収入を得ている人を除きます。）が、雇用主以外の取引先であるB社から直接支払を受けた謝礼金100万円は、実質上、雇用主が受け取ってAに支払ったものとみられて、Aに対する賞与となる場合を除き、おおむね次のいずれに該当するかどうかで判定します。

(1) 法人からの贈与により取得する金品（業務に関して受けるもの、継続的に受けるものを除きます。）……一時所得の収入金額

(2) 役員又は使用人が自己の職務に関連して使用者の取引先等からの贈与等により取得する金品……雑所得の収入金額

したがって、御質問の使用人Aが受け取った謝礼金は、まさに自己の職務に関連して取引先から受け取ったものですから、(1)には該当せず、(2)の雑所得となります。

参考：基通34－1(5)、35－1(11)

Q－80 利息の定めのない一時的な資金の貸付けに関して受ける謝礼金

判定事例	判定
Ａは、友人が社長をしている甲社の一時的な資金繰りを助けるため、同社に６か月間無利息の約束で2,500万円を貸し付けました。しかし、甲社の資金繰りが思いのほか早く好転したことから、返済期日前に謝礼金（500万円）を含めて貸付金の全額の返済を受けました。 この謝礼金は甲社の一方的な意思に基づくものですから、法人である甲社からＡに対する贈与（すなわち、一時所得）になると考えますが、どうでしょうか？	✕ なりません

Ａが謝礼金を受領した経緯をみてみますと、甲社はＡからの貸付金によって事業を好転させることができたこと、また、謝礼金も500万円といわゆる謝礼金にしては高額と認められること、これらの事実を総合勘案しますと、この謝礼金は資金提供というサービスの対価という性質を有するものと考えるのが相当です。

したがって、御質問の謝礼金は、対価性を有しない偶発的な所得である一時所得には当たらず、雑所得の収入金額として課税対象となるものと考えられます。

参考：民法第549条

Q－81 土砂等を自己の所有する土地に捨てさせた場合の謝礼

判定事例	判定
会社員であるＡが、所有する窪地へ土砂を捨てさせたお礼として建設業者から100万円をもらいました。 この100万円は、不動産所得として申告してよろしいでしょうか？	✕ 雑所得となります

御質問の謝礼としての100万円は、土地の貸付けの対価である不動産所得ではなく、土砂を捨てさせたことによる対価としての収入であり、雑所得となります。

参考：所法35

Q－82 不動産を担保に提供した際に受け取った謝礼

判定事例	判定
Ａは、同族会社の役員をしていますが、このたび会社が銀行から借入れを起こすに当たり、Ａ所有の土地を担保に提供しました。 その際、会社から謝礼金として100万円を受け取りましたが、この金銭は不動産所得になるのでしょうか？	✕ なりません

不動産所得とは、不動産、不動産の上に存する権利、船舶又は航空機の貸付けによる所得をいいますが、担保提供による謝礼金は、不動産そのものの貸付けによる対価ではなく、不動産の処分価値の利用による対価ですので、不動産所得には該当しません。また、担保提供による謝礼として支払われたもので、対価性がありますから一時所得にも該当しません。

したがって、御質問の謝礼金は、雑所得に該当することとなります。

判定事例	判定
また、この土地はＡが銀行から借り入れた資金で購入したものですから、Ａは銀行に利息を支払っていますが、この支払利息は、謝礼金に対する必要経費となりますか？	✕ なりません

土地の取得のための借入金の支払利息は、不動産を使用収益する場合には必要経費となりますが、担保に提供することによって、何ら使用収益をすることに差し支えが生ずることはありませんので、単なる処分価値の利用にすぎず、担保提供の謝礼金に対する必要経費とすることはできません。

参考：所法26

Q－83　ホームステイの外国人受入家庭が受ける謝礼金

判　定　事　例	判　定
アメリカの青年を10日間程ホームステイさせました。これに関連して、招へいした機関から支給を受けた１泊当たり5,000円の謝礼金は、雑所得として申告する必要がありますか？	× ありません

ホームステイの趣旨及び謝礼金の支給基準又は実費弁償的性格から、課税しないこととして取り扱われます。

参考：昭61.３.31直審３－47・直所３－４

Q－84　税理士であった夫の関与先を譲渡した場合の所得

判　定　事　例	判　定
税理士であった夫が死亡したため、亡夫の関与先をＢ税理士に引き継ぎ、その対価として200万円を受け取りました。 この収入は、営業権の譲渡と理解されますので譲渡所得で申告してよろしいでしょうか？	× 雑所得となります

御質問のように故人の関与先の新たな顧問となった税理士から支払を受けた金銭は、故人が営んでいた税理士業の営業権の対価には該当しません。

御質問の収入は、Ｂ税理士に関与先を紹介したことに対する報酬と解されますから、雑所得となります。

参考：昭42.７.27直審（所）47

Q－85　還付加算金の所得区分

判　定　事　例	判　定
更正の請求や不服申立てをしたことにより納付済みの税額が減額され、還付されることになった場合に、還付加算金がその還付金に付加して支払われることになっていますが、この還付加算金は雑所得となるのでしょうか？	○ なります

現行所得税法では、還付加算金を雑所得の収入金額として扱っていますが、これは「非営業貸金の利子」が雑所得とされるのと同一の趣旨によるものです。

参考：通法58、基通35－１⑷

Q－86 外国の不動産を譲渡した場合に生じた為替差損

判定事例	判定
Aは、4年前に米国のカリフォルニアで購入し地元の会社に貸し付けていた土地を手放すこととし、貸し付けている会社に譲渡しました。 譲渡価額等は次のとおりです。 ・取得価額　10万ドル　　取得時のレート　1ドル＝130円（円換算額　1,300万円） ・譲渡価額　12万ドル　　譲渡時のレート　1ドル＝100円（円換算額　1,200万円） この場合、為替差損が生じていますが、この損失は譲渡損失として処理してもよいでしょうか？	○ 為替差損も含めて譲渡損失として処理します

参考：所法57の3

Q－87 労働組合から支給を受けた金員

判定事例	判定
Aは、企業の一部が閉鎖されたことに伴い解雇された従業員ですが、他の解雇された従業員とともに労働組合に加入し、裁判所及び労働委員会に解雇の撤回と身分保全の訴えを提起しています。 この場合、争議団員として参加している労働組合員は、労働組合から、月額10万円の「争議活動費」を受け取っていますが、この「争議活動費」は雑所得になりますか？ なお、Aはアルバイトをしながら、争議行動及び打合せ会等に出席しておりますが、労働組合の専従者として従事しているものではありません。	○ なります

補足説明

御質問の場合の「争議活動費」は、Aが組合の専従者として活動をしているものではありませんし、別途、アルバイトをしながら、争議活動に参加しているとのことですから、雑所得とするのが相当です。

参考：所法34、35、基通23～35共－2

Q－88　遊休土地における果樹栽培

判定事例	判定
Ａは内科医院を営む医師ですが、数年前、近くの土地300㎡（市街化調整区域、登記簿上は宅地）が売りに出されたので、将来は住宅を建てても良いと思い購入しました。とりあえず栗の木でもと、10本を植樹しておりましたところ、今年初めて実をつけたので、栗の実を２万円で売りました。 この収入は事業（農業）所得に該当しますか？	✕ しません
また、次の計算による損失はＡの医業の所得から差し引くことができますか？ ○栗の栽培に係る所得金額 ①　栗の販売に係る収入金額　２万円 ②　土地の固定資産税　10万円 ③　土地の取得に係る借入金利息　150万円 ④　損失金額（①－②－③）　△158万円 ○医業に係る事業所得の金額　1,200万円	✕ できません

補足説明

御質問の場合には、購入した土地は宅地であり、農業を行う意思は認められませんし、植樹本数からみても農業というよりは土地の維持管理又は趣味娯楽を前提とした家庭菜園的なものに近く、事業を行っているとは認められないものと考えられます。

すなわち、Ａの土地所有の目的は、栗栽培とは別にあって、その土地からこのような収入が生じたとしても、それは土地の維持管理の過程で付随して発生した栗の栽培による副次的な収入であり、維持費に相当する性格のものと考えられます。

また、植栽の規模が小さいことも考え合わせますと、御質問の場合の栗の栽培に係る収入は農業所得には該当せず、雑所得とすることが相当であると考えられますから、Ａが計算した損失の金額は、医業に係る事業所得の金額から差し引くことはできません。

参考：所法27、69①

Q－89 民泊による所得の課税関係

判定事例	判定
Aは会社員で、海外からの観光客が増えたため、自己が居住する住宅の２階部分を利用して住宅宿泊事業法に規定する住宅宿泊事業（いわゆる「民泊」）を始めました。民泊に利用している住宅は、築100年を超える古民家であることもあって、観光客にも人気があり、今年の民泊に係る収入金額は90万円となりました。また、必要経費が約30万円ほどかかりました。会社からの給与に関しては、毎年、年末調整されていますが、Aは確定申告する必要はありますか？	○ あります

住宅宿泊事業の性質や事業規模・期間などを踏まえると、住宅宿泊事業による所得により生計を立てているなど、その住宅宿泊事業が、所得税法上の事業として行われていることが明らかな場合を除き、原則として雑所得に該当すると考えられます。

したがって、Aは会社員で年末調整を受けているということですから、会社から支払われる給与所得以外の所得が20万円を超える場合には、確定申告が必要となります。

参考：所法120、121

Q－90 暗号資産の売却

判定事例	判定
Aは給与所得者ですが、本年、暗号資産を取得し、同年中に売却したところ、利益が出ました。暗号資産の売却により生じた利益は、雑所得となるのでしょうか？	○ なります

ビットコインをはじめとする暗号資産を売却又は使用することにより生じる利益については、事業所得等の各種所得の基因となる行為に付随して生じる場合を除き、原則として雑所得に区分されます。

Q－91●業務に係る雑所得を有する者に係る収支内訳書の添付義務

判定事例	判定
私は会社員ですが、副業で行っている業務があり、毎年雑所得として申告しています。儲けはあまりありませんが、収入金額が1,000万円を超える年もあります。 副業に係る所得を申告するに当たって、領収書等の保存や確定申告書への添付書類などは必要ですか？	○ 必要です

令和４年１月１日以後、雑所得を生ずべき業務を行う人は、前々年分の雑所得を生ずべき業務に係る収入金額が300万円を超える場合は、業務に関して作成し、又は受領した請求書、領収書その他これらに類する書類（自己の作成した書類でその写しのあるものは、その写しを含みます。）のうち、現金の収受もしくは払出し又は預貯金の預入れもしくは引出しに際して作成されたものを、５年間保存しなければなりません。

また、令和４年分以後の所得税において、業務に係る雑所得を有する場合で、その年の前々年分の業務に係る雑所得の収入金額が1,000万円を超える方が確定申告書を提出する際には、総収入金額や必要経費の内容を記載した書類（収支内訳書など）の添付が必要です。

参考：所法120⑥、232②、所規102

第7章　金融所得

第1節●利子所得

Q－1●社債の売買に伴う経過利子

判定事例	判定
既発行の社債を証券会社を通じて購入した際に、その社債の直前の利払日から購入日までの経過利子を別に支払いました。 その経過利子は、今後受け取るその社債の利子から控除すれば良いのでしょうか？	× **購入した社債の取得価額に算入します**

公債又は社債（以下「公社債」といいます。）を取得する際には、その直前の利払日から、購入日までの経過利子の授受が行われますが、これは公社債の取引が経過利子相当額を含まない、いわゆる裸相場で行われるからです。この経過利子相当額は、抽象的には保有期間に対応する利子としての性格はあっても、所得税法第23条に規定する利子所得には該当しませんし、その公社債が利含み相場で取引された場合を考えてみますと、譲渡価額から特別に除外する規定もないこととのバランスもあり（株式の売買についても配当分は除外されません。）、これを受け取った者については、その公社債等の譲渡の収入金額として取り扱われます。

一方、経過利子を支払った者については、その公社債から生じた利子所得から控除するものではなく、その公社債等の取得価額に算入する取扱いとなります。

Q－2　国際機関が発行する債券の利子

判定事例	判定
国際復興開発銀行債とアジア開発銀行円貨債の利子に対しては所得税の源泉徴収がされていませんが、非課税所得として確定申告をしなくてよろしいでしょうか？	✕ **利子所得として確定申告しなければなりません**

これらの利子については所得税の源泉徴収が免除されていますが、その利子所得を非課税とするというものではありませんので、利子所得として確定申告しなければなりません。

なお、国外市場で発行されたこれらの国際機関が発行する債権の利子で国内の証券会社等を通じて受け取るものは、源泉徴収がされていますので確定申告をする必要はありません（平成28年１月１日以後に支払を受けるものについては、申告分離課税を選択することもできます。）。

参考：昭36.1.17条約第１号国際開発協会協定８⑨、昭41.8.24条約第４号アジア開発銀行を設立する協定56

第2節●配当所得

Q－3●株式投資信託の収益の分配及び解約差損の課税関係

判定事例	判定
Aは年金所得者ですが、証券会社から株式投資信託の受益証券を500万円で購入しました。この株式投資信託は、主として国内株式に投資する証券投資信託であり、収益の分配金は年間20万円で、所得税が30,630円差し引かれていました。 このたび、この投資信託を解約したところ、50万円の解約差損が生じましたが、この解約差損を収益の分配金から差し引くことはできますか？	○ できます

上場株式等に係る譲渡損失の金額がある場合には、その上場株式等に係る譲渡損失の金額は、上場株式等に係る配当所得の金額（申告分離課税を選択したものに限ります。）を限度として、その年分の上場株式等に係る配当所得の金額の計算上控除することができ、この上場株式等に係る譲渡損失の金額には、株式等証券投資信託の終了や一部解約により生じた損失の金額も含まれることとなりますので、御質問の場合の株式投資信託の受益証券の収益の分配に係る配当所得と解約差損との損益通算は認められることとなります。

ただし、上場株式等に係る配当所得について、総合課税を選択して申告をした年分については、損益通算の適用を受けることができませんのでご注意ください。

参考：措法8の4、9の3、37の12の2

Q－4●株主優待乗車券

判定事例	判定
私は、電鉄会社の株式を所有して配当を受けていますが、その他に、毎年、株主優待乗車券の交付を受け、これを通勤に利用しています。 この株主優待乗車券も配当所得になるのでしょうか？	× なりません

あなたが交付を受けた株主優待乗車券は、電鉄会社が利益処分として取り扱わない限り、配当所得には該当しないこととなります。

参考：基通24－1、24－2

Q－5 ●外国法人から外貨建てで支払われる配当金の邦貨換算

判定事例	判定
証券会社の勧めで、米国のＡ法人の株式を２月に購入しましたが、このほどそのＡ法人の株式の配当金をドル建てで受け取りました。 この配当金は、外国為替の売買相場により日本円に換算すれば良いでしょうか？	○ 外国為替の売買相場により日本円に換算します

参考：所法57の３、基通213－１(2)、213－４

Q－6 ●少額配当の申告の要否の判定

判定事例	判定
非上場会社である甲社から本年、次のとおり配当を受けました。 これらの配当は合計すると10万円を超えていますので、確定申告をする必要がありますか？ ① みなし配当額　７万円 ② 決算配当額（年１回決算）　８万円	× 必要ありません

内国法人である非上場株式等に係る配当が少額配当に該当する場合には、申告不要制度が適用されます。

この少額配当に該当するか否かは次の算式により判定します。

$$\text{１回に支払を受けるべき配当等の金額} \leqq 10\text{万円} \times \frac{\text{配当計算期間の月数}}{12}$$

※　配当計算期間の月数とは、その配当等の直前に内国法人から支払がされた配当等に係る支払基準日の翌日から内国法人から支払がされる配当等に係る支払基準日までの期間をいいます。

参考：措法８の５①一、措令４の３④

Q－7 源泉徴収選択口座内の配当等の申告の要否の判定

判定事例	判定
上場株式であるA社、B社及びC社の株式を保有しており、各社からの配当を証券会社の源泉徴収選択口座で受け取りました。 また、年の途中でA社の株式を譲渡し、譲渡損失が発生しました。 確定申告をするに当たって、A社及びB社からの配当については申告不要の特例を適用し、C社からの配当についてのみ申告することは可能でしょうか？	× できません

御質問の場合は、各社からの配当を源泉徴収選択口座で受け取っていることから、C社からの配当についてのみ申告することはできず、同一口座内のA社、B社及びC社からの配当のすべてを申告するかしないかを選択することになります。

参考：措法8の5①二、④、37の11の6⑨

Q－8 配当所得に係る「その年中に支払う」負債利子

判定事例	判定
Aは、増資払込みに当たり、他の関係会社から次の条件で8,000万円を借り入れ、支払いましたが、この借入金の利息は担保を譲渡するまで支払う必要はないので支払っていません。 この場合、配当所得の計算に際し、この借入金の未払の利息を控除できるでしょうか？ 条件：返済日……Aの所有する土地を担保として提供し、譲渡した時点で、元利合計を返済する。 利　率……年利8.395％（日歩2銭3厘） （注）関係会社から各年末に元利残高の通知書が送られてきます。	○ できます

元本を所有している限り御質問の利子は、その年中に支払うものとして、その年中の元本の所有期間に対応する部分を、配当所得の計算上控除することができます。

参考：所法24②

Q－9　株式の一部の譲渡があった場合の負債利子

判定事例	判定
従前から20,000株を所有していた株式の増資に伴う新株の割当て（10,000株）を受け、金融機関から資金を借り入れて新株払込金の全額に充てました。 翌年、土地の購入資金に充てるため、この株式の一部（5,000株）を売却しましたが、新株払込金に充てた借入金は返済していません。 この年分の配当所得の金額の計算上控除する負債利子に算入する金額は、譲渡した5,000株に対応する部分を除外して計算するのでしょうか？ なお、この年分の当該借入金に係る利子の額は12万円です。	○ 除外して計算します

参考：所法24②、措法37の10⑥二、基通24－5、24－8

Q－10　確定申告を要しない配当の株式に係る負債利子

判定事例	判定
非上場のA株式とB株式を借入金により取得し、それぞれ配当収入を得ている場合において、A株式は1年決算で配当は10万円以下ですので確定申告をしないことを選択しますが、A株式を取得するための負債利子をB株式の配当から控除することができますか？	× できません

参考：措通8の5－2

Q－11 配当金の受領を辞退した場合

判定事例	判定
次のような理由で前期決算分の未払配当金の受領を辞退した場合、配当所得の申告は必要ですか？	
(1) 配当金の全部又は一部が支払不能な状況にある場合	✕ 不要です
(2) (1)以外の場合	○ 必要です

法人に支払能力があるにもかかわらず、単に法人に対する資金援助を意味するような辞退については、配当を辞退した時に配当金の支払があったものとして取り扱われ、源泉徴収の対象となりますし、配当所得として申告が必要です。　参考：所法24、36、64、181、基通36－4、64－1、181～223共－2

Q－12 信用取引で証券会社から受け取る配当（配当落調整金）

判定事例	判定
会社勤務のかたわら株式の信用取引をしていますが、株主名簿閉鎖（決算日）5日前に買い付けたA株式に対し、証券会社から配当金を受け取りました。 これは配当所得として申告する必要がありますか？	✕ ありません
また、配当金については、15.315％の源泉徴収税額が控除されたものとして計算されていますが、これは申告所得税額から控除できますか？	✕ できません

御質問の配当金は、信用取引により買い付けた株式について支払を受けた配当落調整金かと思われます。

したがって、御質問の配当金は、配当所得として申告する必要はなく、買い付けた株式の取得価額から、証券会社から支払を受けた金額（配当金－源泉徴収（相当）税額－証券金融納付手数料等）を控除することとなります。

また、御質問にある15.315％の源泉徴収税額は、配当落調整金の計算明細にすぎず、実際の源泉徴収税額そのものではありませんから、所得税額の計算上控除することはできません。　参考：基通36・37共－23

Q－13 労働者協同組合の従事分量配当

判定事例	判定
私は労働者協同組合の事業に従事したことから、その程度に応じた剰余金の分配金を受け取ることになりました。この分配金は配当所得になりますか？	○ **配当所得になります**

労働者協同組合は、損失を填補し、準備金及び就労創出等積立金並びに教育繰越金を控除した後でなければ、剰余金の配当をしてはならないこととされています。更に、剰余金の分配は、定款で定めるところにより、組合員が組合の事業に従事した程度に応じてしなければならないこととされています。

すなわち、労働者協同組合は、剰余金の分配を行う場合には、いわゆる従事分量配当として行わなければならず、いわゆる出資配当を行うことはできないこととされています。

このように、労働者協同組合の組合員が、その労働者協同組合の事業に従事した程度に応じて受ける分配金は、形式上出資者に対する出資に係る剰余金の配当ではありませんが、労働者協同組合等は、法人税法上、普通法人とされており、その分配金は法人税の課税上損金算入されず、課税済みの所得から分配されたものと同様の扱いとなるため、所得税法上、「出資に係る剰余金」と同様に、その額が「配当等」の収入金額とされています。

参考：労働者協同組合法77①②、所令62①五、令４改所令附１四

第3節●その他の金融所得

Q－14●新株を引き受けたことによる所得

判　定　事　例	判　定
Aの知人が経営する法人が増資することとなり、Aも株主に加えられて、新株の割当てを受けることになりました。 その法人は上場されており、現在の株価は、Aが払込みを予定している額面の約３倍です。 新株予約権には課税されると聞いていますので、Aの場合も課税の対象になるのでしょうか？	○ なります

御質問の場合は、一時所得として課税されることになります。

参考：基通23～35共－６⑵、23～35共－８

Q－15●社債の割引発行による償還差益

判　定　事　例	判　定
割引債の償還差益は、源泉分離課税となるのでしょうか？	× 申告分離課税の対象となります

参考：措法37の10③八

Q－16●株式売買の委託が履行されなかったことに基づく損害賠償金

判　定　事　例	判　定
甲は、A証券会社に株式売買を委託しましたが、A証券会社のミスで売買されませんでした。そこで、翌日B証券会社を通じてその売買を行いました。その間、その株式の価格は値下がりし、甲は当初の期待利益が得られませんでした。このため、甲は、実際の売買価格と前日の売買予定価格との差額をA証券会社に対して損害賠償請求し、請求どおり支払を受けましたが、この金銭は非課税となりますか？	× なりません

御質問の損害賠償金は、株式の譲渡所得等に代わる収益補償金ではありますが、Ｂ証券会社を通じて株式の譲渡が適正に行われていることから、株式の譲渡所得等にも該当しません。したがって、この場合、総合課税の雑所得の総収入金額に算入するのが相当と解されます。

参考：所法９①十八、所令30、94

Q－17 抵当証券に係る利子及び売買益

判　定　事　例	判　定
会社員が、抵当証券会社から抵当証券を購入した場合の利子は、利子所得となるのでしょうか？	✕ 雑所得となります
また、抵当証券を譲渡した場合の所得は譲渡所得となるのでしょうか？	✕ 雑所得となります

参考：昭59.６.26直審４－30

Q－18 定期積金の給付補塡金

判　定　事　例	判　定
定期積金の給付補塡金は、利子所得でしょうか？	✕ 雑所得です

参考：基通35－１(3)

Q－19 金融類似商品の課税

判　定　事　例	判　定
定期積金の給付補塡金等は、支払の際、源泉徴収による分離課税とされるのでしょうか？	○ 源泉徴収による分離課税とされます

参考：所法209の２、209の３、措法41の10

Q－20 金貯蓄や金地金累積投資に係る所得の課税

判定事例	判定
会社員が、証券会社で、純金の投資商品の金貯蓄口座と純金積立（金地金累積投資）に毎月２万円を積み立てていました。この純金積立による金地金が一定量になったため、本年初めて売却しました。この場合、確定申告の必要はありますか？	○ あります
また、金貯蓄口座の利益については、確定申告の必要はありますか？	× ありません

補足説明

金貯蓄口座の利益については、金融類似商品として源泉分離課税の対象となり、確定申告に含めることはできません。

参考：所法209の２、209の３、措法41の10

第４節●株式等の譲渡益課税

Q－21●ゴルフ会員権の譲渡

判　定　事　例	判　定
ゴルフ会員権を売却した場合の譲渡益については、総合課税の対象になるのでしょうか？	○ 譲渡所得として総合課税の対象とされます

参考：措法37の10②、措令25の８②、基通33－６の２、33－６の３

Q－22●ゴルフ会員権を譲渡した場合の取得費及び譲渡費用

判　定　事　例	判　定
ゴルフ会員権の譲渡所得の計算上、次のものは控除することのできる取得費及び譲渡費用に該当しますか？	
①　ゴルフクラブへの入会に当たって支出した入会金、預託金、株式払込金	○ 該当します
②　第三者から会員権を取得した場合の購入価額、名義書換料、会員権業者に支払う手数料	○ 該当します
③　会員権を取得するために借り入れた借入金の利子のうち、その会員権の取得のための資金の借入れの日から使用開始の日までの期間に対応する部分の利子	○ 該当します
④　ゴルフ会員権業者に支払う手数料等	○ 該当します

⑤　年会費	× 該当しません

参考：所法33、38、基通33－7

Q－23 信用取引等による株式の取得価額

判定事例	判定
信用取引で株式を売買している場合、その買付けに係る株式を取得するために要した金額は取得価額となりますか？	○ なります

参考：所令119

Q－24 新株予約権の行使により取得した株式の取得価額

判定事例	判定
発行法人から与えられた所得税法施行令第84条第３項に規定する新株予約権の行使により株式を取得した場合、この株式の取得価額は、権利行使日における株式の価額となりますか？	○ なります

参考：所令109①三

Q－25 税制非適格ストックオプション（無償・有利発行型）の課税関係

判定事例	判定
勤務先から譲渡制限の付されたストックオプション（税制非適格ストックオプション）を無償で取得した場合、ストックオプションの付与時に課税されますか？ 【発行会社の株価等】 ・ストックオプションの付与時：200 ・ストックオプションの行使時：800（権利行使価額200） ・権利行使により取得した株式の譲渡時：1,000	× 付与時には課税関係は生じません

勤務先から支給を受ける現物支給の給与については、給与所得として所得税の課税対象とされますが、その現物支給の給与が、譲渡制限の付されたストックオプション（税制非適格ストックオプション）である場合には、そのストックオプションを譲渡して所得を実現させることができないことから、ストックオプションの付与時に所得を認識せず、そのストックオプションを行使した日の属する年分の給与所得（注）として所得税の課税対象とされます。

（注）　請負契約その他これに類する契約に基づき、役務提供の対価として付与されたストックオプションに係る経済的利益については、事業所得又は雑所得に区分されます。

したがって御質問のストックオプション（税制非適格ストックオプション（無償・有利発行型））の課税関係は次のとおりとなります。

(1)　税制適格ストックオプションの付与時の経済的利益は、当該ストックオプションには譲渡制限が付されており、そのストックオプションを譲渡して所得を実現させることができないことから、課税関係は生じません。

(2)　当該ストックオプションの行使時（株式の取得時）の経済的利益は給与所得となります。

（注）　発行会社は、上記の経済的利益について、源泉所得税を徴収して納付する必要があります。

(3)　当該ストックオプションを行使して取得した株式を売却した場合、株式譲渡益課税の対象となります。

参考：所令84③

Q－26●税制非適格ストックオプション（有償型）の課税関係

判 定 事 例	判 定
勤務先からストックオプションを適正な時価（50）で有償取得した場合、取得時に課税関係は生じますか？ 【発行会社の株価等】 ・ストックオプションの付与時：200 ・ストックオプションの行使時：800（権利行使価額200） ・権利行使により取得した株式の譲渡時：1,000	× **取得時には課税関係は生じません**

御質問のような勤務先から適正な時価で有償取得したストックオプション（税制非適格ストックオプション（有償型））の課税関係は次のとおりとなります。

(1)　税制非適格ストックオプション（有償型）は、当該ストックオプションを適正な時価で購入していることから、経済的利益は発生せず、課税関係は生じません。

(2)　当該ストックオプションの行使時の経済的利益（ストックオプションの値上がり益）については、所得税法上、認識しないこととされています。

(3)　当該ストックオプションを行使して取得した株式を売却した場合、株式譲渡益課税の対象となります。

参考：所法36②、所令109①一

Q－27 税制適格ストックオプションの課税関係

判定事例	判定
勤務先から税制適格ストックオプションを取得し、そのストックオプションを行使して株式を取得した場合の経済的利益は、課税が繰り延べられますか？ 【発行会社の株価等】 ・ストックオプションの付与時：200 ・ストックオプションの行使時：800（権利行使価額200） ・権利行使により取得した株式の譲渡時：1,000	○ 繰り延べられます

次に掲げる要件を満たすようなストックオプション（税制適格ストックオプション）の場合は、当該ストックオプションを行使して株式を取得した日の給与課税を繰り延べ、その株式を譲渡した日の属する年分の株式譲渡益として所得税の課税対象とすることとされています。

(1) ストックオプションは、発行会社の取締役等に無償で付与されたものであること。

(2) ストックオプションの行使は、その契約の基となった付与決議の日後2年を経過した日からその付与決議の日後10年（発行会社が設立の日以後の期間が5年未満の株式会社で、一定の条件を満たす場合は15年）を経過する日までの間に行わなければならないこと。

(3) ストックオプションの行使の際の権利行使価額の年間の合計額が1,200万円を超えないこと。

(4) ストックオプションの行使に係る1株当たりの権利行使価額は、当該ストックオプションの付与に係る契約を締結した株式会社の当該契約締結の時における1株当たりの価額相当額以上であること。

(注) 「当該契約の締結の時」については、ストックオプションの付与に係る契約の締結の日が、ストックオプションの付与決議の日やストックオプションの募集事項の決定の決議の日から6月を経過していない場合には、これらの決議の日として差支えありません。

(5) 取締役等において、ストックオプションの譲渡が禁止されていること。

(6) ストックオプションの行使に係る株式の交付が、会社法第238条第1項に定める事項に反しないで行われるものであること。

(7) 発行会社と金融商品取引業者との間であらかじめ締結された取決めに従い、金融商品取引業者等において、当該ストックオプションの行使により取得した株式の保管の委託等がされること。

御質問のストックオプション（税制適格ストックオプション）の課税関係は次のとおりとなります。

(1) 税制適格ストックオプションの付与時の経済的利益は、当該ストックオプションには譲渡制限が付されており、そのストックオプションを譲渡して所得を実現させることができないことから、課税関係は生じません。

(2) 当該ストックオプションの行使時（株式の取得時）の経済的利益は、租税特別措置法の規定により課税が繰り延べられることから、課税関係は生じません。

(3) 当該ストックオプションを行使して取得した株式を売却した場合、株式譲渡益課税の対象となります。

参考：措法29の2

Q－28 税制非適格ストックオプション（信託型）の課税関係

判定事例	判定
勤務先から信託会社を通じてストックオプションを取得し、その権利を行使することにより取得した株式を売却した場合、給与として課税されますか？ (1) 発行会社又は発行会社の代表取締役等が信託会社に金銭を信託して、信託（法人課税信託）を組成する（信託の組成時に、受益者及びみなし受益者は存在しない。）。 (2) 信託会社は、発行会社の譲渡制限付きストックオプションを適正な時価（50）で購入する。 (3) 発行会社は、信託期間において会社に貢献した役職員を信託の受益者に指定し、信託財産として管理されているストックオプションを当該役員に付与する。 (4) 役職員は、ストックオプションを行使して発行会社の株式を取得する。 (5) 役職員は、ストックオプションを行使して取得した株式を売却する。 【発行会社の株価等】 ・ストックオプションの購入時：200 ・ストックオプションの付与時：600 ・ストックオプションの行使時：800（権利行使価額200） ・権利行使により取得した株式の譲渡時：1,000	○ **給与所得となります**

御質問のストックオプション（税制非適格ストックオプション（信託型））の課税関係は次のとおりとなります。

(1) 当該信託（法人課税信託）には、組成時に受益者が存在しないことから、発行会社又は発行会社の代表取締役等が信託会社に信託した金銭に対して、法人課税が行われることとなります。

(2) 信託会社が当該ストックオプションを適正な時価（50）で購入した場合、経済的利益が発生しないことから、課税関係は生じません。

(3) 発行会社が、役職員を受益者に指定することにより、信託財産として管理しているストックオプションを付与した場合の経済的利益については、課税関係は生じません。

(注) 役職員は、信託が購入の際に負担した50を取得価額として引き継ぐこととなります。

(4) 役職員が当該ストックオプションを行使して発行会社の株式を取得した場合、その経済的利益は給与所得となります。

(注) 1 発行会社は、上記の経済的利益について、源泉所得税を徴収して納付する必要があります。

2 税制非適格ストックオプション（信託型）については、信託が役職員にストックオプションを付与していること、信託が有償でストックオプションを取得していること等の理由から、上記の経済的利益は労務の対価に当たらず、「給与として課税されない」との見解がありますが、実質的には、発行会社が役職員にストックオプションを付与していること、役職員に金銭等の負担がないこと等の理由から、上記の経済的利益は労務の対価にあたり、「給与として課税される」こととなります。

(5) 役職員が当該ストックオプションを行使して取得した株式を売却した場合、株式譲渡益の対象となります。

参考：所法67の3②、28、36②、所令84③

Q－29 ＮＩＳＡ（小額投資非課税制度）（その１）

判定事例	判定
令和６年から新しいＮＩＳＡ制度が始まると聞きましたが、新しいＮＩＳＡ制度でも年間の投資上限額や非課税保有期間はこれまでと同じですか？	✕ 新しいＮＩＳＡ制度では変更されています

令和６年度からの新しいＮＩＳＡ制度では、口座開設可能期間が恒久化され、これまでの「一般ＮＩＳＡ」は「成長投資枠」へ、「つみたてＮＩＳＡ」は「つみたて投資枠」へと改められ、この２つの制度は併用して適用できるようになりました。

年間の投資上限額は「成長投資枠」は240万円、「つみたて投資枠」は120万円となり、２つの制度を併用する場合の年間投資上限額は360万円となります。

なお、どちらの制度も非課税保有期間の制限はなくなり、無制限化されました。

一方で、新たに1,800万円（成長投資枠は1,200万円）の非課税保有限度額が設けられました。この非課税保有限度額は、ＮＩＳＡ口座内で保有していた株式を売却した場合には、その枠を再利用することが可能です。

Q－30　ＮＩＳＡ（少額投資非課税制度）（その２）

判定事例	判定
令和５年度までのＮＩＳＡ制度で購入した金融商品は、令和６年度からの新しいＮＩＳＡ制度に移管されるのですか？	× 新しいＮＩＳＡ制度には移管されません

令和５年度までのＮＩＳＡ制度で購入した金融商品は、新しいＮＩＳＡ制度に移管することはできず、非課税保有限度額とは別枠での管理となります。令和５年度までの制度における非課税措置が適用されますので、一般ＮＩＳＡは５年間、つみたてＮＩＳＡは20年間、そのまま非課税で保有可能です。

【～令和５年】

	つみたてNISA　（いずれかを選択）	一般NISA
年間の投資上限額	40万円	120万円
非課税保有期間	20年間	５年間
口座開設可能期間	平成30年（2018年）～令和24年（2042年）	平成26年（2014年）～令和５年（2023年）
投資対象商品	積立・分散投資に適した一定の公募等株式投資信託（商品性について内閣総理大臣が告示で定める要件を満たしたものに限る）	上場株式・公募等株式投資信託等
投資方法	契約に基づき、定期かつ継続的な方法で投資	制限なし

【令和６年～】

	つみたて投資枠　（併用可）	成長投資枠
年間の投資上限額	120万円	240万円
非課税保有期間(注1)	制限なし（無期限化）	同左
非課税保有限度額（総枠）(注2)	1,800万円　※簿価残高方式で管理（枠の再利用が可能）	1,200万円（内数）
口座開設可能期間	制限なし（恒久化）	同左
投資対象商品	積立・分散投資に適した一定の公募等株式投資信託（商品性について内閣総理大臣が告示で定める要件を満たしたものに限る）	上場株式・公募等株式投資信託等(注3)（※安定的な資産形成につながる投資商品に絞り込む観点から、高レバレッジ投資信託などの商品(注4)を対象から除外）
投資方法	契約に基づき、定期かつ継続的な方法で投資	制限なし
つみたてNISA及び一般NISAとの関係	令和５年末までにつみたてNISA及び一般NISAにおいて投資した商品は、新しい制度の外枠で非課税措置を適用	

第5節●先物取引の課税

Q－31●先物取引に係る雑所得等の課税の特例

判定事例	判定
先物取引に係る雑所得等の課税は、申告分離課税となりますか？	○ なります

参考：措法41の14①

Q－32●先物取引の差金等決済に係る損失の繰越控除

判定事例	判定
先物取引の差金等決済に係る損失については、損失の繰越控除が認められるのでしょうか？	○ 認められます

参考：措法41の15①

第8章 組合課税

Q－1 ●匿名組合契約による組合員の所得

判定事例	判定
物品販売業を営むAの事業のために出資をし、Aの事業から生じる利益の分配を受ける旨の匿名組合契約を結んでいる場合、この利益の分配は、雑所得として課税されるでしょうか？ なお、出資者は出資を行うのみで、Aの事業には、全く関与していません。	○ 雑所得として課税されます

御質問の場合、Aのために出資をし、利益の分配を受けるのみで、Aの事業には全く関与しておらず、Aと共に事業を経営しているとは認められませんので、Aから受ける利益の分配は、雑所得として課税されることになります。

参考：商法第535条、536条、基通36・37共－21

Q－2 ●任意組合の事業に係る利益の分配

判定事例	判定
任意組合の組合員が、利益の分配以外に毎月給料の支給を受けている場合、この給料は、給与所得でよろしいですか？	× 組合の主たる事業の内容に従い、不動産所得、事業所得、山林所得又は雑所得のいずれかの一の所得とされます

参考：民法第667条、基通36・37共－20

Q－3 特定組合員の不動産所得に係る損益通算等の特例

判定事例	判定
特定組合員である個人が任意組合等の事業から受け取る不動産所得の損失については、損益通算が認められるのでしょうか？	✕ 認められません

補足説明

不動産所得を生ずべき任意組合等の事業に係る個人の特定の組合員（特定組合員）の組合損失は、所得金額の計算上ないものとみなされます。

参考：措法41の４の２

第9章 収入金額

Q－1 ●経済的利益に含まれるもの

判定事例	判定
各種所得の収入金額とされる経済的利益には、債務免除益も含まれますか？	○ 含まれます

収入金額とされる経済的利益には、次に掲げるような利益が含まれます。

⑴　物品その他の資産の譲渡を無償又は低い対価で受けた場合におけるその資産のその時における価額又はその価額とその対価の額との差額に相当する利益

⑵　土地、家屋その他の資産（金銭を除きます。）の貸与を無償又は低い対価で受けた場合における通常支払うべき対価の額又はその通常支払うべき対価の額と実際に支払う対価の額との差額に相当する利益

⑶　金銭の貸付け又は提供を無利息又は通常の利率よりも低い利率で受けた場合における通常の利率により計算した利息の額又はその通常の利率により計算した利息の額と実際に支払う利息との差額に相当する利益

⑷　⑵又は⑶以外の用役の提供を無償又は低い対価で受けた場合におけるその用役について通常支払うべき対価の額又はその通常支払うべき対価の額と実際に支払う対価の額との差額に相当する利益

⑸　債務免除益（買掛金その他の債務の免除を受けた場合におけるその免除を受けた金額又は自己の債務を他人が負担した場合におけるその負担した金額に相当する利益）

参考：基通36－15

Q－2 ●広告宣伝用資産の受贈益

判定事例	判定
寝具販売店の経営者ですが、販売成績が顕著であるからということで、仕入先の寝具メーカーから、メーカーの製品名がボディに大きく描かれた四輪貨物自動車２台（時価１台当たり120万円相当）を100万円で譲り受けましたが、この受贈益は課税されますか？	○ 課税されます

販売業者がメーカーから広告宣伝用の資産（自動車、陳列棚、陳列ケース、冷蔵庫、展示用モデルハウス等）を無償又はその資産の価額に満たない対価により取得した場合には、その経済的な利益の額は事業の付随収入として総収入金額に加える必要があります。

なお、その経済的利益の額は、その資産の価額の３分の２に相当する金額から、販売業者等がその取得のために支出した金額を控除した金額で評価することになっています。

また、経済的な利益の少額なものを除く意味から、次の場合は収入金額に計上する必要はありません。

(1) その経済的な利益の額が30万円以下（同じメーカーから２以上の資産を取得したときは、その合計額が30万円以下）であるとき

(2) 広告宣伝用の看板、ネオンサイン、どん帳のように専ら贈与者の広告宣伝の用に供されるもの

参考：所法36、基通36－18

Q－3 預り保証金の経済的利益

判定事例	判定
甲は物品販売業を営んでいますが、自己が所有する土地をＡ株式会社に次のような契約で貸し付けています。 ○契約日　平成12年12月20日 ○契約期間　50年（一般定期借地権の設定） ○利用目的　テナントビルの所有 ○預り保証金　１億円（無利息で契約期間の終了後全額返還） なお、預り保証金は次の①～③に運用していますが、この場合の利息相当額は不動産所得の金額の計算上総収入金額に算入するのでしょうか？	
① 預り保証金のうち2,000万円を店舗の改築費用に運用している場合の利息相当額	○ 算入します
② 預り保証金のうち5,000万円を自宅の建築費用に運用している場合の利息相当額	○ 算入します
③ 預り保証金のうち3,000万円を定期預金に運用している場合の利息相当額	× 算入しません

定期借地権の設定に伴って、地主が借地人から保証金等の名目で金銭（賃借人がその返還請求権を有しているものをいいます。）を無利息で預かった場合、地主は経済的利益を受けることになります。

この経済的利益については、所得税の課税上、次に掲げる区分に応じ、それぞれ次に掲げるとおり取り扱われます。

(1)　その保証金等が、各種所得の基因となる業務（不動産所得、事業所得、山林所得及び雑所得を生ずべき業務をいいます。）に係る資金として運用されている場合又はその業務の用に供する資産の取得資金に充てられている場合

その保証金等につき適正な利率により計算した利息に相当する金額（経済的利益の額）を、その保証金等を返還するまでの各年分の不動産所得の金額の計算上総収入金額に算入するとともに、同額を、各種所得の金額の計算上必要経費に算入します。

(2)　その保証金等が、預貯金、公社債、指定金銭信託、貸付信託等の金融資産に運用されている場合

金融資産に係る利子収入等は、保証金等の経済的利益に見合うものであり、かつ、必ず課税の対象となるものであることから、その保証金等の経済的利益に係る所得の金額については、その計算を要しません。

(3)　(1)及び(2)以外の場合

その保証金等につき適正な利率により計算した利息に相当する金額を、その保証金等を返還するまでの各年分の不動産所得の金額の計算上総収入金額に算入します。

Q－4 法人成りの場合の資産の引継価額

判定事例	判定
法人を設立するに際して、個人事業当時から所有していた事業用資産を法人に引き継ぎましたが、その引継価額は次のとおりです。	○ 認められます

区　分	引継ぎ時の簿価	法人引継額
車　両	58万円	50万円
商　品	500万円	500万円

車両は、一般財団法人日本自動車査定協会の最近における査定額52万円及び販売店を通じて取引する場合の諸経費を考慮して譲渡損を計上しました。

商品については、仕入価額で引き継ぎましたが、これらの処理で認められるでしょうか？

資産を法人に引き継ぐ価額は、通常の時価を基準としていれば問題がないといえます。

ところで、御質問の車両の引継価額は、時価で行われていると考えられますので、この計算でよいものと思われます。

次に、商品については、他の固定資産とは区別されておりこれを低額で販売したり、贈与した場合には、通常他に販売する価額（売価）で総収入金額に計上しなければなりませんが、その通常他に販売する価額の70％相当額以上で譲渡した場合は、その価額での計上を認めており「著しく低い価額の対価による譲渡」の規定は適用されないことになっていますから、御質問の500万円が売価の70％に相当する金額以上であれば、その経理は認められると思われます。　参考：所法40①二、59①二、157、所令169、基通40－2

Q－5 ●飲食店の自家消費

判定事例	判定
ビールを１本当たり265円で仕入れ、これを500円で顧客に提供している飲食店が、このビールを家事用に消費する場合、事業所得の収入金額に算入する売上金額は通常売価の70％と見積もって、１本当たり350円とすることは認められますか？	○ 認められます
この自家消費分の仕入代金を事業主貸勘定から支払うこととして、店の仕入額に含めないことはできますか？	○ できます

参考：所法39、40、基通39－2

Q－6 ●エコカー補助金の総収入金額不算入

判定事例	判定
Aは、長年事業で使用してきた車両を廃車し、いわゆるエコカー補助金を利用して、環境対応の新しい車両に買い替えました。 先日、一般社団法人次世代自動車復興センターを通じて、エコカー補助金を受け取りました。Aが受け取ったエコカー補助金は、各種所得の金額の計算上、総収入金額に算入されますか？	× 算入されません

補足説明

交付されたエコカー補助金（返還を要しないことがその年の12月31日までに確定した場合に限ります。）は、確定申告書にこの規定の適用を受ける旨の記載をして提出すれば、総収入金額に算入しないでよいことになります。

参考：所法42①

第10章　必要経費

第１節●棚卸資産の評価

Q－１●未使用消耗品の棚卸し

判定事例	判定
暮れに店の荷造用材料が未使用のまま相当残りましたが、これは棚卸しをしなければなりませんか？	✕ 必要ありません

ご質問の荷造用材料は、本来、棚卸資産として計上しなければならないのですが、包装紙、紙ひも、封印テープなどの包装材料、文房具などの事務用消耗品、作業用消耗品、広告宣伝用印刷物、見本品等で各年ごとにおおむね一定数量を取得し、かつ、経常的に消費するものについては、継続経理を前提として、特に弊害のない限り、棚卸しをしないで、その購入費用をそのまま必要経費とすることも認められます。　参考：基通37－30の３

Q－２●販売目的で保有する不動産の評価方法

判定事例	判定
建売業者ですが、造成中の土地と建物が２戸売れずに残った場合、棚卸資産として個別法により評価しても差し支えないでしょうか？	○ 差し支えありません

もともと個別管理が必要な土地や建物については、個別法により評価するのがよいでしょう。

一般に、個別法を選定できる資産は、次のとおりです。

(1)　商品の取得から販売に至るまで具体的に個品管理が行われている場合又は製品、半製品若しくは仕掛品については個品管理が行われ、かつ、個別原価計算が実施されている場合において、その個別管理を行うこと又は個別原価計算を実施することに合理性があると認められるその商品又は製品、半製品若しくは仕掛品

(2)　その性質上専ら(1)の製品又は半製品の製造等の用に供されるものとして保有されている原材料　参考：所令99の２、基通47－１

Q－3　棚卸資産に係る登録免許税等

判定事例	判定
建売業者が販売目的で取得した土地に係る登録免許税、不動産取得税等を、全額必要経費に算入していますが、その処理は認められますか？	○ **認められます**

御質問の登録免許税など次に掲げる租税公課については、納税者の選択により必要経費に算入することができます。

⑴　固定資産税・都市計画税
⑵　登録免許税（登録に要する費用を含みます。）
⑶　不動産取得税
⑷　地価税（平成10年分以後は当分の間適用停止されています。）
⑸　特別土地保有税（平成15年分以後は当分の間適用停止されています。）

参考：所令103①一、基通37－5、47－18の2

Q－4　棚卸資産の取得に要した負債利子

判定事例	判定
建売業者が銀行の融資を原資として取得した販売用土地について棚卸評価をする場合には、その負債の利子のうち、未販売の土地に対応する部分を計算し、棚卸価額に加算する必要がありますか？	× **必要ありません**

棚卸資産の取得に要した借入金利子は、原則として必要経費に算入し、納税者が取得価額に算入している場合に限り、例外的に取得価額に算入されます。

参考：基通47－21

Q－5 棚卸資産の評価損

判定事例	判定
台風による雨漏りで経営する文具店の商品が相当いたみ、正札ではとても売れません。この場合、棚卸資産の評価損は計上できますか？	○ できます

次のような事実が生じたときは、その事実が生じた日を含む年の12月31日現在の時価を取得価額としてその棚卸資産を評価することができます。

(1) 棚卸資産が災害により著しく損傷したこと

(2) 棚卸資産が著しく陳腐化したこと

(3) (1)(2)に準ずる特別の事実があること

御質問の場合は、台風による災害が元で生じた損傷と思われますので上記(1)に該当し、その年末の時価を取得価額として評価することができます。

参考：所令104、基通47－22、47－23、47－24

第2節●租税公課

Q－6●酒税の必要経費算入の時期

判定事例	判定
酒類製造者です。12月分の酒税については、12月の売上金額に含まれていますが、その酒税の申告は翌月末日です。金額が確定していませんが、見込額で必要経費に算入することができますか？	○ できます

参考：所法37①、基通37－2、37－4、37－6(2)

Q－7●不動産取得税、登録免許税

判定事例	判定
洋品雑貨商を営んでいるAが、繁華街に支店を出すことになり、店舗を購入しましたが、不動産取得税と登録免許税の通知が届きました。これは建物の取得価額に含めずに、必要経費とすることができますか？	○ できます
また、自動車を購入したときの自動車重量税も自動車の取得価額に含めずに、必要経費とすることができますか？	○ できます

御質問の支店を出すための店舗に係る不動産取得税と登録免許税については、納付する金額を必要経費に算入します。

また、業務用の自動車の取得（登録）の際に賦課される自動車重量税についても、その業務の必要経費に算入しても良いでしょう。

参考：基通37－5、49－3

Q－8●業務用資産を相続により取得した場合の登録免許税

判定事例	判定
不動産賃貸業を営む父が死亡したため、事業を引き継ぐことになった場合、賃貸用建物の相続に際して支払った登録免許税は、不動産所得の計算上、必要経費に算入することができますか？	○ できます

参考：基通37－5、49－3

Q－9 相続により取得した不動産に係る固定資産税

判定事例	判定
Aの父はマンションと駐車場の賃貸をしていましたが、本年2月に死亡しましたので、Aが、そのマンションと駐車場を相続しました。 5月に市役所から固定資産税の通知書が届き、Aは1期分と2期分を支払いました。この固定資産税は、Aの不動産所得の金額の計算上の必要経費となりますか？	○ なります

補足説明

御質問の場合、相続開始時にはまだ固定資産税の納税通知がなされていないことから、Aの父の不動産所得の金額の計算上必要経費に算入するのではなく、Aの不動産所得の金額の計算上必要経費に算入します。

参考：基通37－6

Q－10 相続税の必要経費算入の可否

判定事例	判定
Aは、不動産貸付業を営んでいた父が死亡したため、父の所有していた賃貸マンション等を相続し、引き続きその賃貸マンションを貸し付けています。 ところで、相続した財産について相続税を納付しましたが、この納付した相続税のうち、相続した賃貸マンションに対応する部分については、そのマンションに係る不動産所得の金額の計算上、必要経費に算入することはできますか？	× できません

補足説明

相続財産に係る相続税は、その財産が所得を生ずべき業務の用に供されていると否とにかかわらず、相続によって承継した財産の額に担税力を認めて課税するものであり、また、相続という身分上の法律効果を受けて生ずるものですから、必要経費の範囲外のものといえます。

したがって、Aの不動産所得の金額の計算上、御質問の相続税の金額を必要経費に算入することはできません。

参考：所法37①、基通37－5

Q－11 追加決定された事業税

判定事例	判定
所得税に関して税務調査を受けた個人が、事業所得について過去３年分の所得金額の更正処分を受けました。その個人の事業は、事業税の課税事業に該当しますので、事業税についても更正処分がありましたが、この事業税の追徴税額については、追加決定処分を受けた年分の必要経費に算入することになりますか？	○ なります

参考：基通37－6

第3節●旅費交通費

Q－12●事業主の出張の際の日当

判定事例	判定
事業主が業務のため出張した場合、従業員の出張に際して支給している程度の日当を事業主についても経費として計上したいと考えています。 この日当は、従業員に対して定めた旅費規程に基づいて支出しており、これにより従業員が受けた場合は旅費の範囲として正当なものと認められて非課税とされているのですから、事業主に対する日当も、当然に必要経費になるのではありませんか？	× なりません

事業所得等の金額の計算の上では、事業主自身が受け取った日当を実際上何に使用したかによって、必要経費算入の是非を判断しなければならないものと思われます。

例えば、その日当で家族のため出張先の土産品を購入したとすれば、これは事業主の所得の単なる処分であり家事費を必要経費とすることになって不合理な結果となります。

しかし、出張先で取引先の接待のために支出したような場合であれば、その金額は接待交際費として必要経費に算入できます。

このように、事業主の日当は、その日当自体を直接必要経費に算入することはできませんので、出張の際、現実に事業上の費用として支払った金額だけが必要経費に算入されます。

参考：基通９－３

Q－13 海外渡航費

判定事例	判定
取引契約締結のためパリへ渡航することになりました。通訳として、ちょうどフランス語を専攻している長女（大学生）を連れて渡航した場合、娘の渡航費用の全額を必要経費に算入して良いでしょうか？	○ できます
また、渡航したついでに、スイスを観光してきた場合、その旅費・宿泊費等について必要経費に算入して良いでしょうか？	× できません

娘さんが通訳として必要である場合は、同伴する旅費を必要経費に算入できますが、娘さんがフランス語を勉強するために同伴する場合は、必要経費にはならないでしょう。

次に、商談の旅行と観光の旅行を併せて行った場合には、商談のための旅行費用だけが必要経費に算入されます。

参考：基通37－20

第４節●資本的支出と修繕費

Q－14●60万円に満たない資本的支出と修繕費の判定

判定事例	判定
建物（事務所、前年末における取得価額1,300万円）が古くなったので、屋根の補修と床の修理を別々の建築業者に依頼し、年内にすべて工事が完了しました。屋根工事については年内に支払い（58万円）、大工工事は翌年に支払い（56万円）ます。 この場合、年内に支払った屋根工事の58万円だけを60万円基準の修繕費として計上することができますか？	× 114万円の全額を修繕費として計上することができます

補足説明

資本的支出と修繕費の区分が不明確な場合には、各年において支出した一の計画に基づく修理、改良等の費用の金額のうち、次に掲げる金額を除いた金額が①60万円未満の場合又は②修理、改良等の対象とした個々の資産（送配管、送配電線、伝導装置等については、それぞれ合理的に区分した区分ごと）の前年末における取得価額のおおむね10％相当額以下である場合には、修繕費として必要経費に算入することが認められます。

⑴　建物の避難階段の取付け等物理的に付加した部分に係る金額

⑵　用途変更のための模様替え等改造又は改装に直接要した金額

⑶　機械の部分品を特に品質又は性能の高いものに取り替えた場合のその取替えに要した金額のうち通常の取替えの場合にその取替えに要すると認められる金額を超える部分の金額

（注）1　建物の増築、構築物の拡張、延長等は建物等の取得に当たることになります。

2　⑴～⑶に該当するものは資本的支出として減価償却の対象となります。

御質問の場合、60万円の判定は、同一建物について、同一計画により修理をしたのですから、その年中に工事の完了したもの、すなわち、債務の確定した合計額により判定することになります。

したがって、工事代金の支払に関係なく58万円＋56万円＝114万円で判定することになりますので、上記①の60万円基準では修繕費とすることはできません。

しかし、建物の前年末における取得価額（建築後の資本的支出の額等を含めた金額をいいます。）が1,300万円ですから、上記②の取得価額の10％以下基準により114万円の全額を修繕費として必要経費に計上することができます。

参考：基通37－10、37－12、37－13

Q－15●資本的支出と修繕費の形式的区分における取得価額の判定

判定事例	判定
Ａは物品販売業を営んでいましたが、経営不振のために廃業することになり、令和５年５月に、取得価額500万円の事業用資産（土地）を2,000万円で譲渡し、2,100万円でアパートを建築しました。その際、租税特別措置法第37条の特定事業用資産の買換えの特例を適用しました。 その後、このアパートの修理、改良等を行うこととなり、100万円を支出しました。この支出が資本的支出であるか、修繕費であるかの判定を支出金額が取得価額の10％相当額以下かどうかの形式的区分基準によって行う場合、その基準となる取得価額は特例適用後の取得価額によるべきですか？ （注）特例適用後の取得価額は、500万円×0.8＋2,000万円×0.2＋（2,100万円－2,000万円）＝900万円です。	○ **特例適用後の取得価額によります**

特例適用後の取得価額900万円を基として判定します。

各年において支出した一の修理、改良等の費用のうち、明らかに資本的支出に該当するものを除き、その支出金額が①60万円未満の場合又は②個々の資産の前年末における取得価額のおおむね10％相当額以下である場合には、その全額を修繕費としてその年分の必要経費に算入することができます。

この場合の「前年末の取得価額」は、いわゆる税法上の取得価額を意味しており、租税特別措置法に規定している収用や買換えの場合の課税の特例の適用を受けて取得した代替資産又は買換資産については、これらの特例の規定により計算された金額をいうものと解されます。

参考：措法37、基通37－13

Q－16 復旧費用（その１）

判定事例	判定
災害により、工場に大きな被害を受けました。その工場の二次災害を回避する目的で、その工場の補強と土砂崩れの防止のための工事を行いました。 この場合、この工事費用は、修繕費として必要経費となりますか？	○ なります

個人の事業用資産が被災した場合において、その被災事業用資産の被災前の効用を維持するために行う補強工事、排水又は土砂崩れの防止等のために支出した費用の額（資本的支出とされる部分の金額を除きます。）については、これを修繕費として支出した年の所得の計算上必要経費に算入することができます。

参考：基通37－12の２

Q－17 復旧費用（その２）

判定事例	判定
Ａはブティックを経営していますが、災害により、店舗にかなりの被害を受けました。 このたび、店舗の修繕改築工事を併せて行うことにしましたが、この工事代金は、すべて修繕費として必要経費となりますか？ なお、この修繕改築工事は一つの工事により行いますので、どこまでが修繕のための工事でどこまでが改築の工事かについては不明です。	× 改良工事を併せて行う場合、全額を必要経費とすることはできません

その工事費用が原状回復のための費用の額とその他の部分の資本的支出の額とに区分することが困難な場合は、その損壊により生じた損失につき、雑損控除の適用を受けていない場合に限り、その工事費用の額の30％相当額を原状回復のための費用とし、70％を資本的支出とする簡便計算が認められています。

参考：基通37－14の２

Q－18　復旧費用（その３）

判定事例	判定
美容室経営者が、災害により店舗に相当の被害を受けました。被害があまりに大きいため、その店舗を復旧せずに取り壊した上、新たに建築することにしました。 この場合、この建築費用は、修繕費として必要経費になりますか？	× なりません

御質問の場合、新たに店舗を建築するとのことですので、この建築費用は、新たな資産の取得に係る費用とされ、修繕費として必要経費に算入することはできません。

参考：基通37－12の２(注)１

Q－19　貸ガレージの整地費用

判定事例	判定
自分の土地を貸ガレージとして貸し付けるため、土砂等を敷き整地しました。この整地費用は、不動産所得の計算上、必要経費に算入することができますか？	× できません

土地を利用するため、土地の表面に砂利等を敷き、土盛り、地ならし、埋立て等整地をした場合の整地費用は、土地の価額を増加させるものですから、その土地の取得価額に含めます。

参考：基通38－10

第5節 減価償却費

Q－20 減価償却の強制償却

判定事例	判定
個人の場合の減価償却も、法人のように任意の金額を減価償却費として計上することができますか？	× できません

個人事業主等が所得税法の規定に従って計算した減価償却費の額に満たない金額を減価償却費の額として必要経費に算入していても、その満たない部分については、減価償却がされたものとして取り扱われることとされます。これを一般に強制償却といっています。

参考：所法49

Q－21 研究用書籍

判定事例	判定
Aは、商業デザイナーをしていますが、書籍を研究用に使うため外国からも購入しています。専門書なので高価なものになりますと1冊十数万円もする場合がありますが、これは減価償却資産になりますか？	○ なります

御質問の研究用の書籍については、業務の用に供されることには違いありませんから、時の経過により価値が減少するかどうかが問題となります。

もともと、減価償却資産とは使用することによってその物理的な価値が減少するため、その資産の取得価額を使用可能期間に配賦する必要があるものをいい、耐用年数も専らこのような観点に立って定められています。

ところで、書籍は、記述内容の時代遅れなどにより、その利用価値が減少することもありますが、一般的には、使用による破損や汚損などにより消耗していきますから、これを減価償却資産として取り扱うことが適当と考えられます。

参考：所法2①十九、所令6

Q－22 減価償却方法の選定の届出書

判　定　事　例	判　定
減価償却費を定率法で計算したいと思いますが、所轄の税務署長への届出が必要ですか？	○ 必要です

参考：所令123

Q－23 事業所得者が新たな機械装置を取得した場合の減価償却方法

判　定　事　例	判　定
機械装置の減価償却方法について旧定率法を選定している事業所得者が、令和５年５月に新たに機械装置を取得しましたが、その新たな機械装置について定率法による場合、減価償却方法の届出は必要ですか？	× 不要です

参考：所令123

Q－24 旧定率法を選定していた者が新たに減価償却資産を取得した場合

判　定　事　例	判　定
Aは、車両運搬具について平成19年１月に（旧）定率法の届出書を提出し、その後、償却方法の届出書は提出していません。 ところで、令和５年７月に営業車として乗用車を購入した場合、その減価償却費は旧定率法で計算するのでしょうか？	× 定率法によります

平成19年３月31日以前に旧定率法を選定していた場合において、同年４月１日以後に取得した減価償却資産について、「所得税の減価償却資産の償却方法の届出書」を所轄の税務署長に提出していないときは、その償却方法は定率法を選定したものとみなされます。　参考：所令123③

Q－25 事業の相続と減価償却資産の償却方法の届出

判定事例	判定
製造業を営んでいた父が本年５月に死亡したため、長男であるAが相続により事業を引き継いで経営しています。 本年分の事業所得の金額の計算において、機械の減価償却費の額をAの父が採用していた定率法によって計算することは認められますか？ なお、Aは、減価償却資産に係る償却方法の届出はしていません。	✕ 認められません

Aの父と同様の定率法を採用するためには、相続によりAが事業を引き継いだ日の属する年分の確定申告書の提出期限までにその旨の届出書を所轄税務署長に提出する必要があります。

参考：所令123②一、125

Q－26 店舗の建設に要した借入金利子

判定事例	判定
私は会社員でしたが化粧品販売店を開業することになり、退職金1,000万円に借入金600万円を加えて９月から店舗の建築に着工し、12月の完成と同時に開店しましたが、開店までの支払利子（４か月分20万円）については、事業所得の必要経費に算入することができますか？	✕ できません

御質問のように、業務を新たに開始するような場合は、開店するまでは店舗を業務の用に供しているわけではなく、借入金の利子については翌年の必要経費に算入することもできないので、店舗の使用開始の日（開店の日）までの期間に対応する部分の金額については、店舗の取得価額に算入します。

参考：基通37－27、38－8

Q－27 店舗の新築に係る地鎮祭及び上棟式の費用

判定事例	判定
Aは、店舗を新築し、事業の用に供しています。店舗の新築に際しては、地鎮祭、上棟式、落成式を行い、その費用を支出しました。これらの費用は、事業所得の金額の計算上必要経費に算入することができますか？	

① 地鎮祭の費用	✕ できません
② 上棟式の費用	✕ できません
③ 落成式の費用	○ できます

御質問の場合の地鎮祭及び上棟式の費用は、建物を取得する前に生じた費用であるため建物の取得価額に算入し、落成式の費用は、建物の取得後に生ずる費用であることから、必要経費に算入する取扱いが相当です。

参考：所令126①、法基通７－３－７

Q－28 マンション建設と電波障害対策費

判定事例	判定
Aは、本年、建設業者に請け負わせて賃貸マンション（10階建て）を建設しました。 このマンションの建設後すぐに、周辺住民からテレビの視聴難解消の要求があり、話し合った結果、Aが共同受信用アンテナをマンションの屋上に設置してその費用を負担するほか、周辺住民宅の引込線の工事費用を負担することになりました。 この場合、これらの費用は、Aの不動産所得の計算においては、支出時の費用とはせずに、賃貸マンションの取得価額に算入することになりますか？ なお、周辺住民の苦情は、この賃貸マンションの建設前から予想されていました。	○ なります

御質問の場合、Aは、マンション建設後、事前に予想されていた周辺住民からの電波障害に対する苦情を解決するため共同受信用アンテナの設置等を行ったものであり、マンション等の建設に際しての日照補償、建設中の騒音被害などに対する解決金の支払等が当該マンションの取得費に算入されるのと同様、建設後とはいえ、事前に予知されていた電波障害等の苦情を解決するための費用の額は当該マンションの取得価額に算入することが相当です。

したがって、賃貸マンションに係る不動産所得の金額の計算上は、共同受信用アンテナの設置費用等の金額を建物の取得価額に算入して減価償却することとなります。　　参考：所令126、基通37－25、法基通7－3－7

Q－29 資産の取得に係る仲介手数料

判定事例	判定
本年、賃貸用の土地付建物を取得し、取得の際に仲介業者に仲介手数料を支払いました。この仲介手数料はこの土地付建物の取得価額に算入する必要がありますか？	○ あります

土地に係る部分と建物に係る部分とに合理的にあん分し、それぞれの取得価額に算入します。

参考：所令126、法基通7－3－16の2

Q－30 入居中のアパートを取得した場合の取得価額

判定事例	判定
既に入居者のあるアパートを購入した場合の減価償却計算の基となる取得価額は、購入代金の4,000万円だけでしょうか？ なお、アパートの前所有者が預かっていた入居者の敷金のうち返還を要する部分については、入居者が立ち退く際にアパートの新所有者であるAが返還することになっています。 (1) 購入の際支払った代金は、4,000万円（返還を要する敷金分は含みません。）です。 (2) 前所有者は、入居者から総額500万円の敷金を受領しています。 (3) 敷金については、その20％を返還しない特約があります。	× 4,400万円となります

御質問の場合のアパートの取得価額は、購入代金と将来入居者に返還しなければならない敷金に係る負債との合計額になります。

4,000万円＋（500万円－500万円×20％）＝4,400万円

Q－31 受取保険金で新築した工場の取得価額

判定事例	判定
Aは溶接業を営んでいますが、今年3月に工場（未償却残高900万円）が全焼したことにより、4月に火災保険契約に基づく保険金1,000万円を受け取りました。 　そこでAは、この保険金1,000万円と銀行からの借入金1,000万円で、新たに工場を建築しました。 　この場合、工場の取得価額は保険金分を差し引いて1,000万円とすればよいのでしょうか？	× 2,000万円です

　所得税法では、法人税法のように保険金により取得した資産の取得価額に関する圧縮記帳の規定はありません。

参考：所法9①十八、所令126

Q－32 借地権付建物の取得価額

判定事例	判定
繁華街にある店舗を3,000万円で購入しましたが、土地の所有者が建物の所有者とは別人であり、一時に買い取ることもできず、土地は当分の間賃借することとし、賃貸借契約の名義変更も完了しました。 　この場合、地主には権利金を支払っていませんので、店舗の購入対価3,000万円を建物の取得価額として減価償却することは認められますか？	× 認められません

　減価償却資産とされる建物の取得価額と減価償却資産とされない借地権の取得価額とを区分します。通常は売買実例等により合理的にあん分することになりますが、御質問の場合は一括して取得した価額（3,000万円）から建物の価額が分かればその価額を控除した残額を借地権価額とすることも考えられます。

Q－33 減価償却資産について値引き等があった場合

判定事例

昨年１月に2,000万円の機械を３年の賦払で購入し、事業の用に供していましたが、本年６月、土地を譲渡した代金で残金を一括払したため100万円の割戻しを受けました。この割戻額は減価償却資産の値引きと同じであり、前年にさかのぼって減価償却費の額を修正することは認められますか？

（参考）

機械の取得日　昨年１月20日

事業の用に供した日　昨年１月20日

購入価額　2,000万円

耐用年数　10年

償却方法　定額法

昨年分の必要経費に算入した減価償却費の額

$$2{,}000\text{万円} \times 0.1 \times \frac{12\text{月}}{12\text{月}} = 200\text{万円}$$

判定

×

認められません

業務の用に供している減価償却資産について、値引き、割戻し又は割引（以下「値引き等」といいます。）があった場合には、その値引き等の額を原則としてその値引き等のあった日の属する年の事業所得の金額の計算上、総収入金額に算入することになります。

しかし、次の算式により計算した金額の範囲内でその値引き等のあった日の属する年の１月１日におけるその減価償却資産の取得価額及び未償却残額を減額することができるものとされています。

$$\text{値引き等の額} \times \frac{\text{その減価償却資産のその年１月１日における未償却残額}}{\text{その減価償却資産のその年１月１日における取得価額}}$$

御質問の場合は、値引き等のあった年の前年にさかのぼって減価償却費の額を修正することは認められませんが、値引き等があったことにより、その減価償却資産の取得価額等を減額することが認められます。この場合には、その値引き等の額から、その取得価額等を減額した部分の金額を控除した差額については、値引き等のあった日の属する年分の事業所得の金額の計算上、総収入金額に算入することになります。　参考：所法36、基通49－12の２

Q－34 満室になっていないアパートの減価償却

判　定　事　例	判　定
11月にアパートを建てて入居者を募集しましたが、交通が不便なためか年内に20室のうち10室しか入居がありませんでした。この場合でも建物の全体の減価償却費を必要経費に算入できますか？	○ できます

アパートの１棟全部を貸付けの目的としている場合に、貸していない部屋で現に使用されていない場合であっても、いつでも貸すことができる状態で、維持補修が行われている場合は、その部屋を含めて減価償却費を計上することができるものと解されます。

参考：基通２－16

Q－35 ２以上の用途に共用されている建物の耐用年数

判　定　事　例	判　定
建物の耐用年数はその用途ごとに違っていますので、５階建てのビル（鉄筋コンクリート造）を建築し、１階と２階は飲食店、３階以上は住宅用として貸し付けている場合、用途ごとに区分して適用しても差し支えありませんか？	× 一の耐用年数を適用します

建物の減価償却費の計算の基礎となる耐用年数は構造や用途が著しく異なっていない限り、一つの耐用年数を適用することが原則とされています。

御質問の建物については、１階と２階は飲食店用に、３階から５階までは住宅用に使用されることになっていますので、使用目的、使用状況から考えますと耐用年数は住宅用の47年とするのが合理的といえます。

参考：耐通１－１－１

Q－36 賃借建物に対する内部造作の耐用年数

判定事例	判定
鉄筋コンクリート造の建物を賃借し、小料理店にするための内部造作を施しました。 この造作は木造部分が大部分を占めますが、その減価償却に当たっては建物本体の耐用年数によらずに、木造建物の耐用年数によることができますか？ なお、賃貸借契約は貸付期間の定めがなく有益費の請求や造作の買取請求もできないことになっています。	○ できます

賃借建物について付加した内部造作の減価償却の基となる耐用年数については、その賃借契約の内容により取扱いが異なります。

すなわち、建物の賃貸借契約において賃貸借期間の定めがあり、その賃貸借期間の更新ができないものについては、原則として、その賃貸借期間を耐用年数とすることになりますが、㋑建物の賃貸借期間の定めがないもの、㋺あっても更新のできるもの、㋩賃貸借期間の終期が明らかであるが有益費の請求、買取請求が可能なものについては、造作の耐用年数は建物の耐用年数、造作の種類、用途、使用材質等を総合勘案して合理的に見積もることとされています。

御質問の場合は㋑のケースに該当しますので、造作の耐用年数を合理的に見積もることとなります。本件は建物と造作の材質が異なる以上、建物本体と同じ耐用年数を適用するのは適正でなく、例えば内部造作をその種類、材質に区分しそれぞれの個別使用可能年数による年当たり償却費を計算し、その加重平均により総合耐用年数を見積もる方法が適正と思われますが、ほぼ木造建物の耐用年数に近くなるのではないでしょうか。

参考：耐通１－１－３

Q－37●空撮専用ドローンの耐用年数

判定事例	判定
建設業を営む当社は、次のような空撮専用ドローン（以下「本件ドローン」といます。）を取得しました。本件ドローンは航空機の耐用年数ではなく、器具及び備品の耐用年数となりますか？ 本件ドローンの概要 (1) 構造等…樹脂製で、航空の用に供されるものの人が乗れる構造とはなっておらず（送信機で遠隔操作します。）、航空法上の「無人航空機」に該当します。また、本件ドローンは空撮専用の仕様（カメラの着脱は可能）とされています。 (2) 寸法及び重量…100cm／10kg (3) 用途…空撮した画像を解析ソフトに落とし込み、施工時の無人重機の動作制御やその施工結果の確認等のために使用します。 (4) 価格…60万円 (5) その他…モーター（寿命期間は100時間程度）を動力とし、１回の飛行可能時間は30分程度です。	○ なります

本件ドローンは、航空の用に供されるものの人が乗れる構造となっていませんので、耐用年数省令別表第一の「航空機」には該当しません。本件ドローンの規模、構造、用途等を総合的に勘案すると、本件ドローンは空中から写真撮影することを主たる目的とし、写真撮影機能に移動手段を取り付けたものですから、その主たる機能は写真撮影機能であると考えられます。

また、本件ドローンはカメラの着脱が可能とのことですが、カメラと移動手段とが一体となって設備を形成し、その固有の機能（空撮）を発揮するものであるため、それぞれを独立した減価償却資産として適用される耐用年数を判定するのは適当でないと考えられます。

したがって、本件ドローンは、耐用年数省令別表第一の「器具及び備品」の「４　光学機器及び写真制作機器」に掲げる「カメラ」に該当し、その耐用年数は５年となります。

なお、ご照会の本件ドローンとは異なり、カメラが内蔵されたドローンであっても、その規模、構造、用途等が同様であれば、その耐用年数は同様に５年となります。

参考：耐用年数省令別表第一、航空法２㉒

Q－38 見積耐用年数によることができない中古資産

判定事例	判定
中古の機械を20万円で取得しましたが、そのままでは使用できませんので、モーターや部品の取替え、修理をしたところ80万円かかりました。 この機械は、法定耐用年数（６年）の全部を経過していますので、簡便法により見積もった２年の耐用年数により償却することができますか？ なお、この機械の新品の価額は150万円です。	✕ できません

事業の用に供するに当たって支出した修理、改良等の金額が、その資産の再取得価額の50％に相当する金額を超えるような多額なときは、その中古資産については見積り耐用年数によるものではなく、法定耐用年数（６年）によって償却費の計算をすることになっています。

参考：所令126①一、耐用年数省令３①、耐通１－５－２

Q－39 展示品の減価償却

判定事例	判定
造園業を営んでいる者が造って展示している庭園の見本は、庭園として減価償却することができますか？	○ できます

灯ろうや庭石、樹木などの移設可能なものを除いた泉水や池、築山、あずまや、花壇などを一体として、庭園の法定耐用年数20年を適用して減価償却することとなります。

Q－40　年の中途で譲渡した減価償却資産の償却費

判定事例	判定
事業の用に供していた機械を年の中途で売却し、譲渡所得として確定申告を行いました。 申告上、譲渡時における機械の償却費の額を、譲渡所得の計算上控除する取得費に計上しないで、事業所得の計算上の必要経費に算入しています。 このような処理は認められるでしょうか？	○ 認められます

参考：所令132①二、基通49－54

Q－41　相続により取得した建物の減価償却方法

判定事例	判定
Aの父は、マンションを貸し付けていましたが、令和５年10月に死亡しましたので、Aがこのマンションを相続しました。 ところで、平成10年４月１日以後に取得した建物については、定額法又は旧定額法により減価償却費を計算するそうですが、この建物について、Aの父が採用していた定率法により減価償却費を計算したいと思いますが、認められますか？	× 認められません

この場合の「取得」には、購入や自己の建設によるもののほか、相続、遺贈又は贈与によるものも含まれます。

参考：基通49－１

Q－42　一括償却資産の必要経費算入

判定事例	判定
Aは白色申告者ですが、本年11月に15万円のキャビネット（金属製）を購入して、業務用として使用しています。 このキャビネットは、法定耐用年数15年で減価償却することになりますか？	× 一括償却資産の必要経費算入が適用できます

居住者が不動産所得、事業所得、山林所得又は雑所得を生ずべき業務の用に供した減価償却資産で取得価額が10万円以上20万円未満である一括償却資産（リース資産を除きます。）については、その一括償却資産の全部又は特定の一部を一括し、取得価額の合計額（以下「一括償却対象額」といいます。）

の３分の１ずつの金額を、その業務の用に供した年以後３年間の各年分の必要経費とすることが認められています。　参考：所令139①

Q－43　法人成りした場合の一括償却資産の必要経費算入

判　定　事　例	判　定
Aは、本年、それまで個人事業として営んできた家電小売業を法人組織とすることとしました。 ところで、Aが事業の用に供していた資産には一括償却資産があり、前年までに必要経費に算入していない残額があります。この一括償却資産は法人に引き継ぐこととしていますが、必要経費に算入されていない金額は、本年分の事業所得の必要経費に算入できますか？	○ できます

御質問の法人成りの場合、個人事業が廃止されることから、一括償却資産の取得価額のうち必要経費に算入していない部分の金額は、すべて廃業した日の属する年分の事業所得の必要経費に算入することになります。

参考：所令139、基通49－40の２、49－40の３

Q－44　中小事業者の少額減価償却資産の即時償却

判　定　事　例	判　定
コンビニを営む青色申告者が、25万円の陳列ケースを購入し、事業用として使用しています。 この陳列ケースは、法定耐用年数の８年で償却することになりますか？ なお、本年は、この陳列ケース以外に取得した減価償却資産はありません。	× 少額減価償却資産の即時償却が適用できます

中小事業者に該当する青色申告者が、平成18年４月１日から令和６年３月31日までの期間内に、取得価額が30万円未満の少額減価償却資産の取得等をして、不動産所得、事業所得又は山林所得を生ずべき業務の用に供した場合には、その業務の用に供した年にその取得価額の全額を必要経費に算入することができます。

ただし、その取得等をした少額減価償却資産の取得価額の合計額が300万円を超えるときは、その取得価額の合計額のうち300万円に達するまでの取得価額の合計額が限度となります。　参考：措法28の２①

第６節●特別償却・割増償却

Ｑ－45●中小事業者が機械等を取得した場合の特別償却（医療用機器の取得）

判定事例	判定
中小事業者が機械等を取得した場合の特別償却について、器具及び備品についても対象となる場合があると聞きましたが、例えば、開業医が超音波診断装置、人工腎臓装置、ＣＴスキャナ装置、歯科診療用椅子などの医療用機器を設置したような場合にも、この特別償却は適用されますか？	✕ 適用されません

この特別償却の対象となる資産は、①新品の機械及び装置で、１台又は１基の取得価額が、160万円以上のもの、②製品の品質管理の向上等に資する測定工具及び検査工具（電気又は電子を利用するものを含みます。）で１台又は１基の取得価額が120万円以上等の一定のもの、③取得価額が70万円以上の一定のソフトウエア、④車両総重量が3.5トン以上の普通自動車で貨物の運送の用に供されるもの、⑤内航運送業又は内航船舶貸渡業の用に供される船舶（取得価額の75％相当額）です。

御質問の医療用機器は、耐用年数省令別表第一の「器具及び備品」のうち、「８　医療機器」に該当し、上記①から⑤までの資産のいずれにも該当しません。

参考：措法10の３①、措令５の５、措規５の８

Ｑ－46●中小事業者が機械等を取得した場合の特別償却（年の中途で譲渡した場合）

判定事例	判定
青色申告者が、中小事業者が機械等を取得した場合の特別償却の対象となる機械を取得して、２か月間事業に使用した後、個人事業を廃止して法人成りし、その機械をその法人に譲渡しました。この場合でも、中小事業者が機械等を取得した場合の特別償却を適用することができますか？	✕ 適用できません

中小事業者が機械等を取得した場合の特別償却においては、機械等を事業の用に供したときに、その供した日の属する年が事業を廃止した日の属する年である場合には、この特別償却の適用はないこととされています。

参考：措法10の３①

Q－47 医療保健業の医療用機器の特別償却

判定事例	判定
Aは歯科医院を開業している青色申告者ですが、歯科診療用ユニットが古くなりましたので、本年5月に新しく買い換えました。この歯科用ユニットについては、医療用機器の特別償却の適用ができるとメーカーから聞きました。また、診療室の冷房装置も同時に取り替えましたが、この装置も特別償却の適用が受けられますか？	× 受けられません

診療室に設置した冷房装置は、その構造等により耐用年数省令別表第一の「建物附属設備」のうちの「冷房設備」又は「器具及び備品」のうちの「冷房用機器」のいずれかに該当することになり「医療用機器」には該当しませんので、医療用機器の特別償却の適用は受けられません。

参考：措法12の2①、措令6の4①②、措通12の2－1

Q－48 年の中途で死亡した者の特別償却不足額の承継

判定事例	判定
青色申告者が、租税特別措置法第12条の2により医療保健業者の医療用機器の特別償却の適用が認められる機器を取得して、これを事業の用に供した後、同年中に死亡した場合、その機器に係る特別償却不足額は、その事業を承継した相続人の同年分又は翌年分の所得の計算上、必要経費に算入することが認められますか？	○ 認められます

事業を承継した相続人が、相続年分から青色申告者であり、かつ、引き続きその機器を事業の用に供している場合は、相続のあった年及びその翌年に限り、被相続人の特別償却不足額は、相続人の事業所得の金額の計算上必要経費に算入することができます。

なお、この取扱いは、特別償却不足額の繰越しの認められるその他の特別償却及び割増償却についても準用されます。

参考：措通12の2－5

第７節●繰延資産の償却

Q－49●道路舗装負担金

判定事例	判定
店舗の一部を改造してガレージにしたのですが、ガレージの前の歩道（市所有）を車が通れるようにするため市の許可を得て４月に舗装工事をして、その費用を30万円負担しました。 その道路の所有権は市にありますから寄附金になるのでしょうか？	× なりません

御質問の市所有の歩道を個人負担によって舗装工事を行った場合は寄附というよりも自己が利用するための公共的施設の負担金となり、繰延資産として計上することが相当であると判断されます。

参考：所法２①二十、基通２－24

Q－50●市の条例に基づく公共下水道の受益者負担金

判定事例	判定
Ａは、アパートを所有していますが、本年、市の都市計画に従って設置される公共下水道の受益者負担金を支払うことになりました。その金額は不動産所得の計算上繰延資産として扱うことになりますか？	○ なります

公共下水道の設置に係る受益者負担金は、アパート経営という事業遂行に関連して負担するものであり、また、その支出の効果は将来にも及びますからこれを支出した個人の繰延資産となります。　参考：所令７①三イ、137

Q－51●分割払のアーケード負担金

判定事例	判定
商店街が協同組合を設立し、協同組合が、借入金によってアーケードの設置や道路の舗装を行うことになりました。 ところで、協同組合は、組合員（商店主）に借入金の返済分を３年で月割負担させますが、アーケードや舗装道路は協同組合が所有することになっています。この場合、組合員の支払う分担金は、その支払の都度必要経費になりますか？	× なりません

御質問の分担金は、共同的施設の設置又は改良のために負担する費用ですから、繰延資産となり、支出総額（２回以上に分割して支出する場合には、その支出する時において見積もられる支出金額の合計額）が20万円以上であれば資産に計上して所定の償却期間（アーケードは５年）で償却することを要します。

参考：所令139の２、基通50－３、50－７

Q－52 返還されない敷金

判定事例	判定
喫茶店を開業するため、今年７月にビルの１室を借りました。権利金100万円、敷金300万円、仲介手数料５万円、契約期間は３年ですが、更新することができることになっています。敷金のうち２割は借主の都合で解約したときは返還してもらえません。 なお、当地では借家権の取引慣行はありません。	
権利金100万円は、支払った年に全額を必要経費に算入することができますか？	× できません
敷金300万円は、支払った年に全額を必要経費に算入することができますか？	× できません
仲介手数料５万円は、支払った年に全額を必要経費に算入することができますか？	○ できます

建物を賃借するために支払った権利金、立退料その他の費用は繰延資産として扱い、その費用の支出した効果の及ぶ期間によって償却することになっています。御質問の返還されない敷金の性格は、立退きの際に払戻しされない権利金と何ら変わらないと考えられますので、返還されない60万円（300万円×20%）を権利金に含めて繰延資産とします。

参考：所令７①三ロ、137①二、基通２－27

Q－53 建物の所有者に代わって支払った立退料

判定事例	判定
Aは、２戸建て店舗の１戸を賃借し、婦人服小売業を営んでいますが、事業の拡張を計画し、家主（甲）との間で隣りの店舗の賃借の交渉を行った結果、Aは家主（甲）から隣りが立ち退けば貸しましょうとの承諾を得て、甲に代わって隣の店舗の賃借人（乙）と立退交渉を行いました。そして、このたび1,000万円の立退料を甲が乙に支払うことで合意しました。 そして、甲が支払うべき立退料をAが肩代わりすることにより甲から隣家を賃借することになりましたが、このAが支払うこととなった立退料は、事業遂行上必要な費用として、事業所得の金額の計算上、必要経費に算入することができますか？	× できません

Aが甲に代わって支払うこととなった立退料は、不動産所得の基因となっていた建物の賃借人を家主である甲に代わって立ち退かせることにより、家主からその店舗を賃借するためのものですから、建物を賃借し又は使用するために支出する権利金に該当するものと考えられます。

建物を賃借するために支出する権利金等については、繰延資産として取り扱うこととされていますので、Aが甲に代わって支払うこととなった立退料は、事業所得の金額の計算上、繰延資産として所定の期間で償却することになります。

Q－54 医師会への入会金

判定事例	判定
Aは、大学病院に勤務医として勤めていましたが、両親も年老いてきましたので、田舎で診療所を開業し面倒をみることとしました。 診療所開設に際し、田舎の市の医師会に加入することになり、入会金300万円を支払いました。この入会金は、医師会を脱会しても返還されないことになっています。 支払った入会金300万円全額を支払った年の事業所得の金額の計算上、必要経費に算入することができますか？	× できません

協会、連盟その他の同業者団体等（ただし、社交団体は事業の遂行上直接関係がないことから除きます。）に対して支出した加入金については、その構成員としての地位を他に譲渡することとなっている場合における加入金及び出資の性質を有する加入金を除き、繰延資産として取り扱うことになっています。

御質問の医師会への入会金は、その脱会や死亡により返還されないものであり、かつ、その地位を他に譲渡することができないものであることから考えますと、同業者団体に対する加入金に当たりますので、支払われた300万円は繰延資産として５年で償却することとなります。

参考：所令７①三ホ、基通２－29の４

Q－55 業務開始前に支出した地代

判定事例	判定
Aは、昨年10月から貸ビルを建築するため土地を借りています。貸ビルは昨年10月末に建築に着工し、本年１月末に完成しました。 貸ビルの家賃収入は、本年２月から生じていますが、昨年10月から本年１月までの支払地代は、所得計算上、不動産所得の必要経費となりますか？ なお、Aは会社役員で、所得は給与所得のみです。	× なりません

新たに不動産貸付業務を行う場合に、建築期間中に支払う地代については、業務の開始を前提として発生するもので、将来の不動産収入から控除されるべきものと考えられますので、「新たな業務を開始するまでに特別に支出した費用」として繰延資産として取り扱うのが相当です。

参考：所令７①一

Q－56 償却期間経過後における開業費の任意償却

判定事例	判定
Aは、７年前に病院を開業した青色申告者ですが、前年までは赤字であったため開業費の償却額を必要経費に算入していませんでした。 今年は黒字になったので、この開業費について本年分及び翌年分の確定申告において必要経費に算入したいのですが認められますか？	○ 認められます

開業費は繰延資産として、60か月の均等償却又は任意償却のいずれかの方法によることとされています。

任意償却は、繰延資産の額の範囲内の金額を償却費として認めるもので、その下限が設けられていないことから、支出の年に全額償却してもよく、全く償却しなくてもよいと解されます。

また、繰延資産となる費用を支出した後60か月を経過した場合に償却費を必要経費に算入できないとする特段の規定はないことから、繰延資産の未償却残高はいつでも償却費として必要経費に算入することができます。

参考：所令137①一、③

第８節●資産損失

Q－57●事業用固定資産の取壊損失

判定事例

店舗が古くなったので、取り壊して新築しましたが、次のような場合、取壊しによる損失の額を270万円（(250万円－20万円）＋40万円）と算出し、必要経費に算入することはできますか？

① 旧建物の帳簿価額（取壊し時）250万円
② 取壊費用 40万円
③ 廃材の処分価額 20万円
④ 新築建物の建築費用 1,200万円

判定

○

できます

事業用固定資産の取壊し、除却、滅失その他の事由による損失は、資産の譲渡又は譲渡に関連して生じたものを除いてその事業から生ずる不動産所得、事業所得、山林所得の計算上必要経費に算入されます。

御質問の場合、廃材の処分見込額は20万円として差し支えないものと考えられますので、次の金額を必要経費に算入することになります。

（資産損失）　（取壊費用）
（250万円－20万円）＋40万円＝270万円……必要経費に算入

参考：所法37①、51①、所令142、143、基通51－2

Q－58●事業用資産の有姿除却

判定事例

Ａは、鉄工業を営む青色申告者です。不景気のため、数年来受注がなく将来再び受注があるかどうか分かりませんので、工場内の全く稼動していない機械設備を除却したいと考えています。しかし、多額の費用を要しますので、そのままの状態で除却処理をしたいのですが、認められますか？

判定

×

認められません

次に掲げる資産については、現状有姿のままであっても、その資産の未償却残額からその処分見込価額を控除した金額を必要経費に算入することができることとなっています。

(1) その使用を廃止し、今後通常の方法により事業の用に供する可能性がないと認められる固定資産
(2) 特定の製品の生産のために専用されていた金型等で、その製品の生産を中止したことにより将来使用される可能性のほとんどないことが、その後の状況等からみて明らかなもの

ところで、御質問の場合は、不景気のためその機械の使用を一時休止しているものでありますから、景気が回復すればいつでも使用を再開する可能性があると思われますので、除却に相当の費用がかかるという理由だけで、現状有姿のままで除却処理することは認められないものと考えます。

参考：基通51－２の２

Q－59●居住用建物の取壊しによる損失

判定事例	判定
事業を開始するに当たって、今まで居住していた建物を取り壊してその敷地に工場用建物を建てたいと思っています。 この場合、その居宅の取壊しによる損失及び取壊費用の額は、開業した事業から生ずる事業所得の経費に算入することができますか？	× できません

譲渡以外の目的で取り壊した場合の取壊損失については、事業用建物に限り事業所得の計算上資産損失として必要経費に算入できますが、居宅などの非事業用資産については、家事費用であり、それが認められていません。

また、そのような居宅の取壊損失等は新しく建てられる事業用建物の取得価額にも算入されません。

参考：所法51①

Q－60●災害による保険金収入の先送り

判定事例	判定
今年の台風で、店の屋根に大きな損害を受けたため、早速修理業者から見積もりを取って、損害保険会社に保険金を請求したところ、すぐに保険金が支払われました。（この保険金は確定額） ところが、修理は来年の３月以後に着工することになっており、今年分の確定申告で修繕費を計上することなく保険金収入だけを申告した場合、修理に充てられる資金が目減りしてしまいます。 保険金収入の課税を先送りする方法は認められるでしょうか。	○ 認められます

不動産所得、事業所得又は山林所得（事業所得等）を生ずるべき事業を営む居住者が、被災資産の修繕等のために要する費用を見積もり、被災年分において災害損失特別勘定に繰り入れた場合は、その繰り入れた金額については、その者の被災年分の事業所得等の金額の計算上、必要経費に算入することができるものとされます。

御質問のように、先に損害保険金が支払われて、修繕が翌年にずれ込む場合には、修理業者の見積金額などを限度として、災害損失特別勘定繰入額を保険金収入があった年分の必要経費に算入し、保険金収入に係る課税を翌年に繰り延べることができます。

参考：基通36・37共－7の5、36・37共－7の6、36・37共－7の7、36・37共－7の8

Q－61 貸付けの規模が小規模な貸家住宅の取壊し

判定事例	判定
不動産所得のある個人（業務の規模は10棟）が、老朽化した2棟の貸家を取り壊し、そこに新しい貸家を建てた場合、取り壊した2棟の建物の未償却残額と取壊費用は、不動産所得の計算上必要経費に算入されますか？	○ 算入されます

不動産所得を生ずべき事業の用に供されている建物等の固定資産の取壊し、除却、滅失（損壊による価値の減少を含みます。）による損失の金額は、保険金等によって補塡される部分の金額及び資産の譲渡により又はこれに関連して生じたものを除き、その損失の生じた年分の不動産所得の金額の計算上、必要経費に算入されます。

御質問の趣旨は、その取壊しの目的が新しい貸家の新築であるところから、これらの費用は新築貸家の取得価額に算入されるかどうかにあると思われますが、税法上、事業用固定資産の取壊しによる損失は、その目的のいかんにかかわらず、上記に従って取り扱われます。

取壊し年分の必要経費に算入される金額は、次の算式により求めた金額です。

（取り壊した資産の未償却残額－発生資材の価額）＋取壊費用

なお、建物の貸付けが、たまたま家屋を1棟だけ人に貸しているなど、事業と称するに至らない規模で営まれている場合の取壊損失は、「事業の用に供されている固定資産」に係る損失ではありませんので、以上に述べたところと取扱いが異なりますから注意してください。

すなわち、この場合には、不動産所得を生ずべき業務の用に供されている資産の取壊損失は、その年分のその損失を控除する前の不動産所得の金額を限度として、不動産所得の金額の計算上必要経費に算入されることになります。

参考：所法51①④

Q－62 建物貸付けの事業的規模の判定の時期

判定事例	判定
Aは、今年６月に会社を退職し、5,000万円の退職金を受け取りました。そこで、今まで所有していた２戸の貸家を取り壊し、新たに10世帯が入居できるマンションを建築し、10月から入居者を募集しましたが、12月末現在では３室ほど空室になり、不動産所得の金額の計算上、損失が生じました。 この場合、旧貸家の取壊しによる資産損失は、不動産所得の金額の計算上、全額必要経費に算入することができますか？	✕ **その年分の不動産所得の金額を限度とします**

固定資産の取壊し等による資産損失が、全額、必要経費に算入できるかどうかは、建物の貸付けが事業的規模であるかどうかによります。その貸付けが事業的規模であれば、その取壊損失を全額必要経費に算入することができますが、その貸付けが事業的規模に至らない程度のものである場合には、その年の取壊損失を控除する前の不動産所得の金額が限度とされます。

ところで、御質問のように同一年内に事業的規模と認められない不動産の貸付けをしており、その減価償却資産（貸家）を取り壊し、その後に事業的規模の減価償却資産（貸マンション）を建築した場合、その取壊損失を全額必要経費に算入することができるかどうかが問題となります。

御質問の場合、その取り壊した建物が事業的規模の貸付けの用に供されていたのかどうかを判定すればよいことになります。そうしますと、その年の12月31日の現況ではなく、その建物を取り壊した時ということになります。

したがって、旧貸家を取り壊した時には、いまだ事業的規模で貸付けが行われていたとはいえませんので、取壊しによる損失はその年分の不動産所得の金額を限度として、必要経費に算入することとなります。

参考：所法51①④

Q－63 競走馬の事故による損失

判定事例	判定
競走馬の馬主ですが、一頭の馬は、昨年、２度優勝して賞金を1,500万円獲得しましたが、今年はレースの途中で足を折り、もうレースの望みはなくなりましたので、殺処分にしました。 今年は賞金の獲得がなかったので、この損失を昨年の所得から引くことはできますか？	✕ **できません**

補足説明

御質問の内容では、競走馬保有の規模等がはっきりしませんが、その所得が雑所得であるという前提であれば以下のとおりです。

競走馬が突発的な事故によって死亡又は殺処分しなければならなくなった場合並びに競争用又は繁殖用の能力を喪失した場合は、次の算式により計算した損失額を、その年又はその翌年の譲渡所得の金額の計算上控除します。

損失の金額＝
　未償却残高－（事故見舞金＋競走馬保険金＋処分可能価額）

（注）処分可能価額は残存価額（取得価額の20％相当額か10万円のいずれか少ない金額）に相当する金額としても差し支えありません。

なお、昨年の賞金の額から控除することはできません。

参考：所法62①、所令178①

Q－64　工事着工金の貸倒れ

判定事例	判定
医師が病院を増築するため、建築業者に500万円の着工金を支払い、建築工事を請け負わせましたが、その建築業者は工事半ばで倒産し、その着工金は回収不能となりました。その後、他の建築業者に工事が引き継がれ、翌年に建物の引渡しを受けましたが、これらの明細は次のとおりです。この場合、回収不能となった着工金に係る損失は、建物の取得価額に算入しなければなりませんか？ イ　倒産した工事請負業者に支払った着工金　500万円 ロ　未完成工事の価額（引き継いだ請負業者の見積り）　150万円 ハ　引き継いだ工事請負業者に支払った工事代金　2,350万円	× 必要経費に算入します

補足説明

御質問の着工金500万円は、医師の病院経営という事業に関連して生じた前渡金であり、それが貸倒れとなった場合の損失は、その後に工事が完成した病院の取得価額に算入するのではなく、医業に係る事業所得の金額の計算上、必要経費に算入されます。

この場合、貸倒損失として必要経費に算入する金額は、その工事着工金の全額ではありません。工事がある程度進ちょくしたことによる未完成工事の価額に相当する金額は、実質上回収したことになりますので、工事着工金と未完成工事の価額との差額が損失額に相当し、御質問の場合は350万円（500万円－150万円）となります。

参考：所法51②

Q－65　取引停止による貸倒処理

判定事例	判定
貸金業者である個人の次のような取引について、「一定期間取引停止後弁済がない場合等の貸倒れ」の特例によりその貸付金額の貸倒処理が認められますか？ (1)　貸付金額　100万円 (2)　貸付期間　令和４年９月１日～令和５年８月31日 (3)　債務者の最後の弁済　令和４年12月10日 (4)　同上による弁済金額　10万円（利息に充当）	✕ 認められません

元来「一定期間取引停止後弁済がない場合等の貸倒れ」の特例は、継続的な取引を行っていた債務者につき支払能力等が悪化したため、その後の取引を停止するに至り、その停止した後においても引き続き弁済がない場合において、①取引停止時　②最後の弁済期　③最後の弁済の日のうち、最も遅い時から１年以上を経過しているときに、備忘価額を付してその債務者に対する債権の貸倒処理を認めたものです。

したがって、一度限り若しくは継続的でない取引が多い貸金業の貸付金、不動産売買業の売掛債権の貸倒れの判定に関しては、この取扱いの適用はないことになります。

参考：基通51－13

Q－66　会社倒産によって無価値となった株式

判定事例	判定
事業を営む個人Ｋが、Ｍ社と取引を開始するに際して、取引開始の条件としてＭ社の株式を取得しましたが、このほどＭ社が倒産し、Ｋの所有する株式は無価値になりました。 この株式に係る損失は、その取得が事業遂行上の必要に迫られて行われたものなので、事業所得の計算上、必要経費に算入できますか？	✕ できません

ＫがＭ社の株式を取得したことは、その会社に対する資本参加であって、その取得が取引開始の条件とされていた場合であっても、Ｍ社との取引遂行上生じた売掛金、貸付金とは性質を異にし、また、資産損失の対象となる資産には、有価証券が含まれていないことから、御質問のような株式に係る損失は、これを事業所得の計算上必要経費に算入することはできません。

参考：所法51

Q－67 金銭債権の譲渡による損失

判定事例	判定
得意先のＡ商店には売掛金残高が100万円ありますが、そのＡ商店は業況不振のため、現在銀行から取引停止の通知を受けています。 このたび、ある債権者がその事業を再建するため、売掛金残高の50％で譲り受けたい旨の申出を受けましたので、Ａ商店が倒産寸前の状態ということもあって譲渡することにしました。 この金銭債権の譲渡損失は事業所得の必要経費に算入できますか？	○ できます

金銭債権の譲渡による損失は譲渡損失というよりも実質は貸倒損失の計上と考えられ、貸倒損失として必要経費に算入することになります。

参考：基通33－1、51－17

Q－68 担保がある場合の貸倒損失

判定事例	判定
得意先に対する売掛金残高が増加して300万円になったので、担保として300万円相当額の他の会社の株券を預かりましたが、翌年得意先は倒産してしまいました。 ところで、担保として預かっていた株券の倒産時の時価は200万円になっていますので、差引き100万円の損失は認められますか？	× 認められません

貸倒損失の計上については、その債務者の資産状況、支払能力等からみて、その債務者に対して有する債権の全額が回収できないことが明らかになった場合、その明らかとなった年分にその全額を貸倒損失として必要経費に算入することとされています。この場合、その債権について担保が付されている場合には、その担保物を処分した後でなければ貸倒損として必要経費に算入することはできないこととされています。

参考：基通51－12

Q－69　相互に債務保証を行っている場合の貸倒れ

判定事例	判定
私は、弟の経営する会社が事業資金を借り入れるに際して保証人となっていました。弟の会社が倒産したため、保証債務を履行しましたが、求償権の行使も不能となりました。 一方、私が銀行借入れをするに際しての保証人に弟の会社がなっていました。私と弟の会社は相互に債務の保証をしていたことになります。 実態は、融通手形を交換していたのと似ていますので、融通手形として受け取っていた受取手形が不渡りになった場合の貸倒れに準じ、上記のような保証債務の履行による損失を私の事業所得の金額の計算上、必要経費に算入することはできますか？	✕ できません

御質問は、相互に債務保証をしていれば、それが見合いになっているから事業上の貸金とみられないかということのようですが、債務保証は、融通手形のように一の契約によって同時に債権債務が発生するものではないので、その保証契約の都度、個別に事業遂行上のものかどうかを判定しなければならず、御質問ではその点で事業遂行に直接関連のある保証契約とも認められませんので、必要経費算入は認められないものと考えられます。

参考：基通51－10

Q－70　非営業貸金の貸倒れ

判定事例	判定
建築業者ですが、兄の会社が資金繰りに困っていたので2年前に400万円貸していたところ、今年6月に倒産してしまったので、元本はもちろんのこと利息も全く回収できなくなりました。 これらの貸倒損失は、事業所得の必要経費に計上できますか？	✕ できません
更に、前年分に雑所得として申告したこの貸金に係る未収利息20万円も回収できませんでしたが、前年分の雑所得の金額を再計算することはできますか？　なお、前年分の総所得金額は500万円です。	○ できます

御質問の場合の貸付金は建築業の事業遂行上生じた貸付金ではなく、単なる業務用の貸付金と考えられますから、貸付金の元本については、その貸倒れとなった年分の雑所得の金額を限度として、その雑所得の計算上必要経費に算入することとなり、また、前年分の未収利息に係る貸倒れ20万円については、前年の雑所得の金額を限度としてその金額がなかったものとして再計算することとなります。

回収不能の利息については、更正の請求の特例により、貸倒れの生じた日の翌日から２か月以内にその貸倒れに関し、更正の請求をする必要があります。

参考：所法51②④、64①、152、所令180②、措令４の２⑨、19㉔、20⑤、21⑦、25の８⑯、25の９⑬、25の11の２⑳、25の12の２㉔、26の23⑥、26の26⑪、基通64－２の２

Q－71 保証債務の履行による損失（その１）

判定事例	判定
10年ほど前からの取引関係にあり、売上げの50％を占めている得意先から借入金の保証人を頼まれ、そのことによって、受注も増加する約束でしたので、やむを得ず単独の保証人になっていました。ところが、その得意先が倒産して行方不明になったために、私はその保証責任を問われ、保証額の100万円を支払いました。その得意先は現在もまだ行方不明で警察も捜索しているのですが、分からないそうです。 この場合、求償権の行使は到底不可能ですから、その損失額を本年の必要経費に算入できるでしょうか？	○ できます

所得税法では、保証債務の履行に伴う求償権の全部又は一部を行使することができないこととなった場合、その保証債務が事業遂行上生じたものであれば、貸倒損失として不動産所得の金額、事業所得の金額又は山林所得の金額の計算上必要経費に算入することができるものとしています。

ところで、御質問の保証債務が事業の遂行上生じたものであるかどうかですが、相手は得意先であって、長年の取引があること、取引金額も総収入金額の50％を占めていること、販路拡張に協力してもらっていること等から、事業の遂行上生じたものと考えられます。

参考：所法51②、所令141二

Q－72 保証債務の履行による損失（その２）

判定事例	判定
弁護士業務を営んでいるＡは、３年ほど前、顧問先の強い要望で、その顧問先の子会社の設立に際し100万円の融資と1,000万円の債務保証をしていました。その後、100万円の貸付金については返済を受けたのですが、今年になって子会社も顧問先も倒産し、Ａは保証債務の履行を銀行から請求され、やむを得ず現金で支払いました。 この場合、顧問先も子会社もともに多額の負債を抱えて倒産したので求償権の行使は不可能です。この損失は弁護士業務の得意先を拡張するため必要性があったので行った債務保証によるものであり、業務の遂行上生じたもので弁護士業務に係る事業所得の計算上、必要経費になりますか？	✕ なりません

資金の融資や債務保証の業務は弁護士業務と直接的、必然的な関係があるものではなく、また、債務保証を行うことが顧問先の増加又は顧問報酬の増額に直接つながるものでもありません（増額があるとすれば、弁護士報酬というものではなくその融資を行ったことに対する対価と考えられます。）。

したがって、弁護士業務の顧問先という関係があるからといって業務遂行上生じた債務保証等に該当しませんから、保証債務の履行による求償権の行使ができないことによる損失を弁護士業務に係る事業所得の計算上必要経費に算入することはできないものと考えられます。

参考：所法51②、弁護士法第３条①

第９節●家事関連費

Q－73●お稲荷さんの神棚の設置費用

判定事例	判定
呉服店を経営するＡは、店舗内に「お稲荷さん」の神棚を設け毎日お参りしています。 この「お稲荷さん」の設置費用30万円は商売繁盛のためであり、事業所得の金額の計算上、必要経費になりますか？	× なりません

補足説明

個人が祭壇等を設けて神仏を信仰するのは、事業とは直接関係のない個人的なものと考えられます。そのため、その設置費用は、所得税法上、家事上の支出となります。

参考：所法45

Q－74●事業主の通勤費

判定事例	判定
店舗と居宅が離れているため、私は車で通勤しています。 この場合、通勤に要するガソリン代等の費用は必要経費に算入できますか？	○ できます

補足説明

御質問の場合は、交通機関等に支払う定期代等ではなく、通勤のために費消したガソリン代等の取扱いを問題とされていますから、その自動車の使用によって費消されたガソリン代等の全額を次の基準に従って事業用と家事用に区分した上で、事業遂行上の部分について必要経費算入が認められることとなるでしょう。

この場合、通勤に要したガソリン代等は事業遂行上のものとして計算すればよいこととなります。

⑴　家事関連費で主たる部分が事業の遂行上必要であり、かつ、必要である部分を明らかに区分することができる場合におけるその明らかな部分の金額

⑵　青色申告者の場合は、取引の記録等に基づいて事業の遂行上直接必要であったことが明らかにされる部分の金額

⑶　⑴の事業の遂行上必要であるかどうかは、その必要な部分が50％を超えるかどうかによることとされていますが、50％以下であっても事業の遂行上必要な部分が明らかな場合は必要経費に算入できます。

参考：所法45①一、所令96、基通45－2

Q－75　交通事故による損害賠償金

判定事例	判定
商品の配達途上において交通事故を起こし、相手の入院治療費20万円、収入の補償30万円、慰謝料50万円で和解したのですが、これらの損害賠償金は必要経費に算入できますか？	○ できます

御質問の場合は、業務遂行上生じたものですから、事故を起こしたことについて故意又は重大な過失がない場合には、その負担した賠償金合計100万円（自動車損害賠償保障法に基づく保険金等により補塡される金額があれば除きます。）は、事業所得の計算上必要経費に算入されます。

判定事例	判定
使用人が休日に店の車で事故を起こし、事業主が損害賠償金20万円を支払いましたが、必要経費に算入できますか？	○ できます

御質問の使用人が起こした事故の損害賠償金20万円については、使用人が家族従業員ではなく、また、事業主としての管理上に重大な過失がなく、かつ、雇用主としての立場上やむを得ないものとして負担したものであれば必要経費に算入されます。

参考：所法45①八、所令98②、基通45－6、45－8

Q－76　転勤により自宅を貸した場合の支払家賃

判定事例	判定
会社の都合で転勤になった個人が、転勤前に居住していた自宅を他に貸し付け、自分は転勤先で借家に入居して家賃を支払っています。 借家の家賃を、自宅の貸付けによる不動産所得の計算上必要経費に算入することはできますか？	× できません

不動産所得の計算上の必要経費に算入できるのは、その不動産収入を得るために直接要した経費であり、その不動産収入が特定の支払に充てられている（つまり、支払家賃に充てられている。）からといって、その不動産所得の必要経費となるわけではありません。

参考：所法37①

Q－77　確定申告税額の延納に係る利子税

判定事例	判定
Aは事業所得者ですが、令和５年３月の確定申告による３期分の所得税額は、資金繰りの都合でその半額を５月31日まで延納しました。 この延納による利子税は、必要経費になりますか？	○ なります

所得税は、本税のほか各種附帯税も必要経費に算入されないこととされていますが、附帯税のうち、確定申告税額の延納に係る利子税で、不動産所得、事業所得又は山林所得を生ずべき事業の所得に係る所得税の額に対応するものとして、次の算式により計算した金額については必要経費に算入することとされています。

（算式）

$$\text{確定申告税額の延納に係る利子税} \times \frac{\text{事業から生じた不動産所得の金額、事業所得の金額、山林所得の金額の合計額}}{\text{各種所得の金額の合計額（給与所得、退職所得を除きます。）}}$$

（注）　各種所得の金額は、いわゆる黒字の金額をいい、また、総合課税の長期譲渡所得の金額又は一時所得の金額については、それぞれ特別控除後の金額の２分の１に相当する金額をいいます。また、分離課税の譲渡所得の金額については、特別控除後の金額によります。

参考：所法45①二、所令97①一、基通45－4

第10節●専従者控除と青色事業専従者給与

Q－78●事業に「専ら従事」することの意義（その1）

判定事例	判定
青色事業専従者給与は、事業に専ら従事する期間が6か月を超えていることが適用要件の一つとされていますが、この「専ら従事」とは就業時間のすべてに従事しなければならないということでしょうか？	✕ いいえ。就業時間のほとんどの時間を従事している状態をいいます

「専ら従事」とは、原則として、それぞれの事業内容、その親族の職務内容等により、その親族が従事すべき時間において、その時間のほとんどの時間を従事している、あるいは従事し得る状態にあることと考えます。

Q－79●事業に「専ら従事」することの意義（その2）

判定事例	判定
Aは、1週間のうち月曜日から水曜日までは、実家の両親の介護をし、木曜日と金曜日が空いているので、夫の金融業を手伝うこととしました。 Aの夫は、青色申告の承認を受けていますが、Aを青色事業専従者として届け出ることは認められますか？	✕ 認められません

青色事業専従者給与を必要経費に算入することが認められるのは、その青色事業専従者が、居住者の営む事業に「専ら従事」することが要件とされています。

1週間のうち木曜日及び金曜日のみ従事するAは、「専ら従事」しているとは言えず、夫の青色事業専従者とは認められません。

ただし、Aの職務の内容が、木曜日と金曜日のみ従事すべきものである場合には、その従事時間について専ら従事していれば、青色事業専従者として届け出ることができます。

参考：所法57①

Q－80 雑所得の基因となる業務に従事した生計を一にする親族に支払った対価

判定事例

Aには、給与所得のほかに原稿料に係る雑所得の金額が81万円あります。この雑所得の内容は次のとおりです。

原稿料収入	1,800,000円
必要経費	990,000円
取材費	400,000円
雑費	140,000円
筆耕料	450,000円
差引雑所得の金額	810,000円

ところで、この必要経費99万円のうちの筆耕料45万円は、生計を一にするAの娘に支払ったもので、筆耕料の対価としては問題ないと思います。事業所得の場合、生計を一にする親族に支払った対価については必要経費にならないと聞いていますが、Aの場合、娘に支払った45万円は雑所得の金額の計算上必要経費に算入することはできますか？

判定

×

できません

居住者と生計を一にする配偶者その他の親族が、その居住者の営む不動産所得、事業所得又は山林所得を生ずべき事業に従事したことその他の事由により、その事業から対価の支払を受ける場合、その対価を支払った人は、その対価を不動産所得の金額、事業所得の金額又は山林所得の金額の計算上、必要経費に算入することはできませんし、一方その対価の支払を受けた人についてもその人の所得の金額の計算上、その対価は含めないこととされています。

このように不動産所得、事業所得又は山林所得を生ずべき「事業」に従事している居住者と生計を一にする人に対する対価についてすら、必要経費に算入することを認めていませんので、その取扱いに関する規定は定められていませんが、「事業」と称するに至らない雑所得を生ずべき「業務」に従事している場合の対価については、なおさら、必要経費とすることは認められないと解するのが、相当であると思われます。　参考：所法56

Q－81 専従者が他の専従者を扶養控除の対象とすることの可否

判　定　事　例	判　定
事業主が青色事業専従者又は事業専従者である者を、配偶者控除又は扶養控除の対象とすることは認められていませんが、専従者が２人以上いる場合に一方の専従者が、扶養親族の所得要件を満たす他の専従者を扶養控除の対象とすることは認められますか？	✕ **認められません**

控除対象配偶者又は扶養親族とされる者は、青色事業専従者で給与の支払を受けるもの又は事業専従者に該当するものでないことが要件の一つとされています。

参考：所法２①三十三、三十三の二、三十四

Q－82 共有アパートの事業専従者控除

判　定　事　例	判　定
ＡとＡの妻の２人で共有している賃貸アパート（事業的規模となっています。）の管理を、同居しているＡの母に任せています。 そこで、このアパートの不動産所得の金額の計算上、ＡとＡの妻が各々Ａの母を白色事業専従者として50万円ずつ専従者控除ができるでしょうか？	✕ **夫婦のいずれか一方の事業専従者となります**

参考：所法２①三十三、三十三の二、三十四、57①③、85⑤

Q－83 二つの事業に専従することの可否

判　定　事　例	判　定
生計を一にする親族間において、甲の妻は、甲が営むアパート業と甲の母乙が営む貸家業（いずれも事業的規模となっています。）に専ら従事しているとして、甲から月額６万円、乙から月額４万円の青色専従者給与（収入金額等からみて適正額と認められます。）を受け取っています。 このように、甲及び乙の不動産所得を生ずべき事業に、同時に専従することとしてもよいのでしょうか？	✕ **認められません**

御質問の場合には、２人の納税者の営む二つの事業に専ら従事することができるかどうかですが、甲の事業に専ら従事するためには、年間を通じて２分の１を超えて従事する必要があり、そうすれば乙の事業に２分の１を超えて専ら従事することはできないこととなります。

したがって、甲の妻は、甲又は乙のいずれか一方の事業にのみ、専ら従事することになり、同時に甲と乙の営む二つの事業に青色事業専従者として、従事することは認められないことになります。

参考：所令165①

Q－84 他に職業を有する場合

判定事例	判定
ＡとＡの妻はそれぞれ、整形外科と美容整形外科の診療所を営む青色申告者です。 Ａの営む整形外科の診療所の診療時間は、９時～12時半、15時～18時となっていますが、Ａの妻が営む美容整形外科の診療所の診療時間は、午後のみとなっていますので、午前中はＡが営む整形外科の診療所でＡの妻に診療してもらうこととし、Ａの妻には給料を支払うこととした場合、Ａの妻に支払う給与は青色事業専従者給与として必要経費に算入することが認められますか？	✕ 認められません

青色事業専従者給与が必要経費に算入することが認められるのは、その青色事業専従者が、居住者の営む事業に「専ら従事」することが要件とされています。

午前中のみ従事するＡの妻は、青色事業専従者とは認められません。

参考：所法57①

Q－85 年の中途で結婚した娘の事業専従者控除

判定事例	判定
長女が今年の11月に結婚するまでは、食料品販売の店を手伝っていたので事業専従者控除の適用を受けたいのですが、12月末日現在では生計は別であり、長女は夫の配偶者控除の適用を受けています。 この場合、事業所得の計算上、事業専従者控除（50万円）の必要経費算入は認められますか？	○ 認められます

御質問の場合、扶養親族等を判定する年末において長女とは生計が別になっていたとしても、結婚する前の10月までは生計を一にしており、事業には６か月を超える期間従事していたわけですから、専従者控除の適用が認められます。

この場合、嫁ぎ先で配偶者控除の適用を受けていたとしても、事業主と生計が別になっている娘の夫の控除対象配偶者となっているにすぎませんので、事業専従者控除の適用の妨げとはなりません。

また、適用ができるとすれば、控除額を10月までの月数によりあん分計算する必要はありますか？	✕ **必要ありません**

参考：所法57③、所令165、基通２－48

Q－86●事業所得が赤字の場合の専従者給与

判定事例	判定
青色申告者です。今年は、売掛金の貸倒損失が発生したので事業所得は赤字となってしまいましたが、青色事業専従者に支払った専従者給与は必要経費に計上できますか？	○ **できます**

事業所得の金額の計算上損失が生じた場合であっても、損失の原因が、貸倒れの発生や災害その他偶発的な損失によるものなどの相当な理由があるときは、その給与の金額が勤務の状況、支給状況などからみて、適正なものである限り必要経費に算入できます。

しかし、偶発的な原因によらないで、毎年損失が生じているような場合には、その事業の種類及び規模並びにその収益の状況に照らし不合理となりますので、その支給状況や給与の金額について、それが適正なものであるかどうかを再考してみる必要があるものと考えられます。

参考：所法57①、所令164①

Q－87 専従者給与相当額の借入れ

判定事例	判定
青色専従者給与の必要経費算入は、その給与を実際に事業専従者に支払うことが条件となりますか？	○ はい。実際に支払わなければなりません
また、帳簿上は支払ったことにして、これを直ちに事業資金として借り入れた場合、あるいは年末に一括してその年中の支給額を借り入れ、実質的には給与が未払となっているような場合も、必要経費算入は認められますか？	× 認められません

補足説明

借り入れた専従者給与相当額は、実質上未払給与と同様ですので、その借入れに相当の理由があり、かつ、返済可能な状況になれば返済しているような実態があれば別として、そうでない場合はその専従者給与の必要経費算入は認められません。

参考：所法57①

Q－88 青色事業専従者のアパート賃借料

判定事例	判定
Aの長女の夫が６か月間の海外勤務となったことから、Aの長女と２人の孫が実家であるAの家で同居することになりました。家も狭いこともあって、その間青色事業専従者であるAの長男を近くのアパートに住まわせることとしました。 このアパートの家賃は必要経費となりますか？ なお、Aの長男は独身で従来と同様、Aの家で食事や入浴等をしています。	× なりません

補足説明

アパートは家族が増加し、家が手狭となったため家庭生活上の必要に基づき賃借したものであること、また、長男のアパート入居後も食事や入浴を共にしており、別居前と同様生計を一にしていることから、そのアパートの費用は家族の生活費として負担されているものであり、入居者が青色事業専従者であるとしてもアパートの家賃は必要経費とはなりません。

なお、入浴や食事を共にすることもなく、外見上も完全に別世帯となっている場合であっても、家族関係にあることに基因してアパートを賃借して入居させていると認められる場合には、その入居している親族がその者の事業に従事し、事業専従者の取扱いを受けていなくても、そのアパートの費用は必要経費とはならないものと解されます。

参考：所法37①

Q－89 専従者に支払った退職金

判定事例	判定
青色申告者がその事業を廃止して法人成りをするに際して、個人事業当時の従業員に退職金を支給することになり、その際事業専従者にも従業員並みの退職金を支給したときは、その事業専従者に対する退職金は必要経費になりますか？	× なりません

補足説明

青色事業専従者に対する退職金の必要経費算入は認められておりませんから、ご指摘の事業専従者に支払う退職金は必要経費に算入することは認められません。

参考：所法57①

Q－90 専従者給与額の変更

判定事例	判定
青色申告者ですが、年々所得が増加し、専従者給与も毎年10％程度増額しています。このような場合、毎年の専従者給与額の変更届を省略することはできますか？	○ 一定の手続により、省略できます

補足説明

給与や賞与の金額について変更する場合には、書類により変更届を提出する必要がありますが、毎年の定期昇給を規約等に定めている場合には、最初の届出書に、従業員について定めている規約等に準じて昇給させる旨を記載しておくことによって、その後の変更届出書の提出を省略することが可能です。

参考：所法57②、所令164②、所規36の4①五、②

第11節●引　当　金

Q－91●一括評価による貸倒引当金の対象となる貸金の範囲

判　定　事　例	判　定
青色申告者のAは、今年から一括評価による貸倒引当金を設けたいと考えています。使用人に対する貸付金についてもこの貸倒引当金を設けることができるそうですが、家主へ支払った保証金や仕入先へ支払った手付金についてもこの貸倒引当金を設けることができますか？	× できません

御質問の保証金や手付金については、貸倒引当金設定の対象とはなりませんし、使用人に対する貸付金についても、近い将来において精算されるような前払給料の性格を有するものや概算払の旅費の場合は設定の対象とはなりません。

参考：所法52②、基通52－17

Q－92●割引手形、裏書譲渡手形に対する一括評価による貸倒引当金の設定

判　定　事　例	判　定
受取手形を割引したり、仕入先へ裏書譲渡した場合でも一括評価による貸倒引当金を設定することができますか？	○ できます

売掛金や貸付金の債権について取得した受取手形を、買掛金の支払や割引のために裏書譲渡した場合、その受取手形に係る売掛金や貸付金等についてもこの貸倒引当金の対象となる貸金に該当するものとして、引当金を設定することができることとされています。

判　定　事　例	判　定
その受取手形が、いわゆる融通手形の場合でもかまいませんか？	× 認められません

この貸倒引当金の対象となる貸金からは、実質的に債権とみられない額は除くこととしており、その額として、債務者から受け入れた金額と相殺適状にある債権だけでなく、債務者から受け入れた金額と相殺的な性格を持つ債権及び債務者と相互に融資している場合などのその債務者から受け入れた金額に相当する債権も含まれることになっていますから、融通手形は、この貸倒引当金の対象となる貸金には該当しません。

参考：基通52－16、52－18

Q－93 就業規則を定めていない場合の退職給与引当金

判定事例	判定
Aは昨年から青色申告をしています。Aの店では使用人が10人以上となることがないので就業規則は定めていませんが、退職金は勤務年数等に応じて支払うことにしています。 この場合は、退職給与引当金を設けることができますか？	○ 要件を満たせばできます

事業主が自由に退職給与の支給基準を変え得る状態では、退職給与引当金の設定は認められませんが、使用人が10人未満の事業規模の場合は、労働基準法第89条《就業規則の作成及び届出の義務》の規定は適用されず、行政官庁への就業規則の届出は必要ありませんので、退職給与の支給に関する規程を定めて、納税地の所轄税務署長へあらかじめ届け出ておけば、退職給与引当金を設定することができます。

参考：所法54①、所令153

第12節●リース取引に係る所得税の取扱い

Q－94●売買とされるリース取引

判 定 事 例	判 定
Aは病院を経営していますが、資金繰りの都合で診療用機器1台（約400万円程度）をリース会社からリース契約で賃借しようと思っています。 このような賃貸借契約を結んだ場合でも、売買として取り扱われることがあるのでしょうか？	○ あります

現在広く一般的に行われているリース取引の中には、その契約形態が賃貸借契約となっていても、その実態をみるとリース期間（賃貸借期間をいいます。）経過後、そのリース物件を賃借人に譲渡することになっている場合や、リース物件が廃棄されるまで賃借人において使用されることになっている場合など、資産の割賦購入又は延払条件付売買と同視できるような取引が数多く行われているようです。

そこで個人がリース取引を行った場合には、そのリース資産の賃貸人から賃借人への引渡しの時にそのリース資産の売買があったものとして、賃貸人又は貸借人である個人の各年分の各種所得の金額を計算するものとされています。

なお、ここでいうリース取引とは、①その賃貸借に係る契約が賃貸借期間の中途において解除することができないものであること又はこれに準ずるものであること、②賃借人が賃貸借資産からもたらされる経済的利益を実質的に享受することができる賃貸借で、かつ、その使用に伴って生ずる費用を実質的に負担すべきこととされていることになっているものをいいます。

参考：所法67の2①③

第13節●消費税等に係る所得税の取扱い

Q－95●消費税等の経理処理の選択（その１）

判定事例	判定
Ａは、家庭用電気器具小売業を営んでおり、消費税の課税事業者ですが、商品の売上げや仕入れに係る消費税等については、税抜経理方式を採用しています。 この場合、その他の経費の支出に係る消費税等について税込経理方式によることはできますか？	○ できます

個人事業者が売上げ等の収入に係る消費税等について税抜経理方式を選択している場合には、次の①から⑦までに示すような経理方式が認められています。

方法 区分	①	②	③	④	⑤	⑥	⑦
売上げ等の収入	○	○	○	○	○	○	○
棚卸資産の取得	○	○	×	○	○	×	×
固定資産の取得	○	○	×	×	×	○	○
繰延資産の取得	○	○	×	×	×	○	○
販売費・一般管理費の支出	○	×	○	×	○	×	○
備考	原則			継続適用が条件			

○……税抜経理方式　×……税込経理方式

参考：平元3.29直所3－8「2」、「2－2」

Q－96●消費税等の経理処理の選択（その２）

判定事例	判定
Ａは、物品販売業を営んでおり、消費税の課税事業者ですが、本年11月に事業用車両を売却する予定です。Ａは、消費税等の経理処理として税込経理を採用しているのですが、この車両の売却に係る譲渡所得の金額の計算については、税抜経理方式によることは認められますか？	× 認められません

御質問の物品販売業の用に供していた車両の譲渡についての経理処理は、物品販売業について適用されている税込経理方式によることになりますから、譲渡所得の金額の計算上、総収入金額に算入するのは、税込の売却価額になります。

参考：平元3.29直所3－8「2」

Q－97 仮受消費税等及び仮払消費税等の精算（その１）

判定事例	判定
消費税等について税抜経理方式で経理処理していますが、年末における仮受消費税等の合計額と仮払消費税等の合計額との差額が翌年に実際に納付すべき消費税等の額と一致しない場合、その差額は必要経費に算入されるのでしょうか？	○ 算入されます

消費税等について税抜経理方式を適用している場合には、仮受消費税の金額と仮払消費税等の金額との差額が納付すべき消費税等の額と一致するものと考えられ、納付すべき消費税等の額は、事業所得等の損益計算に影響しないことになるのですが、次に掲げる場合等、実際には、これらの金額が必ずしも一致しないことがあります。

① 消費税の課税売上割合が95％未満又は当課税期間の課税売上高が５億円を超えるため、仕入税額控除できない金額（控除対象外消費税額等）が仮払消費税等として残ることになる。

② 簡易課税制度の適用により、仮受消費税等の合計額と仮払消費税等の合計額との差額が実際に納付すべき消費税等の額と異なる。

①に掲げる控除対象外消費税額等については、その生じた年分の必要経費とされるか繰延消費税額等として５年間にわたって必要経費に算入されることになっています。

②に掲げる場合には、仮受消費税等の合計額（特定課税仕入れの消費税等の経理金額を含みます。）から仮払消費税等の合計額（特定課税仕入れの消費税等の経理金額を含み、控除対象外消費税額等に相当する金額を除きます。）を控除した金額と実際に納付すべき消費税等の額又は還付されるべき消費税等の額との差額は、その課税期間を含む年分の総収入金額又は必要経費に算入されることになっています。

（注）１　「特定課税仕入れの消費税等の経理金額」とは、特定課税仕入れの取引に係る消費税等の額に相当する額として経理した金額をいいます。

２　「特定課税仕入れ」とは、国内において国外事業者から受けた「電気通信利用役務の提供」及び「特定役務の提供」をいいます。

参考：所令182の２、平元3.29直所３－８「５の２」

Q－98　仮受消費税等及び仮払消費税等の精算（その2）

判定事例	判定
機械部品加工業者が、消費税等について税抜経理方式を採用していて、仮受消費税等のうちに事業用固定資産の譲渡に係るものが含まれている場合、実際に納付すべき消費税等の額が年末における仮受消費税等の合計額から仮払消費税等の合計額を控除した残額を上回ったとき、その差額を必要経費に算入することはできますか？	○ できます

税抜経理方式を採用している課税事業者が、業務の用に供していた固定資産を他に譲渡した場合には、その譲渡所得の計算においては消費税等の額は損益に影響しないことになります。

この場合には、その固定資産の譲渡に係る消費税等も仮受消費税等に含めた上で仮受消費税等から仮払消費税等を控除した残額と実際に納付すべき消費税等の額との差額を事業所得等の金額の計算上総収入金額又は必要経費に算入することとされています。

御質問の場合、仮受消費税等の合計額から仮払消費税等の合計額を控除した残額が実際に納付すべき消費税等の額を下回っていますから、その差額を消費税の課税期間を含む年分の事業所得の金額の計算上、必要経費に算入することになります。

参考：平元3.29直所3－8「2」

Q－99　資産に係る控除対象外消費税額等

判定事例	判定
Aは、消費税等の経理処理を税抜経理方式により行っていますが、課税期間中の仕入れ等に係る消費税等の額のうち非課税売上げに対応する部分が控除されていません。 この控除対象外消費税額等については、所得金額の計算上、必要経費に算入されますか？	○ されます

控除対象外消費税額等のうち、資産に係るもの以外のものは、その年分の必要経費に算入されますが、資産に係るものは、これを個々の資産の取得価額に配賦し、減価償却の方法で費用化するか、次の方法で必要経費に算入するかのいずれかによることとされています。

1　資産に係る控除対象外消費税額等の生じた年

①　課税売上割合が80％以上である場合

その年において生じた資産に係る控除対象外消費税額等はその年の必要経費に算入されます。

② 課税売上割合が80%未満である場合

イ その年において生じた資産に係る控除対象外消費税額等のうち、次に掲げるものについてはその年の必要経費に算入されます。

・一の資産に係る金額が20万円未満であるもの（棚卸資産に係るものを除きます。）

・棚卸資産に係るもの

・特定課税仕入れに係るもの

ロ イにより必要経費に算入されない控除対象外消費税額等（以下「繰延消費税額等」といいます。）については次の算式により計算した金額が必要経費に算入されます。

$$\text{繰延消費税額等}\times\frac{\text{その年において事業所得等を生ずべき業務を行っていた期間の月数}}{60}\times\frac{1}{2}=\text{必要経費算入額}$$

2 資産に係る控除対象外消費税額等の生じた年の翌年以降の各年

次の算式により計算した金額（その計算した金額がその繰延消費税額等のうち既に必要経費に算入された金額以外の金額を超える場合は、当該金額とします。）が必要経費に算入されます。

$$\text{繰延消費税額等}\times\frac{\text{その年において事業所得等を生ずべき業務を行っていた期間の月数}}{60}=\text{必要経費算入額}$$

参考：所令182の2

Q－100 税込経理方式を採用している個人事業者の消費税等の必要経費算入時期

判 定 事 例	判 定
Aは、消費税等の経理処理として税込経理方式を採用している個人事業者です。 令和5年1月1日から令和5年12月31日までの消費税の課税期間の消費税等は、令和6年3月に申告・納付することになりますが、この税額を、事業所得の計算上、令和5年分の必要経費とすることはできますか？	○ できます

税込経理方式を採用している場合、課税売上げに係る消費税等は、収入金額に含まれますから、納付すべき消費税等の額は、租税公課として必要経費に算入することになります。

御質問の場合、納付すべき消費税等の額を令和5年12月末日の未払金に計上すれば、令和5年分の事業所得等の金額の計算上、必要経費に算入することができます。

参考：平元3.29直所3－8「7」

Q－101 税込経理方式を採用している個人事業者が受ける消費税等の還付税額の収入すべき時期

判定事例	判定
Aは、消費税等の経理処理として税込経理方式を採用し、原則課税で消費税等の申告をしている物品販売業を営む個人事業者です。 令和５年分には、多額の設備投資があったため、消費税等の額の計算をすると還付になる見込みですが、消費税等の還付税額は、令和５年分の事業所得の総収入金額とすることができますか？	○ できます

補足説明

御質問の場合、消費税等の還付税額を令和５年12月末日の未収入金として経理すれば、令和５年分の事業所得の金額の計算上、総収入金額に算入することができます。

参考：平元3.29直所３－８「８」

第14節●その他の必要経費

Q－102●売上げの一部を寄附した場合の必要経費

判定事例	判定
Aは個人で食料品の小売販売をしており、今般のコロナウイルス禍を受けて、売上げの一部を医療機関に寄附する取組を始めることにしました。この取組については、①指定商品の売上金額の一定割合を寄附金額とすること、②寄附先、寄附日などをあらかじめ設定し、指定商品を購入するお客様にご理解いただけるよう店内ポスターやホームページなどで広く一般に周知するとともに、寄附後はその旨も同様に周知することとしています。 Aのこの支出は事業所得の金額の計算上、必要経費に算入することはできますか？	○ できます

Aが医療機関に寄附した金額が、事前に広く一般に周知していた取組によるものであることが明らかである場合に限り、事業所得の金額の計算上、必要経費に算入することができます。

所得税法上、必要経費とされるのは、収入金額を得るため直接要した費用と販売費・一般管理費等の所得を生ずべき業務について生じた費用とされています。

御質問の場合、商品の販売時において、所定の日に、売上金額の一定割合の金額を、指定された医療機関に寄附することを店内ポスターなどで広く一般に周知していたとのことですので、新型コロナウイルス禍の下で社会的に必要とされる医療機関を支援する目的の他に、集客を目的とした一種の広告宣伝としての効果を有しているものと認められます。

また、顧客が指定商品を購入する際には、Aと顧客との間で、この取組（取引条件）に合意していたものと考えられますので、Aには売上げの一部から所定の金額を医療機関に寄附する義務が生じていることになります。

したがって、医療機関に寄附したことによる支出は、事業の遂行上必要なものとして生じたものと考えられますので、その支出は事業所得の金額の計算上、必要経費に算入することができます。　参考：所法37①

Q－103 従業員を被保険者とする生命保険（定期保険）契約の保険料

判定事例	判定
保険契約者は事業主で、従業員を被保険者とし、保険金受取人を事業主とする掛捨ての生命保険契約に加入している場合、事業主が負担する保険料は必要経費となりますか？	○ なります

御質問のような掛捨ての保険契約の場合には従業員の雇用に基因する将来の経費支出を担保するものであり、工場や商品の損害保険料と同様に、事業遂行上必要な経費とみられますから、必要経費算入が認められることになっています。

判定事例	判定
この保険契約に基づき事業主が受け取る一時金は従業員の負傷、死亡による支払退職金に充当するためのものですが、この一時金は事業主の一時所得となりますか？	× なりません

生命保険金収入は一般に一時所得（保険料負担者が死亡した場合の死亡保険金は相続財産）となりますが、事業に関連して収入するものは、事業所得等の収入金額とされます。

参考：所法37、基通34－1(4)

Q－104 従業員を被保険者とする生命保険（養老保険）契約の保険料

判定事例	判定
Aは、個人事業主ですが、このたび、次のような養老保険に加入し、保険料を負担しています。 ・保険契約者　事業主 ・被保険者　従業員 ・満期保険金受取人　事業主 ・死亡保険金受取人　従業員の遺族 ・保険期間　10年 Aの負担している保険料は、事業所得の金額の計算上必要経費に算入できますか？	○ 保険料の２分の１を必要経費に算入できます

補足説明

個人事業主が従業員の福利厚生を目的として、従業員を被保険者として養老保険に加入し、保険料を負担している場合には、負担する保険料の２分の１を事業所得に係る必要経費に算入し、残り２分の１を資産計上する方法で経理することとして差し支えないものと考えられます。

この場合、事業主が満期保険金を受け取ったときは、その金額を事業所得の計算上総収入金額に算入し、資産計上している既払込保険料の２分の１相当額（剰余金、割戻金等の支払を受けた場合にはその金額を控除した金額）を必要経費に算入する必要があります。

しかし、以上のような取扱いが認められるのは、あくまでもその保険契約が事業上必要な保険といい得るものでなければなりません。

参考：法規通９－３－４(3)

Q－105 事業主を被保険者とする生命保険契約の保険料

判定事例	判定
Ａは、自分が不測の事故などにより急死した場合を想定し、従業員に支払う退職金に充てる目的で、Ａを契約者及び被保険者とし、従業員を受取人とする掛捨ての生命保険契約を締結しています。 この場合、Ａが支払った生命保険料は事業所得の金額の計算上、必要経費に算入できますか？	✕ できません

補足説明

事業主を被保険者とする保険契約は、事業遂行上必要なものとはいえません。また、従業員のための退職金の積立ては退職給与引当金勘定の設定又は所定の退職金共済団体等への掛金の支払に限られており、任意に積立等をしても必要経費算入等は認められません。

参考：所法54、所令64②

Q－106 融資を受けるために付保された生命保険契約の支払保険料

判定事例	判定
A医師は、病棟を増築するために銀行から長期融資を受けることとしましたが、銀行はその返済を確実とするため、A医師が生命保険に加入することを融資の条件としています。 この生命保険契約は、いわゆる掛捨保険で、A医師が保険契約者、被保険者及び保険金受取人となり、保険事故が発生した場合は、その保険金の一部（債務残高相当額）が銀行に支払われるように質権の設定が行われており、保険証書は銀行に預けることとしています。 この場合の支払保険料は、A医師の事業所得の計算上、必要経費に算入することができますか？	✕ できません

補足説明

御質問の場合は、融資を受けるための生命保険契約とされてはいますが、保険金受取人がA医師とされているところから、A医師個人のための生命保険契約であって、銀行が質権を設定することにより、二次的に担保提供という効果を有するに過ぎないものですから、生命保険料控除の対象とすべき保険料であって、事業所得の計算上必要経費に算入することはできません。

参考：所法37①、76①

Q－107 事業主が特別加入している政府労災保険の保険料

判定事例	判定
個人事業主が政府労災保険に特別加入し、保険料を支払っています。これを事業所得の金額の計算上、必要経費とすることができますか？	✕ できません

補足説明

事業主が自分自身を被保険者として保険料を負担するものであり、業務について生じた費用には該当しませんので、支払った保険料は、事業所得の金額の計算上必要経費とはなりません。

なお、支払った保険料は社会保険料控除の対象になります。

参考：所法74②、所令208一

Q－108 税理士職業賠償責任保険の保険料

判 定 事 例

税理士Aは、次のような「税理士職業賠償責任保険」に加入し、その保険料を支払っています。この保険料は、税理士業務に係る事業所得の金額の計算上、必要経費としてよろしいでしょうか？

◯保険の概要・目的

この保険は、税理士が日本国内で行った税理士業務により、業務を委嘱した顧客等に対し、過失により本来納付する必要のない税金を納付させる等の財産的損害を与えた場合、その顧客等から損害賠償請求を受け、当該税理士が法律上の損害賠償責任を負うこととなったときに被る損害額（法律上支払うこととなった賠償金及び訴訟のために要した弁護士報酬等の費用）を支払うことを目的とするものです。

判 定

○

認められます

参考：所法45①八、所令98②

Q－109 中小企業倒産防止共済契約に係る掛金

判 定 事 例

Aは、商工会議所の勧めにより、独立行政法人中小企業基盤整備機構が行う「中小企業倒産防止共済契約」を締結し、共済契約に係る掛金を支払っています。

この場合の掛金は、事業所得の金額の計算上必要経費に算入することができるでしょうか？

判 定

○

できます

補足説明

必要経費に算入する場合は、確定申告書に当該掛金の必要経費参入に関する明細書の添付が必要です。

参考：措法28①二、28②

Q－110 信用保証協会に支払う保証料

判定事例	判定
Xは、個人で事業を営んでいますが、運転資金が不足したため、A銀行に600万円の融資を申し込みました。 ところが、Xには担保がないため、信用保証協会の保証を受けることとなり、返済期間10年で、その期間の保証料として57万円を支払いました。 この場合の保証料は、前払費用として返済（保証）期間に分配して必要経費に算入するのでしょうか？	○ **前払費用として返済（保証）期間に分配して取り扱います**

Q－111 預り品の焼失による弁償金

判定事例	判定
私は、クリーニング店を営んでいますが、火災により店舗が全焼し、客から預かっていた衣類も焼けてしまいました。 このため、客の損害に対し、賠償金を支払いましたが事業所得の必要経費になりますか？	○ **なります**

御質問の場合について、店舗の火災に関し、故意又は重大な過失がない限り、客に支払った損害賠償金はクリーニング店に係る事業所得の必要経費に算入して差し支えありません。　参考：所法37①、45①八、所令98②

Q－112 損害賠償金の必要経費算入時期

判定事例	判定
事業を営む個人が、仕事中に交通事故を起こしその被害者に損害賠償金を支払うことになりましたが、その総額について年末までに示談が成立せず、結論は翌年に持ち越すことになりました。しかし、被害者には既に内金として100万円を支払っており、損害賠償金がこの金額を下回ることはあり得ないと考えられます。この場合の内金については、年末までに損害賠償額が確定していませんが、支払った年分に必要経費に算入することが認められるでしょうか？ なお、この交通事故について加害者に故意又は重過失は認められません。	○ **認められます**

補足説明

御質問の場合、内払した損害賠償金は、その総額がこれを下回ることがないことにつき当事者間で争いがないことを条件として、その支払った年分の必要経費に算入することが認められます。

参考：所法37①、基通37－2、37－2の2

Q－113 医師が支払った損害賠償金

判定事例	判定
Aは、病院を経営する医師ですが、誤診により手術が手遅れになったため、患者を死亡させてしまいました。そのことで患者の遺族と紛争が生じ、Aは職業柄、外聞を恐れ遺族との間で交渉した結果、示談が成立し、2,000万円を支払いました。 この場合の示談金は事業所得の金額の計算上、必要経費に算入されますか？ なお、示談書・領収書は所持しており、刑事責任は追及されていません。	○ されます

補足説明

刑事責任の追及が行われていないことに照らすと、医師の誤診が故意又は重大な過失に基づくものではないと解することが相当ですから、損害賠償として支払った示談金2,000万円は事業所得の金額の計算上、必要経費に算入することができます。

Q－114 業務の用に供するまでに支払った借入金利息

判定事例	判定
Aは、飲食店を営んでいますが、新たに賃貸用のマンションを新築しました。このマンションの用地の取得及び建築資金の大半は、銀行からの借入金で賄いました。 この場合、Aが銀行に支払う借入金利息は、このマンションが賃貸の用に供される時期までの部分を含めて、不動産所得の金額の計算上必要経費に算入することができますか？	× できません

補足説明

御質問の場合は、新たに不動産所得を生ずべき業務を営むために賃貸マンションを取得しているものですから、それが業務の用に供される日（いわゆる「使用開始の日」）までの期間に係る借入金の利子は、土地又は建物の取得価額に算入します。

参考：基通37－27、38－8

Q－115 将来の病院予定地の取得のための借入金利子

判定事例	判定
甲は、現在Ａ市で医院を経営しています。将来Ｂ市に病院を開設する予定で、昨年４月にＢ市内の土地を購入しました。 この土地代金の一部を銀行の借入金で支払いましたので、甲はこの借入金の利子を毎月支払っています。この借入金利子は事業所得の金額の計算上必要経費として認められますか？ なお、開設予定の病院の規模、設備等については未定で、土地はそのまま空地としています。	× 認められません

土地は多目的資産であり、それが事業用に使用されるかどうか明らかであるとはいえません。

したがって、御質問の土地を取得するための借入金利子は、その土地に病院が建築されるまでは、事業の用に供されることが明らかであるとはいえませんので、土地の取得価額に算入すべきことになります。

参考：基通37－27、38－８、38－８の２

Q－116 相続により引き継いだ借入金の利子

判定事例	判定
Ａの父は全額借入金によりマンションを取得し、賃貸していました。本年６月、父が死亡したため、相続人であるＡとＡの母が、そのマンションを相続し、賃貸料収入はそれぞれ２分の１ずつ分配することになりましたが、Ａの父の借入金の残額はＡ一人が引き継ぐことになりました。この場合、Ａが支払う借入金の利子は、相続人２人の不動産所得の必要経費にできますか？	× Ａの母は必要経費にできません

Ａの相続した資産は２分の１ですので、借入金の残額の２分の１に相当する借入金が、Ａが相続開始の日においてそのマンションの取得のために借り入れたものと取り扱われ、この部分に対応する借入金利子が不動産所得の必要経費とされます。

なお、Ａの母は、持分により不動産所得が発生しますが、借入金の残債務を承継していませんので、借入金の利子を必要経費とすることはできません。

Q－117 店舗併用住宅の取得に要した支払利息

判定事例	判定
私は、書籍販売業を営んでいますが、このたび別の場所に店舗を移転するため、３階建てのビルを新築しました。 建物の１階は書籍販売用の店舗に、２階は新たに貸店舗とし、３階は居宅として利用する予定です。 この場合、建物取得のために支出した借入金利息のうち、使用開始の日までの期間に対応する部分は全て現に営む書籍販売業の必要経費に算入してもよいでしょうか？	× 現に営む業務（書籍販売業）の用に供する部分に対応する部分の金額のみとなります

御質問の建物は、現に営む業務、間もなく営む業務及び住宅のそれぞれの用に供する固定資産であり、その取得のための借入金利子は家事関連費に該当します。

現に営む業務（書籍販売業）の用に供する部分に対応する部分として明らかに区分することのできる部分の金額は、必要経費に算入して差し支えないこととされていますから、現に営む業務の用に供する減価償却資産の取得のために要した借入金の利子として、必要経費に算入されますが、使用開始の日までの期間に対応する部分の利子は、選択により必要経費に算入しないで、取得価額に算入しても差し支えありません。

一方、貸店舗部分に対応する部分は、現に不動産所得を生ずべき業務を営んでいないことから、当該業務を開始する日までの期間に対応する部分の金額は、住宅部分の使用開始の日までに対応する部分の金額とともに、その建物の取得価額又は取得費に算入します。

なお、現に営む業務、間もなく営む業務及び住宅の用に供する部分に対応する借入金利子の計算は、借入金利子を算入する前のそれぞれの部分の取得に要した金額を基として、合理的にあん分したところにより計算することとなります。

参考：基通37－27、38－８、45－２

Q－118 買換資産の取得に充てた借入金利子

判定事例	判定
Ａは、物品販売業のほか不動産貸付業（月極貸駐車場）を営んでいましたが、このたび、駐車場の敷地の一部を譲渡して、残部に賃貸マンションを建設しました。 土地の譲渡代金は、事業の負債の返済等に充てたため、マンションの建設資金は銀行からの借入金によって充てました。 譲渡所得の申告については、特定の事業用資産の買換えの特例が適用できるとのことですが、その適用を受けた場合、	○ できます

判定事例	判定
マンション建設資金に充てた借入金の利子を不動産所得に係る必要経費に算入することはできますか？	

御質問の場合、マンションの建設資金に借入金が充てられており、当該マンションが貸付けの用に供されたことが明らかであれば、その借入金の利子は、不動産所得の金額の計算上必要経費に算入することが相当です。

参考：措法37

Q－119 損害保険料を借入金で支払った場合の支払利子

判定事例	判定
不動産所得者ですが、所有するアパートを対象として長期の損害保険契約（５年満期で、満期返戻金を支払う旨の定めがあります。）を結び、５年分の保険料500万円を借入金で一括で支払いました。 この借入金の利息は、全額不動産所得の必要経費になりますか？	✕ なりません

長期の損害保険は、いわゆる掛捨ての火災保険と異なり、保険期間が５年、10年、20年と長期であり、保険期間満了時に満期返戻金が支払われるものです。

そこで、業務を営む者がその者の所有する業務用資産を対象とした保険契約を締結して、長期の損害保険料を支払った場合には、その保険料の金額のうち積立保険料相当金額は、保険期間の満了又は保険契約の解約若しくは失効の時までは資産として取り扱い、いわゆる掛捨て保険料相当金額に限り、期間の経過に応じてその業務に係る必要経費に算入することとされています。

更に、保険事故の発生により保険金の支払を受け、保険契約が失効しても、積立保険料相当金額は必要経費に算入しないこととされています。

このように、積立保険料相当金額は一時所得としての満期返戻金又は解約返戻金若しくは保険事故の発生により収入する非課税所得としての保険金に係る支出と解され、業務上の支出又は費用とは解されません。

したがって、借入金の元本のうち積立保険料に相当する金額に対応する部分の金額に係る支払利息は、不動産所得の必要経費とはなりません。

参考：基通36・37共－18の２、36・37共－18の７(1)

Q－120 業務を廃止した後に生じた借入金利子

判定事例	判定
Aは、借入金によってアパートを建築し賃貸していました。ところが、事情によりアパートを売却することになり、入居者と立退交渉を行った結果本年3月に立退きが完了しました。 しかし、個人的な事情により当初の予定が狂って、アパートを売却したのが本年9月になってしまいました。 入居者の立退きが完了して、アパートを売却するまでの6か月間の借入金に係る支払利子は、不動産所得の金額の計算上必要経費となりますか？	× なりません

補足説明

業務を廃止した後に生じた建物等に係る維持管理の費用は、居住用の建物と同様、非業務用資産に係る維持管理費用として不動産所得の金額の計算上必要経費に算入することはできないこととされています。

御質問の場合、個人的事情により譲渡の日が延びたものであり、また、入居者の立退きが完了した時（本年3月）に業務を廃止したものと考えられますので、入居者の立退き後の期間に対応する借入金利子は、不動産所得の金額の計算上必要経費に算入することはできません。

参考：所法37

Q－121 前払家賃の必要経費算入時期

判定事例	判定
Aは外科医（青色申告者）です。診療所は借地の上に建てているため、地代を契約に基づき毎年11月末日に翌年の11月分までの1年分を先払しています。 したがって、これまでは地代の必要経費算入は、期間対応で計上してきました。この区分計算が面倒なので、今年から前払費用の経理をやめ、支払った都度必要経費に計上したいのですが、認められますか？	○ 認められます

補足説明

契約に基づいて支払った翌年11月分までの地代を、今後継続してその支払った日の属する年分の必要経費に算入する限り、認められます。

参考：所法37、基通37－30の2

Q－122　建物の売買契約を解約したため放棄した手付金

判　定　事　例	判　定
カフェを開業するための建物を買う契約をして、手付金50万円を支払っておりましたが、繁華な場所に別の物件が見つかり、先の契約を解消し手付金も放棄しました。この場合、手付金を放棄したことによる損失は、後の建物の取得価額に算入することになるのでしょうか？	× なりません

御質問の手付損は、開業するために要した開業費に算入し、繰延資産として事業を開業した時以後の事業所得の金額の計算上必要経費に算入することが、この場合の妥当な処理と考えられます。

参考：民法第557①、所令７①一、137③

Q－123　店舗の建築設計を変更した場合の設計費用

判　定　事　例	判　定
店舗を建て替えるため、A設計事務所に設計を依頼し、設計図と引換えに設計料を支払いました。 ところが、建築予定地は都市計画法の適用を受け、市の指導の下で建築することになり、その設計図は必要がなくなりました。 この場合、A設計事務所に支払った設計料は建物の取得価額に算入すべきでしょうか？	× 算入しません

設計料は、建物の取得に要する費用であり、建物の取得価額に算入することとされています。しかし、御質問の場合、A設計事務所に支払った設計料は、市の指導の下で実際に建築した建物とは全く結びつきがないため、建物の取得価額に算入することはできません。

したがって、A設計事務所で作成した設計図が転売等他に利用できるような場合には、その設計図は資産価値を有することとなり、A設計事務所に支払った設計料は資産として計上することとなります。

また、当該設計図を放棄したとか、転売できないなど全く価値がなくなった場合には、事業遂行上の費用として必要経費に算入することとなります。

参考：所令126①

Q－124 休業期間中の費用

判定事例	判定
Aは織物業を営んでいますが、不況のため、受注がないので2～3か月間休業することになりました。この間の織機の減価償却費、工場の維持補修費、固定資産税等の費用は、収入がなくても必要経費として認められますか？	○ 認められます

御質問の休業中の業務上の費用は、Aが他に職業を持つなど、実質上、織物業を廃止したとみられる状態にならない限り、その年分の必要経費とする取扱いが相当です。

参考：所法37①、基通2－16

Q－125 割賦購入代金に含まれている支払利息

判定事例	判定
私は450万円の営業用トラックを24か月の分割払で購入しましたが、この金額には総額48万円の利息が含まれています。この利息相当額は支払のつど必要経費とすべきでしょうか？	○ 支払のつど必要経費とします

賦払の契約により購入した業務用の資産の購入代価に含まれている賦払期間中の利息相当部分及び賦払金回収のための費用相当部分については、直接的には、その資産の代価の一部とも考えられますが、その性質は借入金の利子と同様と考えられます。

そこで、利息相当部分及び賦払金回収費用相当部分として明らかに区分されている場合、固定資産を借入金により取得した場合の借入金の利子と同様取得価額に算入しないで、必要経費に算入することとし、その資産の使用開始の日までの期間に対応する部分の金額に限り、必要経費に算入しないで取得価額に算入することもできることとなっています。

したがって、御質問の48万円の利息相当額は、支払のつど必要経費に算入することとなります。

参考：基通37－27、37－28

Q－126　建物を自己の事業の用に供するために支払った立退料

判定事例	判定
今まで貸家としていた建物を、自分で衣料品店の店舗として使用するため、借家人に立ち退いてもらうことになりました。 この場合、借家人に支払った立退料は、開業費に準ずるものとして、衣料品店の事業所得の計算上繰延資産に計上することになりますか？	× 計上しません

不動産所得の基因となっていた建物の賃借人を立ち退かせるために支払った立退料は、その建物を譲渡するため、又は建物を取り壊して土地を譲渡するために支払ったものを除き、不動産所得の計算上必要経費に算入することとされています。

参考：基通37－23

Q－127　建替えのため建物の賃借人に支払う立退料と借地の更新料

判定事例	判定
私は20年ほど前に権利金を支払って土地を借り、その土地に木造の家屋を建てて賃貸しています。 この建物が古くなりましたので今年になって取り壊し、その跡地に鉄筋コンクリート５階建ての建物を建築して１階を店舗に、２階以上はマンションとして賃貸する計画を立てました。 この貸家の建替えに際しては、入居者に立退料を支払って立ち退いてもらい、地主に対しては新しい建物の建築に関しての承諾を得て、借地の更新料を支払う予定です。 このような場合、新しい建物の建築に際し、従来の貸家を取り壊すため、入居者に対して支払う立退料は、不動産所得の金額の計算上必要経費になりますか？	○ なります

御質問の場合には、賃貸料収入を得ていた建物を取り壊して新しい建物を建築するために賃借人を立ち退かせる必要があって立退料を支払うとのことですから、その立退料は、建物や土地を譲渡するためのものでもありません。したがって、その年の不動産所得の金額の計算上、必要経費に算入することになります。

また、地主に対して支払う借地の更新料は、不動産所得の金額の計算上必要経費になりますか？

×

全て必要経費とはなりません

借地上の建物を建て替える際に、土地の賃借契約を更新するために支払う更新料は、借地権の取得価額とされます。ただし、不動産所得等を生ずべき業務の用に供する借地権の存続期間の更新をする場合において、更新料を支払ったときは、次の算式で計算した金額は、その更新のあった日の属する年分の不動産所得等の金額の計算上、必要経費に算入します。

$$\text{借地権の取得費} \times \frac{\text{更新料の額}}{\text{借地権の価額（更新時の時価）}}$$

したがって、御質問の場合も、借地権の取得費のうち、更新料を支払った部分に対応する部分の金額だけが必要経費とされます。

参考：所令182、基通37－23、33－7、38－11、38－12

Q－128 土地の返還に伴い借地人に支払った立退料

判定事例	判定
Bは、Aに土地を賃貸し地代を受け取っています。Aはその土地の上に店舗を建て、事業の用に供しています。 ところが、BはAに賃貸している土地を駐車場として利用する計画を立て、Aと交渉していましたが1,500万円の立退料を支払うことで、土地の返還を受けることとなりました。 この場合、BがAに支払った立退料は、Bの不動産所得の金額の計算上、必要経費に算入することができますか？	**×** **できません**

借地人に立退料を支払って土地の返還を受けることは、土地部分を買い戻して完全な土地所有にするということです。

したがって、御質問の場合の立退料は、借地権の買戻しの対価として資産に計上することとなり、不動産所得の金額の計算上、必要経費に算入することはできません。

参考：基通38－12

Q－129　賃借人を立ち退かせるための弁護士費用

判定事例	判定
20世帯のマンションを建築し、昨年から賃貸しておりますが、賃借人の１人が無断で他人に転貸していることが判明しましたので、弁護士に依頼して明渡しを求めています。 この弁護士費用は不動産所得の必要経費となりますか？	○ なります

御質問の費用は不動産所得を生ずべき業務の用に供されている資産に係る紛争の費用で、マンションの取得費にすべきものには該当しませんから、支出した年分の不動産所得の必要経費に算入することとなります。

参考：基通37－25

Q－130　修繕積立金

判定事例	判定
Ａは会社員ですが、転勤に伴い、今まで住んでいた分譲マンションを賃貸することとしました。 このマンションの管理規約では、毎月、管理費のほか、修繕積立金を支払うことになっています。 この修繕積立金は、不動産所得の金額の計算上、必要経費とすることができますか？ なお、この修繕積立金は、将来の修繕のために積み立てているもので、将来に渡って、返還されないこととされています。	○ できます

Ａが支払う修繕積立金が、次のような場合には、マンションの管理組合に支払われるべき日の属する年分の必要経費としても差し支えないものと考えられます。

①　管理組合の運営に当たっては、適正な管理規約に定められた方法により行われていること
②　管理組合は、納付された修繕積立金については、区分所有者へ返戻しないこととされていること
③　区分所有者となった時点で管理組合への修繕積立金を納付しなければならないこととされていること
④　修繕積立金は、将来の修繕のためにのみ使用されるものであること
⑤　修繕積立金の額は、長期修繕計画に基づき、各区分所有者の共有持分に応じて、合理的な方法により算出されていること

参考：所法37①

Q－131 勝訴により受け取った損害賠償金と訴訟に係る弁護士費用

判定事例	判定
Aは、10年ほど前にカバン製造業を営んでいましたが、その際、その製造に関する特許権を同業者Bに侵害され収益が激減しました。そこで、AはBを相手に特許権侵害に係る不法行為に基づく損害賠償請求訴訟を提起しました。 その後、Aは倒産し、現在は甲社の従業員としての給与所得しかありませんが、先日、訴訟が終結し、Aは勝訴して、Bから800万円の損害賠償金を受け取りました。この場合、Aが受け取った800万円は非課税となりますか？	× なりません

不法行為により資産に加えられた損害に対して支払われた損害賠償金は原則として非課税とされています。

一方、不動産所得、事業所得、山林所得又は雑所得を生ずべき業務を行う者が、その業務に係る棚卸資産、山林、工業所有権その他の技術に関する権利等について損失を受けたことにより取得する保険金、損害賠償金、見舞金などはそれらの所得の収入金額に算入することとされています。

したがって、御質問の場合、Aの業務に係る特許権が侵害されたことに基因して損害賠償金800万円が支払われたこととなり、非課税所得とはならず、現在Aは事業を営んでいないことから、雑所得に係る総収入金額に算入するのが相当です。

なお、その訴訟に係る弁護士費用については、業務上の特許権の争訟に関して要したものであることから、雑所得の金額の計算上、必要経費に算入します。

参考：所令94①一

Q－132 退職を条件に支払う示談金

判定事例	判定
当店の退職金支給規程では、勤続期間が３年未満の人には退職金を支給しないと定めています。 ところが、入店２年目のAとの間で、１年前から就職の際の勤務条件と実際の勤務条件が異なるということで、係争が続いています。争いとはいっても、双方が弁護士を介して話合いをしており、訴訟には至っておりません。 このほど、A側から150万円を支払うなら円満退職してもよいとの申出があり、これをのんで示談金として150万円を支払うことにしました。この場合の示談金は必要経費となりますか？	○ なります

Ａに支給された金員は、名称が何であれ本来退職しなかったとしたならば支払われなかったもので、かつ、退職に基因して一時に支払われることとなった金額であること、しかも、その支払原因が、勤務条件についての争いを解決するために、Ａとの雇用契約を将来に向けて消滅させることを条件として、支払うこととされたものですので、使用者と使用人という身分関係に基づき使用者から支給される給与としての性質を有するものと考えられ、退職金支給規程が現に存するか否かに関係なく退職金に該当し、事業所得の計算上必要経費に算入されます。

参考：所法30①

Q－133 浸水により借家人に支払った見舞金

判定事例	判定
貸家が集中豪雨によって床上浸水し、借家人の家財に相当の被害が生じたため、家主が借家人に見舞金を支払った場合、その見舞金は、家主の不動産所得の計算上、必要経費に算入されますか？ なお、この見舞金は、貸家の建築上のミスその他、家主の責めに帰すべき事由に基づく損害賠償的なものではありません。	○ 算入されます

御質問の見舞金は、集中豪雨という不可抗力による災害に基因して支払われたもので、不法建築など損害賠償請求原因があって支払われたものではありませんので、不動産所得の金額の計算上必要経費に算入されます。

参考：所法37

Q－134 災害見舞金に充てるために同業者団体等に拠出する分担金等

判定事例	判定
Ａが加入している同業者組合では、その組合員が災害に遭った場合に支払われる災害見舞金に充てるため、組合員から分担金を集めることとしています。この場合の分担金は、組合員の必要経費となりますか？	○ なります

一般的には、同業者に拠出する見舞金などは、事業関連性が希薄であるため、必要経費とはなりません。

しかしながら、同業者団体等が、その構成員が災害に遭った場合にその災害による事業用資産の損失を相互に扶助するために規約等を定め、その規約等に基づき構成員が支出するその分担金で合理的な基準に従って賦課されたものについては、必要経費として取り扱うこととされています。

したがって御質問の場合、規約等の有無や扶助の目的、分担金の賦課基準については明らかにされていませんが、これらの要件を満たしていれば必要経費になるものと考えられます。

参考：基通37－9の6

Q－135 社会保険診療報酬の所得計算の特例の適用者

判定事例	判定
内科医で、本年分の社会保険診療報酬が5,000万円を超えている場合、5,000万円までの報酬の部分については社会保険診療報酬についての特例は適用できるのでしょうか？	✕ 適用できません

社会保険診療報酬の所得計算の特例制度は、その年の社会保険診療報酬の額が5,000万円以下で、かつ、医業又は歯科医業から生ずる事業所得に係る総収入金額の合計額が7,000万円以下である場合に限り適用することができます。

参考：措法26

Q－136 医師が診療所を共同経営する場合における社会保険診療報酬の所得計算の特例の適用

判定事例	判定
内科医であるＡとＢは、診療所を共同で経営しています。その出資は各々50%ずつで、診療業務には均等に従事し、診療所の収益又は損失の額は出資割合どおりに均等に分配することとしています。社会保険診療報酬の所得計算の特例の規定を適用して所得計算を行うに当たって、その計算の基礎となる収入金額は、その共同経営に係る診療所の社会保険診療報酬の総額によって計算すべきですか？	✕ 各人別の収入金額を基礎として計算します

ＡとＢの診療所経営の形態は、各々50%の出資によって診療所を開設し、共同経営することを約するものであり、これは民法第667条に規定する組合契約（任意組合）による診療所経営と認められます。

任意組合の組合員の所得計算は、原則として、その組合の収入金額、支出金額、資産、負債等を、組合契約又は民法第674条《組合員の損益分配の割合》の規定による損益分配の割合に応じて各組合員のこれらの金額として計算することとされています。

したがって、この方法により計算する場合には、社会保険診療につき支払を受けるべき金額はＡとＢの分配割合に応じてそれぞれ各人別にＡとＢに帰属することとなるので、社会保険診療報酬の所得計算の特例の規定もそれぞれＡとＢの各人別の収入金額を基礎として適用するのが妥当であると考えられます。

参考：措法26、基通36・37共－20(1)

Q－137　社会保険診療報酬の所得計算の特例の適用の選択替え

判　定　事　例	判　定
内科の診療所を営んでいるＡ医師は、本年の確定申告の際に、社会保険診療報酬の所得計算の特例の適用を受けるより実額により計算した方が有利であると考え、同特例の適用を受けずに事業所得の金額を計算し、確定申告書を提出しました。その後、計算し直したところ同特例の適用を受けた方が有利であることがわかりました。 この場合、更正の請求により社会保険診療報酬の所得計算の特例の適用を受けることができますか？	✕ できません

社会保険診療報酬の所得計算の特例制度は、税務署長が確定申告書にこの特例の適用を受ける旨の記載がなかったことについてやむを得ない事情があると認めるときは、この特例を適用することができるという宥恕規定が設けられています。

しかし、確定申告時に適用の選択が可能な人が当初この特例を選択せず、更正の請求において、この特例を適用したほうが有利という理由は、その記載がないことについてやむを得ない事情があることにはならないものと解されます。

したがって、Ａの場合は更正の請求により社会保険診療報酬の所得計算の特例の適用を受けることはできません。

参考：措法26①④

Q－138　老人医療公費負担と社会保険診療報酬の計算の特例

判　定　事　例	判　定
内科医が、老人医療公費負担制度の対象となる老人を診療した場合は、患者の自己負担分相当額についても社会保険診療報酬支払基金や国民健康保険団体連合会を通じて、地方公共団体から支払を受けることになっています。 また、この診療報酬とは別に老人医療対象患者の診療件数に応じ、老人医療協力事業費補助金が地方公共団体から交付されることとなっています。 この地方公共団体から支払を受ける自己負担相当額について、社会保険診療報酬の所得計算の特例を適用して差し支えありませんか？	○ 差し支えありません

社会保険診療報酬支払基金を通じ、地方公共団体から支払を受ける老人の自己負担分相当額の金額は、各種の社会保険診療に係る患者負担分そのものであり、社会保険診療報酬に該当することとなります。

判定事例	判定
この地方公共団体から支払を受ける老人医療協力事業費補助金について、社会保険診療報酬の所得計算の特例を適用して差し支えありませんか？	× 適用できません

老人医療協力事業費補助金は、老人医療の請求事務など老人医療への医療機関の協力に対する補助金であり、社会保険診療報酬に該当しませんので、社会保険診療報酬の所得計算の特例を適用することはできません。なお、この補助金については雑収入に計上することとなります。

参考：措法26

Q－139 保険薬局と社会保険診療報酬の所得計算の特例

判定事例	判定
Aは、本年４月から薬局を開店し、併せて保険薬局として保険の取扱いも行っています。 この保険扱い分については、社会保険診療報酬支払基金に請求し支払を受けますので、社会保険診療報酬の所得計算の特例を適用できると思いますがいかがでしょうか？	× 適用できません

租税特別措置法第26条に規定している社会保険診療報酬の所得計算の特例は、医業又は歯科医業を営む個人が、健康保険法による医療の給付につき支払を受ける金額がある場合に適用できることとされています。

したがって、御質問の保険薬局の営業による収入については、社会保険診療報酬支払基金から支払を受けるものであっても、この社会保険診療報酬の所得計算の特例を適用することはできません。

参考：措法26①

Q－140 社会保険診療報酬を返還した場合の必要経費算入の時期

判定事例	判定
Aは内科医ですが、従来から社会保険診療報酬の所得計算の特例によって申告しています。このたび、社会保険監査によって昨年の社会保険診療報酬が過大であるとされ、本年その過大請求分を返還しました。 この返還した報酬等は本年分の必要経費になりますか？	○ なります

事業所得の金額の計算の基礎となった事実のうちに含まれていた取り消すことのできる行為が取り消されたことによって生じた損失の金額は、その損失の生じた日の属する年分の事業所得の金額の計算上、必要経費に算入することになっています。

ところで、御質問の場合には、昨年の事業所得の金額の計算の基礎となっていた支払基金からの診療報酬の一部が、過大であったことを理由に返還を求められておりますので、返還額に相当する損失の額が生じたことになります。

したがって、御質問の場合には、返還した額は本年分の必要経費に算入することとなります。

なお、昨年の申告については、過大請求部分の金額について社会保険診療報酬の所得計算の特例の適用がありませんので、修正申告をすることが必要です。

参考：措法26、所法51、所令141三

Q－141 任意契約に基づく診療報酬

判定事例	判定
Aは、甲株式会社の健康保険組合が経営する歯科診療所で治療行為を行っています。その報酬として、社会保険診療報酬額の85％相当額を甲株式会社の健康保険組合から受け取っています。 この場合、Aは確定申告に当たって、社会保険診療報酬の所得計算の特例の適用が受けられますか？	× 受けられません

御質問の場合は、甲株式会社の健康保険組合が歯科医業を営み社会保険診療報酬を受けるものであり、Aは当該組合に雇用され、報酬を受ける者ですから、社会保険診療の所得計算の特例の適用は受けられません。

参考：措法26①

Q－142 生計を一にする親族の所有する資産の無償使用

判定事例	判定
Ａは生計を一にする母の所有する店舗を無償で借りて事業を始めようと思っています。 その店舗に係る減価償却費や固定資産税などは、Ａの事業所得の金額の計算上必要経費に算入できるでしょうか？	○ できます
その店舗の２階にＡ又は母が居住する場合と、２階を空き屋として全く別の家に母と共に居住する場合とで、店舗に係る減価償却費や固定資産税の額の必要経費算入額が異なってきますか？	× 同じです

事業を営む者が生計を一にする親族の所有する資産をその事業の用に供することにより、その事業から使用料等の対価を支払った場合には、その対価に相当する金額は、その者の事業所得の金額の計算上、必要経費に算入しないものとされています。更に、その親族が収受した対価に係る各種所得の金額の計算上必要経費に算入されるべき金額は、その事業を営む者の事業所得の金額の計算上必要経費に算入することになっています。

この場合において、生計を一にする親族が受けた対価の額及び各種所得の金額の計算上必要経費に算入されるべき金額は、なかったものとされます。

また、事業を営む者が生計を一にする親族の所有する資産を無償で借り受け、事業の用に供している場合であっても、その対価の授受があったとしたならば、その資産を所有する親族の各種所得の金額の計算上必要経費に算入されるべき金額を、その事業を営む者の事業所得の金額の計算上必要経費に算入するものとされます。

したがって、御質問の場合、店舗の所有者（母）に対する賃借料の支払の有無にかかわらず、その建物の減価償却費や固定資産税、修繕費等の維持管理費用は、Ａの事業所得の金額の計算上必要経費に算入することができます。

この場合において、必要経費に算入できるのは、店舗として事業の用に供している部分に係る減価償却費や固定資産税、修繕費等の維持管理費用ですから、２階部分を事業の用に供していない限り、２階に住んでも別のところに住んでも必要経費に算入する額に違いはありません。

参考：所法45、56、基通56－1

Q－143 砂利採取地に係る埋戻費用

判定事例	判定
Aは砂利販売業を営む青色申告者です。本年６月にＢの所有する田地から砂利を採取するということで、Ｂと契約しました。条件は本年６月から３年間砂利を採取し、採取後は畑地として使用できるようにAが埋め戻します。 この場合の埋戻し費用の支出は３年後であり、債務の金額は見積計算であって、確定はしていませんが、見積額で各年分の必要経費に算入することが認められますか？	○ 認められます

他の者の有する土地から、砂利その他土石（以下「砂利等」といいます。）を採取して販売（原材料等としての消費を含みます。）する場合において、他の者との契約によりその採取後の跡地を埋め戻して、土地を原状に復することを約しているため、その採取を開始した日の属する年以後、その埋戻しを行う日の属する年の直前の年までの各年において、継続して次の算式により計算した金額をその土地から採取した砂利等の取得価額に算入しているときは、認められることになっています。

（算 式）

$$\left(\text{埋戻しに要する費用の額の見積額} - \text{その年の前年以前において砂利等の取得価額に算入した金額の合計額}\right) \times \frac{\text{その年において当該土地から採取した砂利等の数量}}{\text{当該土地から採取する砂利等の予定数量} - \text{その年の前年以前において採取した砂利等の数量の合計}}$$

（注） 算式の「埋戻しに要する費用の額の見積額」及び「当該土地から採取する砂利等の予定数量」は、その年12月31日の現況により適正に見積もるものとします。

参考：所法37、基通37－2、47－17の2

Q－144 従業員に係る在宅勤務費用

判定事例	判定
私は、新型コロナウイルス感染症に関する感染予防対策として、従業員が負担した在宅勤務を行う自宅のスペースの消毒に係る外部業者への委託費用やPCR検査費用等を従業員に支給する予定ですが、これらの費用は事業所得の金額の計算上、必要経費として認められますか？	○ 認められます

所得税法上、必要経費とされるのは、収入金額を得るため直接要した費用と販売費・一般管理費等所得を生ずべき業務について生じた費用とされています。

御質問のような、個人事業主が負担する従業員に係る在宅勤務経費については、業務のために通常必要な費用として、事業所得の金額の計算上、必要経費への算入が認められます。

判定事例	判定
また、これらの費用の支給について、従業員に対する給与として課税する必要はありますか？	× 課税する必要はありません

在宅勤務に関連して業務スペースを消毒する必要がある場合の費用や事業主の業務命令により受けたPCR検査費用など業務のために通常必要な費用について、その費用を精算する方法により、事業主が従業員に対して支給する一定の金銭については、従業員に対する給与として課税する必要はありません（事業主が委託先等に費用を直接支払う場合も同様です。）。

ただし、従業員が自己の判断により支出した消毒費用やPCR検査費用など業務のために通常必要な費用以外の費用や、あらかじめ支給した金銭について業務のために通常必要な費用として使用しなかった場合でもその金銭を業務に返還する必要がないものは、従業員に対する給与として課税する必要があります。

参考：所法37①

Q－145 職場以外の場所での勤務に関する費用

判定事例	判定
新型コロナウイルス感染症に関する感染予防対策として、感染が疑われる従業員に対して、ホテル等で勤務することを認めています。この場合、従業員が負担したホテル等の利用料やホテル等までの交通費等を従業員に支給する予定ですが、これらの費用は事業所得の金額の計算上、必要経費として認められますか？	○ 認められます

御質問のように、職場以外の場所で勤務することを事業主が認めている場合のその勤務に係る通常必要な利用料、交通費など業務のために通常必要な費用について、業務のために通常必要な費用として、事業所得の金額の計算上、必要経費への算入が認められます。

判定事例	判定
また、このような費用の支給については、従業員に対する給与として課税する必要はありますか？	× 課税する必要はありません

その費用を精算する方法により、事業主が従業員に対して支給する一定の金銭については、従業員に対する給与として課税する必要はありません（事業主がホテル等に利用料を直接支払う場合も同様です。）。

ただし、業務のために通常必要な費用以外の費用について支給するもの（例えば、従業員が自己の判断によりホテル等に宿泊した場合の利用料など）や、予め支給した金銭を、従業員が業務のために通常必要な費用として使用せず、その金銭を事業主に返還しない場合には、従業員に対する給与として課税する必要があります。

第11章　青色申告特別控除

Q－1　現金主義と55万円又は65万円の青色申告特別控除

判定事例	判定
現金主義と55万円又は65万円の青色申告特別控除の適用関係について、次の点をお尋ねします。 前々年の所得金額が300万円を超えた場合は、現金主義の取りやめの手続をしなくても55万円又は65万円の青色申告特別控除を適用できますか？	○ できます

55万円又は65万円の青色申告特別控除を適用するためのその他の要件を満たしていれば、55万円又は65万円の青色申告特別控除の適用を受けることができます。

（注）　令和２年分以後、取引を正規の簿記の原則に従って記録している者の青色申告特別控除額は55万円とされ、さらに一定の要件を満たす場合に65万円とされました。

また、令和４年分以後は、その年分の事業における仕訳帳及び総勘定元帳に係る電磁的記録等の備付け及び保存が一定の要件を満たしている場合に、65万円の青色申告特別控除の適用を受けることができます。

判定事例	判定
現金主義の適用者がその年の３月15日までに現金主義の取りやめの手続をしないで、年初より記帳の方法をいわゆる発生主義の方法に変更している場合には、55万円又は65万円の青色申告特別控除を適用できますか？	× できません

その年の前々年の所得金額が300万円以下で、その年３月15日までに現金主義の取りやめの手続をしていなければ、仮にいわゆる発生主義の方法により記帳していたとしても、その年は現金主義の所得計算の特例を適用していることになりますので、55万円又は65万円の青色申告特別控除の適用を受けることはできません（現金主義による所得計算に修正する必要があります。）。

参考：所法67、所令195①、197①②、措法25の２③、25の２④一、令３改措法附34

第12章 損益通算と損失の繰越し・繰戻し

Q－1 ●土地建物等の譲渡所得がある場合の損益通算（その1）

判定事例	判定
個人が、土地建物等を譲渡して赤字が生じた場合、他の所得と損益通算をすることができるのでしょうか？	× 原則としてできません

個人が、平成16年１月１日以後に土地建物等を譲渡し、譲渡所得の金額の計算上赤字の金額が生じた場合には、その赤字の金額は他の土地建物等の譲渡による黒字の譲渡所得の金額から控除することはできますが、控除をしてもなお控除しきれない赤字の金額が残るときは、その赤字はないものとみなされ、その赤字の金額を土地建物等以外の譲渡所得や、給与所得などの他の所得の黒字の金額と損益通算することはできません。

譲渡の年の１月１日において所有期間が５年を超える居住用財産を譲渡したことにより生じた赤字の金額については、一定の要件を満たす場合に限り、他の譲渡所得の基因となる資産の譲渡により生じた黒字の金額から控除することはもちろん、他の各種所得の黒字の金額と損益通算をすることができ、これらの通算を行ってもなお控除しきれない赤字の金額については、その譲渡の年の翌年以後３年間にわたり繰越控除することができます。

参考：措法31①③二、32①④、41の5、41の5の2

Q－2 ●土地建物等の譲渡所得がある場合の損益通算（その2）

判定事例	判定
紙卸売業の事業所得が赤字になってしまいましたので、先祖からの土地を売却して赤字の補填をしました。 この事業所得の赤字200万円は、譲渡所得300万円から控除することができますか？	× できません

次に掲げる所得の金額の計算上赤字の金額が生じた場合であっても、その赤字はなかったものとみなされ、損益通算をすることができません。

また、逆に、次に掲げる所得以外に赤字が生じている場合においても次に掲げる所得との損益通算は認められません。

(1) 分離課税の対象となる土地等又は建物等の譲渡所得の金額
(2) 株式等に係る事業所得、譲渡所得及び雑所得の金額
(3) 先物取引に係る事業所得、譲渡所得及び雑所得の金額

したがって、御質問の事業所得の赤字は、分離課税の長期譲渡所得から控除することができません。　参考：所法69、措法31、37の10、41の14

Q－3 低額譲渡により生じた譲渡損失

判定事例	判定
会社員であるAは、20年前に宅地を1,000万円で購入し、更地のままにしていました（現在の時価は2,400万円です。）。 ところが、借家に住んでいたAの長男が結婚することになったため、この宅地を長男に400万円で譲渡することにしました。 更に、Aが父親から相続した別の土地を3,000万円で他に譲渡し、2,000万円の譲渡益が発生しています。 この場合、Aの長男に譲渡した宅地の譲渡損とAが父親から相続した土地の譲渡益との損益を通算して譲渡所得の金額を計算することができますか？	× できません

補足説明

譲渡所得の基因となる資産を、著しく低い価額（時価の２分の１未満の価額をいいます。）で譲渡した場合において、その譲り受けた者が法人の場合には時価により譲渡があったものとみなされますが、個人の場合には、このような取扱いはなく、実際の譲渡価額により譲渡所得の金額を計算します。

その代わりに、譲渡所得の金額の計算において損失額が生じても、その損失額はなかったものとみなすこととされています。

したがって、この場合のように、個人に対して著しく低い価額で譲渡したことにより損失が生じた場合には、その譲渡損失は生じなかったものとみなされますから、その損失の額を他の土地等に係る譲渡所得の金額と損益を通算して譲渡所得の金額を計算することはできません。　参考：所法59②

Q－4　リゾートホテルの賃貸と損益通算

判　定　事　例	判　定
甲は、Ａ社が分譲する保養地に所在するホテルの１室を購入し、Ｂ社と次の条件で不動産賃貸借契約を締結しました。 ①　休日、休日の前日及び夏・冬の一定期間については、利用日を指定することにより甲自身が優先的に利用できる（所定の料金は支払う。）――この期間は実際に使用しています。 ②　Ｂ社は、①以外の日をホテルの客室用として利用する。 ③　Ｂ社は甲に２万円の基本料を支払う。甲はＢ社に同額の管理費を支払う。 ④　甲は、次の算式で計算した運用分配金をＢ社から受け取る。 一般客室料総売上金額×１／144×20% （分譲された部屋数は144室です。） なお、当該ホテルの取得資金はすべて借入れによるもので、支払利子も多額になります。 この場合、ホテルの１室の貸付けによる所得は相当赤字となりますが、他の所得と損益通算を行って差し支えありませんか？	× できません

補足説明

通常、不動産所得の金額の計算上生じた損失は、これを他の所得から控除できます。しかし、その損失のうちに生活に通常必要でない資産に係る所得の金額の計算上生じた損失があるときは、当該損失は原則として生じなかったものとみなされます。

ところで、御質問の甲が取得したホテルの１室は、次の点からみて、生活に通常必要でない資産に該当すると思われます。

イ　当該ホテルを優先的に使用する権利を確保した上で、Ｂ社に賃貸されています。

ロ　当該ホテルは保養地に所在して、これを利用されています。

ハ　基本賃料は管理費と同額であり、また、運用分配金は金利等に比べて少額なものとなっています。

したがって、当該ホテルの貸付けによる赤字は他の所得と損益通算することはできません。

参考：所法69①②、所令178

Q－5　ゴルフ会員権の譲渡損失

判　定　事　例	判　定
Aはマイホーム取得のための資金に充てる目的で、ゴルフ会員権を譲渡しましたが、売り急いだために50万円の譲渡損失が発生しました。 このゴルフ会員権の譲渡による損失は他の所得から控除することができますか？	✕ できません

ゴルフ会員権など生活に通常必要でない資産に係る所得の計算上生じた損失については、競走馬に係る譲渡損失（競走馬の保有に係る雑所得から控除します。）を除き、他の所得との損益通算は認められません。

参考：所法69②、所令178①

Q－6　通勤用自動車の売却損

判　定　事　例	判　定
毎日、自動車で通勤している会社員Aが、このほど新車に買い換えるために今まで使用していた自動車を下取りに出すことにしました。 この自動車の下取価格は、購入価格から使用期間中の減価償却費相当分を差し引いた残額を相当下回っていますが、その譲渡損失はAの給与所得から控除することができるでしょうか？	✕ できません

会社員が通勤用としている自動車は、生活用の什器などと同様、生活に通常必要な動産と考えられており、その譲渡によって利益が生じても非課税として取り扱われます。

所得税法に定める非課税所得とは、ある取引によって生じた損益のすべてを課税関係の範囲から除くことを意味しますから、生じた利益はもとより損失についてもなかったものとみなされます。

参考：所法９①九、②一

Q－7●畑作に係る損失

判定事例	判定
会社員Ａは、数年前、家の近くの土地を購入しました。固定資産税などの維持費もかなりかかることから、土地の管理を兼ねて、野菜作りをしています。 野菜の収穫量は自家用にも満たない状態ですので、畑作に係る収入金額から、借入金利子や固定資産税等の必要経費を差し引くと、毎年赤字となってしまいます。 このような赤字について、給与所得との通算ができますか？	✕ できません

農業から生ずる所得は事業所得とされており、その所得計算はその年中の総収入金額から必要経費を差し引いて行います。そして、その所得の金額の計算上損失が生じた場合には、他の所得と損益通算をします。

しかし、いわゆる家庭菜園的なものについては、農作物等の栽培の主な目的は自家用野菜の確保や土地の維持管理にあるのであって、仮に農作物の一部を販売したからといって、事業としての農業だと判定することはできないと考えます。

したがって、総収入金額から必要経費を差し引き赤字になったからといって、その金額を事業所得の赤字として給与所得と損益通算を行うことはできないものと考えます。

参考：所法27、69、所基通35－2（注）

Q－8 不動産所得に係る損益通算の特例

判定事例	判定
不動産所得で生じた損失のうち、土地を取得するための借入金の利子の額に相当する部分は他の所得金額から控除することができますか？	✕ できません

一般に、不動産所得の金額の計算上生じた赤字の金額がある場合には、その金額を損益通算により、一定の方法で他の各種所得の金額から控除できることとされています。ただし、別荘などの不動産で、主として趣味、娯楽、保養又は鑑賞の目的で所有するものの貸付けによる所得の計算上生じた赤字の金額は、損益通算の対象から除かれています。

また、不動産所得の金額の計算上生じた損失の金額がある場合で、不動産所得の金額の計算上控除する必要経費のうちにその不動産所得を生ずべき業務の用に供している土地（借地権等の土地の上に存する権利を含みます。）の取得に要した借入金の利子があるときには、次の⑴又は⑵に掲げる金額は、他の各種所得の黒字の金額と損益通算できないこととされています。

⑴ (A) その年分の不動産所得の金額の計算上生じた赤字の金額 ＜ (B) その年分の不動産所得の金額の計算上必要経費に算入した土地等の取得に要した借入金の利子 の場合

……………………………………(A)の金額

不動産所得に係る総収入金額	(A) 損益通算の対象外
不動産所得に係るその他の必要経費	(B) その年分の不動産所得の金額の計算上必要経費に算入した土地等の取得に要した借入金の利子

⑵ (A) その年分の不動産所得の金額の計算上生じた赤字の金額 ≧ (B) その年分の不動産所得の金額の計算上必要経費に算入した土地等の取得に要した借入金の利子 の場合

……………………………………(B)の金額

不動産所得に係る総収入金額	損益通算の対象	損益通算の対象外
不動産所得に係るその他の必要経費		(B) その年分の不動産所得の金額の計算上必要経費に算入した土地等の取得に要した借入金の利子

参考：措法41の4、措令26の6

Q－9　不動産所得に係る損益通算の特例（一括して購入した土地・建物の取得資金の一部に借入金を充てた場合）

判　定　事　例	判　定
アパートの貸付けを行っていますが、このアパートは、前の所有者から土地付きで２億円（5,000万円は自己資金、残りの１億5,000万円は借入金）で購入したものです。 この借入金１億5,000万円を土地と建物のそれぞれの取得価額の比によってあん分した金額をそれぞれの取得に要した借入金として、土地の取得に要した借入金の利子を計算することができるでしょうか？ ○本年中の上記借入金に係る利子の額 …………………………1,080万円 ○建物の減価償却費の計算の基礎となる取得価額 ………１億円	**×** **できません。その借入金はまず建物の取得に充てられたものとされます**

不動産所得の金額の計算上生じた赤字の金額のうち、損益通算の対象とならないのは、土地等の取得に要した借入金の利子に相当する部分の金額です。

御質問の場合のように、一の契約により同一の者から取得した土地・建物の取得資金の一部に借入金を充てた場合、借入金の額を土地と建物のそれぞれに充てた部分に区分することができないことがあります。このような場合、借入金は、土地と建物の両方の取得に充てられたものといえますので、一般的には、その借入金を土地と建物のそれぞれの取得価額の比によってあん分した金額をそれぞれの取得に要した借入金とするのが合理的と考えられます。

しかし、不動産所得に係る損益通算の特例の適用に当たっては、一の契約により同一の者から取得した土地・建物の取得資金の一部に借入金を充てた場合、その借入金は、まず建物の取得のために充てられたものとして取り扱われることになっています。

したがって、御質問の場合、建物の減価償却費の計算においてその取得価額が合理的に計算されたものであれば、土地の取得に要した借入金は次のようになります。

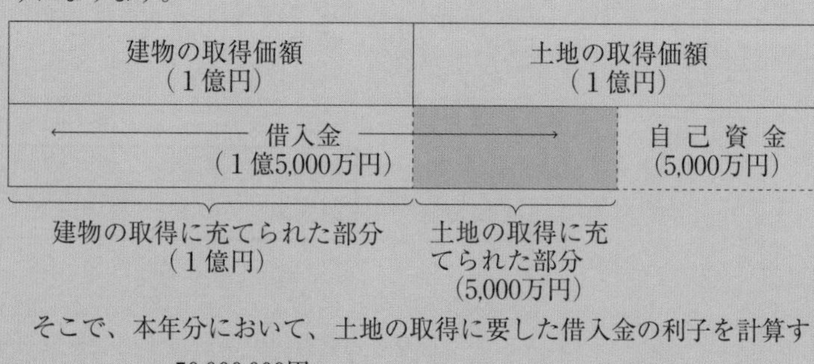

そこで、本年分において、土地の取得に要した借入金の利子を計算すると、

$$10{,}800{,}000円 \times \frac{50{,}000{,}000円}{150{,}000{,}000円} = \underline{3{,}600{,}000円}$$

となります。　　　　　　　　　　　　　参考：措法41の４、措令26の６②

Q－10　一括購入の土地・建物に係る借入金の返済

判定事例	判定
借入金により取得した賃貸マンションによる家賃収入があり、その所得を計算すると赤字になるため、損益通算の特例の適用を受けています。そこで、不動産所得の損益通算の特例の規定が適用されないように、昨年末に借入金のうち建物の取得価額に相当する部分の金額を除き全額返済しました。 この結果、本年分以後の不動産所得の必要経費に算入する借入金利子は、すべて建物の取得に充てられたものとなり、不動産所得に係る損益通算の特例は適用されないことになると考えられることから、不動産所得の金額の計算上生ずる赤字の金額はすべて損益通算の対象となるのでしょうか？	× なりません

借入金の返済は土地の取得に係る部分と建物の取得に係る部分とについてその割合に応じて行われたものとみるのが相当ですから、昨年末に返済された金額には建物の取得に係る部分が含まれており、その残高が建物の取得に係る部分のみになったとはいえないことになります。

したがって、御質問の場合にも、本年分以後の不動産所得を計算した結果、赤字の金額となるのであれば、土地の取得に要した借入金利子の額に相当する部分の金額については、損益通算の対象外とされます。

参考：措令26の６②、措通41の４－３

Q－11　不動産所得に係る損益通算の特例（土地等の取得に要した借入金の借換えの場合）

判定事例	判定
賃貸用の土地の購入資金に充てた借入金を、有利な条件に借り換えることにしました。この場合、借換え後の借入金の利子についても、不動産所得の損益通算の特例の適用対象となりますか？	○ なります

貸付けの用に供する不動産を取得するために要した借入金を借り換えた場合、その借換え後の借入金の利子は、その不動産貸付業務に係る費用に該当し（借換え後の元本が借換え前の残高を超える場合には、その超える部分に対応する利子を除きます。）、不動産所得の金額の計算上必要経費に算入することになります。この場合、借換え後の借入金が不動産の取得に要した借入金に該当するものと考えられます。

Q－12 不動産所得に係る損益通算の特例（不動産所得内における通算の可否）

判定事例	判定
Aには、賃貸マンションや駐車場の貸付けによる不動産所得があります。本年中に新たに借入金で取得した土地に賃貸マンションを建設し、貸付けの用に供していますが、この貸付けによる収支を計算すると、土地の取得に要した借入金の利子があるために赤字となります。 この赤字の金額は、他の不動産所得の黒字の金額と通算することはできますか？	○ できます

不動産所得に係る損益通算の特例は、あくまでも損益通算（異なる所得の区分にまたがる黒字と赤字の差引計算）の特例ですから、同じ不動産所得内での通算（損益計算）を制限するものではありません。したがって、御質問の場合、本年中に新たに取得した賃貸マンションを含むすべての収支を計算した結果、不動産所得の金額が赤字とならない限り不動産所得に係る損益通算の特例の適用はないことになります。

参考：措法41の４

Q－13 特定非常災害に係る純損失の繰越控除

判定事例	判定
特定非常災害により事業資産や棚卸資産などに被害を受けた場合は、繰越控除期間が５年間になると聞きましたが、本当でしょうか？	○ 特定非常災害による場合は５年間となります

事業所得者等が令和５年４月１日以後に発生する「特定非常災害」の指定を受けた災害により事業用資産等に生じた損失（以下、「特定被災事業用資産」といいます。）について、次の場合には、それぞれの場合に応じて、掲げる損失について繰越控除期間が５年間とする特例が設けられました。

⑴　保有する事業用資産等の価額のうち、特定被災事業用資産の割合（※）が10％以上の場合

①　青色申告者については、その年に発生した純損失の総額

②　白色申告者については、被災事業用資産の損失の金額及び変動所得に係る損失の金額

※　「保有する事業用資産等の価額のうち、特定被災事業用資産の割合」とは、次のイ又はロに掲げる割合をいいます。

イ　事業所得者の場合

$$\frac{\text{事業資産特定災害損失額}}{\text{その者の事業所得に係る事業用固定資産の価額の合計額}}$$

ロ　不動産所得者又は山林所得者の場合

$$\frac{\text{不動産等特定災害損失額}}{\text{その者の不動産所得又は山林所得に係る事業用固定資産の価額の合計額}}$$

⑵　特定被災事業用資産の損失の割合が10％未満の場合は、特定被災事業用資産の損失による純損失の金額

（注）1　「特定非常災害」とは著しく異常かつ激甚な非常災害であって、その非常災害の被害者の行政上の権利利益の保全等を図ること等が特に必要と認められるものが発生した場合に指定されるものをいいます。

2　「事業資産特定災害損失額」とは、その特定非常災害により生じた、棚卸資産に係る損失と事業所得を生ずべき事業の用に供される事業用固定資産（土地及び土地の上に存する権利は含まれません。）に係る損失の合計額をいいます。

なお、その特定非常災害による損失の金額が複数年において生じたものとされる場合にはその合計額となります。

3　「不動産等特定災害損失額」とは、不動産所得又は山林所得を生ずべき事業の用に供される事業用固定資産の特定非常災害による損失の金額の合計額をいいます。不動産所得と山林所得は、別々に割合を計算します。

なお、その特定非常災害による損失の金額が複数年において生じたものとされる場合にはその合計額となります。

なお、雑損失の金額のうち、特定非常災害により生じた損失の金額は、青色申告書を提出しているかどうかに関わりなく、繰越控除期間が５年間とされました。　参考：所法70の２、71の２、所令202、203の２、令５改所法等附３

Q－14●雑損失の繰越控除と限度額計算

判定事例	判定
Aは会社員ですが、火災で居宅が焼失し、その損失の金額は300万円（災害関連支出20万円を含みます。）となりました。これは雑損控除の対象となるそうですが、給与所得は200万円しかありません。超過部分を翌年に繰り越して控除することはできますか？	○ できます
翌年に繰り越した場合でも、雑損控除である以上、改めて合計所得金額の10％の限度額計算をするのですか？	× しません

雑損失の金額のうち、災害等の損害を受けた年分の所得から雑損控除をして控除しきれなかった部分の金額は、翌年以後３年間（令和５年４月１日以後に発生する特定非常災害に係る雑損失の繰越控除の特例の規定の適用がある場合には５年間）繰り越して総所得金額、分離課税の短期譲渡所得の金額、分離課税の長期譲渡所得の金額、申告分離課税の上場株式等に係る配当所得等の金額、分離課税の一般株式等に係る譲渡所得等の金額、分離課税の上場株式等に係る譲渡所得等の金額、分離課税の先物取引に係る雑所得等の金額、退職所得金額又は山林所得金額の計算上控除することができます。これを雑損失の繰越控除といいます。

さて、雑損失とは、雑損控除の対象となる資産に受けた災害又は盗難若しくは横領による損失の合計額が、その損失の生じた年分の総所得金額、分離課税の短期譲渡所得の金額、分離課税の長期譲渡所得の金額、申告分離課税の上場株式等に係る配当所得等の金額、分離課税の一般株式等に係る譲渡所得等の金額、分離課税の上場株式等に係る譲渡所得等の金額、分離課税の先物取引に係る雑所得等の金額、退職所得金額及び山林所得金額の合計額の10分の１に相当する金額（以下この問において「10分の１限度額計算」といいます。）を超える部分の金額と災害関連支出の金額から５万円を控除した金額とのいずれか多い金額をいいます。

したがって、前年以前３年（又は５年）内に生じた雑損失を繰り越して控除する場合には再度10分の１限度額計算をしたり災害関連支出の金額から５万円を控除したりする必要はありません。

参考：所法２①二十六、71①、71の２、所令204、令５改所法等附３、措令４の２⑩、20⑤、21⑦、25の８⑯、26の23⑥、措通31・32共－４

Q－15 廃業後における純損失の繰戻し

判定事例

青色申告者である事業所得者が令和５年６月１日をもって法人成りしたため、令和５年６月以後は給与所得だけを有することになりました。令和５年以前３年間の所得の状況は次のとおりで、令和３年分及び令和４年分はいずれも青色申告書を提出しています。

令和３年分　　100万円（課税所得金額）
令和４年分　　120万円（　　〃　　）
令和５年分　△200万円（純損失）

この場合の令和５年分の純損失200万円は、令和３年分までさかのぼって純損失の繰戻しの対象とすることはできますか？

判定

✕ できません

純損失の繰戻しは、その純損失が生じた年分において、青色申告書を確定申告期限内に提出しており、かつ、その前年分も青色申告書を提出していることを条件に、その純損失の生じた年の前年分の課税所得金額を限度として繰戻し控除するものであり、前々年分までさかのぼって繰戻しによる還付の請求をすることは認められていません。

したがって、御質問の200万円の純損失は、令和４年分の課税所得金額120万円を限度として繰戻し控除が認められますが、更に遡って令和３年分に繰り戻して控除することはできません。そこで、残額80万円は、令和６年分から令和８年分の３年間に繰り越して、各年分の所得から順次繰越控除することになります。

参考：所法70①、140①④

Q－16 純損失の繰戻し還付後の繰戻し額の追加

判定事例

令和４年分の課税所得が500万円でしたので、令和５年分の純損失800万円のうち、500万円を令和４年分に繰り戻し、所得税の還付を受けましたが、その後令和４年分について事業所得が200万円過少申告となっていましたので、修正申告をしました。

この場合、令和５年分の純損失の繰戻し額を200万円追加して所得税の還付を受けることはできますか？

判定

✕ できません

純損失の繰戻しによる所得税の還付は、確定申告書と同時に提出された還付請求書に記載された請求金額を限度として行うこととされています。したがって、御質問のように還付を受けた後に、前年分の所得が増加したからといって前年へ繰り戻す純損失の額を増額して、所得税の還付を受けることはできません。

しかし、純損失の繰戻しにより還付される所得税の額は、前年分の課税所得を基に計算した所得税額から、前年分の課税所得から繰戻し額を控除した残額を基にして計算した所得税額の差額として計算されますから、前年分の課税所得が増加した場合には、超過累進税率の関係で、純損失の繰戻し額に対応する所得税額が増加することとなります。そこで、その増加分については、追加して還付することとされています。

参考：所法140、142②、基通142－1

Q－17●居住用財産の買換え等の場合の譲渡損失の損益通算と繰越控除

判定事例	判定
Aは、本年9月に自宅を譲渡しましたが、最近の不況のためあまり高額では売れず、赤字になりました。 このような場合、その赤字を損益通算することができる特例はありますか？	○ あります

個人が令和5年12月31日までに所有期間が5年を超える居住用の家屋又は土地等（以下「譲渡資産」といいます。）を譲渡し、かつ、その譲渡の日の翌年の12月31日までの間に住宅ローンにより居住用の家屋を取得し、居住した場合において、その譲渡資産について譲渡損失がある場合で一定の場合には、譲渡した年の他の所得と損益通算を認めることとされ、また、損益通算後、なお譲渡損失がある場合には、その譲渡損失の金額をその年の翌年以後3年内の各年分へ繰り越して、総所得金額等から控除することができます。

（注） 譲渡資産のうちに面積が500㎡を超える家屋の敷地等が含まれている場合には、その敷地等に係る譲渡損失の金額のうち面積が500㎡を超える部分に相当する金額については、損益通算の適用を受けることはできますが、繰越控除の適用を受けることはできません。

判定事例	判定
Aは、次に居住する家屋を来年住宅ローンで購入するつもりですが、来年は住宅借入金等特別控除を受けることができますか？	○ 受けられます

参考：措法41の5

第13章 所得控除

第１節●雑損控除

Q－１●通勤用自動車の災害による損失

判定事例	判定
私は会社員ですが、通勤用に使用している自動車を駐車場に入れていたところ、火災のために焼失してしまいました。この損失額を給与所得から控除することができますか？	○ できます

給与所得者が通勤用としている自動車は生活用動産に該当すると考えられます。

したがって、通勤用自動車の火災などによる損失額は雑損控除の適用を受けることができるものと考えられます。

参考：所法72①、所令205、206、措法８の４③、28の４⑤、31③、32④、37の10⑥、41の14②、措令４の２⑩、25の11の２⑳、25の12の３㉔、26の23⑥、26の26⑪

Q－２●隣家の火災発生に伴って生じた損失

判定事例	判定
隣家が火災により全焼しました。幸い私の自宅は類焼を免れたものの、消防署の消火作業の放水により、外壁が落ちるとともに、家財が水浸しになってしまいました。 これは、消防署の延焼防止のための正当行為によるものですが、放水により受けた損害は、雑損控除の対象となりますか？	○ なります

雑損控除の対象となる災害には、火災のほか「人為による異常な災害」も含まれることになっています。

御質問の場合の放水によって生じた損失は、その行為が火災発生に伴う消防署の強制的な行為によるものといえますので、「人為による異常な災害」に含まれるものと考えられます。

参考：所法２①二十七、72①、所令９

Q－3　失火により支出した見舞金

判定事例	判定
Aの居宅の増築工事に従事していた大工が、たき火の不始末で隣家を全焼させてしまいました。 その大工には資力がなかったため、Aは火元である責任から300万円を隣家に支払いました。 この支払った見舞金は、雑損控除の対象となりますか？	○ なります

災害により第三者に損害を与えた場合に支払った損害賠償金等については、その基因となる行為に故意又は重大な過失がない限り雑損控除の対象に含まれます。

参考：基通70－8、72－7

Q－4　屋根の雪下ろし費用等に係る雑損控除

判定事例	判定
Aの住む地方では、年により豪雪に見舞われることがあり、その被害は必ずしも少なくありません。 雪による被害は、雑損控除の対象になりますか？	○ なります

災害により住宅家財等についてまさに被害が生ずるおそれがあると見込まれる場合において、当該住宅家財等に係る被害の拡大又は発生を防止するため緊急に必要な措置を講ずるための支出も雑損控除の対象に含めることになっています。したがって、豪雪の場合において、次に掲げる費用を支出した場合には雑損控除の対象になります。

⑴　家屋（生活に通常必要でない家屋及び事業用の家屋は除きます。以下同じ。）の倒壊を防止するための屋根の雪下ろし費用及び家屋の外周の雪の取除費用

⑵　⑴に直接関係して必要となる雪捨ての費用

参考：所法72①、2①二十七、所令9、206①三

Q－5 災害に対する被害の発生防止費用

判定事例	判定
台風等の被害に備え、台風シーズン直前に200万円をかけて、老朽化した屋根や雨戸を修繕しました。おかげで、今年は被害を受けずに済みましたが、この費用は災害の発生を防止する費用として雑損控除の対象となりますか？	× なりません

雑損控除の対象とされる、被害の発生を防止するため緊急に必要な措置を講ずるための費用とは、切迫している被害の発生を防止するための応急措置に係る費用のようにその費用の支出の効果が被害の発生を防止することのみに寄与するものをいい、例えば、豪雪の場合の雪下ろし費用等が考えられます。

したがって、台風通過後においてもその支出の効果が残っている御質問のような修理のための費用は、ここでいう被害発生防止費用には該当しません。

参考：所令206①三、基通70－11

Q－6 借地権の放棄と雑損控除

判定事例	判定
失火により借地上の建物が滅失しました。私には新築する資力もなく近隣との折り合いも悪化したので、借地権を放棄して立ち退くことにしました。その借地権放棄による損失は、火災に起因して発生したものといえなくもないと思いますので、雑損控除の対象となる災害損失に当たりますか？	× 当たりません

借地権は建物が火災により消滅しても、当初の契約期間中は消滅せず、新たに建物を建築したり、また、借地権者に資力がなくてもこれを第三者に売却して換価する方法もあります。つまり、御質問の借地権の放棄は、火災が遠因になっていますが、火災によって借地権の財産的価値がゼロに帰したものとはいえません。

このような「災害による損失」に該当しない借地権の放棄による損失は、雑損控除の対象とすることはできないことになります。

次に、借地権者が火元であったため、その地に引き続き居住することができなくなって他へ移転したことによって借地権を無償返還することになっても、これは「災害に関連したやむを得ない支出」には当たらないでしょう。

参考：所法72、所令206、基通72－7、借地借家法第7条

Q－7 共有建物が焼失した場合の雑損控除

判定事例	判定
Ａは２年前に夫婦共有でようやく我が家を建てましたが、本年、類焼により全焼してしまいました。 この建物は夫婦それぞれ２分の１の共有の居宅なのですが、配偶者の有する財産でも生計を一にしていれば、雑損控除は夫から控除できると聞いていますので、この火災による雑損控除は、すべて夫であるＡの損失として適用を受けたいと考えています。 Ａと妻は共働きで、それぞれ給与所得（基礎控除額を超える所得）がありますが、すべてＡの損失として適用することはできますか？	✕ できません

御質問の雑損控除は夫であるＡがすべての損失を控除することは認められず、夫婦の共有持分割合に応じて損失額をあん分し、夫婦の各々が雑損控除の適用を受けることになります。

参考：所法72①、所令205①、措令４の２⑩、20⑤、21⑦、25の８⑯、26の23⑥

Q－8 債務保証による損失

判定事例	判定
会社員の私は、友人から借金の保証人となるよう頼まれ連帯保証人となりましたが、友人の事業が倒産しましたので、その債務を友人の代わりに月々の給与から弁済しています。友人は無財産となっていますので、求償権の行使もできません。この場合に、雑損控除の適用はできますか？	✕ できません

雑損控除の対象となる損失は災害、盗難又は横領による資産の損失について適用されることになっていますから、保証債務の履行による損失額は雑損控除の対象にはなりません。

Q－9 災害関連費用の控除年分

判定事例	判定
昨年の暮れに類焼により居宅の一部が焼失し、本年２月に居宅の原状回復のための焼失部分の除去や修繕も完了し、同時にその費用（災害関連費用）を支払いました。 この場合の災害関連費用は、災害のあった年分で控除することはできますか？	○ できます

災害等の生じた年の翌年３月15日までに災害関連支出がある場合には、限度額計算が１回で済むように、これを災害等の生じた年分の損失の金額に含めて雑損控除を適用することができることとされています。

これは、納税者の選択により適用が認められるものであり、したがって、御質問の場合、災害の生じた年分の損失に含めなければ翌年分において雑損控除の適用を受けることになります。　参考：所令206、基通72－5

第２節●医療費控除

Q－10●医療費控除の対象となる入院費の範囲

判定事例	判定
Ａは４月に人間ドックで健康診断をしてもらったところ内臓に障害があり、直ちに絶対安静治療が必要とされ、治療上の都合から個室に入院し治療を受けています。この場合に人間ドックの診断費用や個室料金は、医療費控除の対象になるでしょうか？	○ なります

いわゆる人間ドックその他の健康診断のための費用及び容姿を美化し、又は容ぼうを変える等のための費用は、医療費には該当しませんが、健康診断により重大な疾病が発見され、かつその診断に引き続きその疾病の治療をした場合には、その健康診断のための費用も医療費に該当するものとされています。

次に、個室料金についてですが、いわゆる差額ベッド料金については、病状によりその個室を使用する必要がある場合や、病院の都合で合部屋を使えず、やむを得ずその個室を使用しなければならないような場合には、医療費控除の対象となります。

参考：基通73－４

Q－11●高額な差額ベッド料金

判定事例	判定
病気で入院し、病状からやむを得ず個室に入り、差額ベッド料金として、１日２万円を支払っていますが、医療費控除の対象として、認められますか？	○ 認められます

差額ベッド料金については、患者の病状などからみて、又は空部屋がなくやむを得ず高額な個室に入らざるを得なかったという場合で、それらの事情がなくなったときに一般の入院患者と同じ部屋に移っているなど客観的にみてその部屋に入らざるを得なかったとするやむを得ない理由があれば、医療費控除の対象となる医療費に該当することとして取り扱われます。

参考：所令207、所規40の３、基通73－３

Q－12　特定健康診査及び特定保健指導に係る自己負担額

判定事例	判定
特定健康診査及び特定保健指導（いわゆるメタボ健診）に係る自己負担額は医療費控除の対象になるのでしょうか？	○ なります

医療費控除の対象とされるものは、特定健康診査を行った医師の指示に基づき行われる特定保健指導（実施基準に規定する「積極的支援」により行われるものに限ります。）を受ける者のうち、この特定健康診査の結果が高血圧症、脂質異常症又は糖尿病と同等の状態であると認められる基準に該当する者の状況に応じて一般的に支出される水準の医師による診療又は治療の対価です。つまり、積極的支援による特定保健指導を受けた場合の指導料の自己負担額は、医療費控除の対象となります。

参考：所法73、所令207、所規40の3①二

Q－13　防ダニ布団の購入費用

判定事例	判定
Aは、アトピー性皮膚炎のため、医師の勧めにより防ダニ布団を購入して使用しています。この防ダニ布団の購入費は医療費控除の対象となりますか？	× なりません

御質問の場合の防ダニ布団の購入費は、医師等の治療を受けるため直接、かつ、通常必要な費用には該当しないことから、医療費控除の対象にはなりません。

参考：基通73－3

Q－14　眼鏡の購入費用

判定事例	判定
日常生活の用を足すために使用する義手や義足、松葉づえ、補聴器の購入費用は、医療費控除の対象となる医療費に含まれると聞きました。もし、これらの購入費用が医療費として認められるのであれば、近視や遠視のための眼鏡も日常生活においては、なくてはならないものですので、医療費控除の対象となりますか？	× なりません

眼科医に検眼をしてもらって、その診断書や処方に基づいて眼鏡店で購入される近視や遠視、老眼、弱視などのために使用される眼鏡は、日常最低限の用を足すために使用するものではありますが、医師の治療等の過程で直接必要なものとは認められませんので、医療費控除の対象とはなりません。

参考：基通73－3

Q－15 歯科医に支払った金冠等の装てん費用

判定事例	判定
Aは、虫歯の治療を受けていますが、歯科医の勧めにより奥歯４本に金冠を装てんすることにしました。 この金冠に要する費用は、健康保険の取扱いができないということで40万円を支払っています。 この費用は、医療費控除の対象となりますか？	○ なります

御質問の場合は、治療を受けている奥歯に金冠等を装てんすることが、虫歯の治療に照らし相当と認められますし、それに要した費用として支払った金額も40万円であり、一般的に支出される水準を著しく超えているものには当たらないと思われますので、その費用40万円を医療費控除の対象として差し支えありません。

参考：所法73②、所令207、所規40の３

Q－16 歯列矯正のための費用

判定事例	判定
長女（小学生）の虫歯治療のため歯科医の診療を受けたのですが、歯並びが悪いのでこのまま放置しておくと胃に過重な負担がかかり、虚弱体質になることから、今のうちに矯正治療をしておいた方がよいと勧められ、歯列矯正の治療を受けました。 この歯列矯正のための治療費として50万円支払いましたが、この費用は医療費控除の対象となりますか？	○ なります

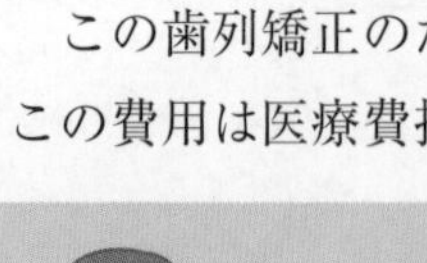

御質問の歯列矯正のための費用として支払った50万円は、歯科医師による治療の対価で、また、金額も病状などに応じて一般的に支出される水準を著しく超えるものとも思われませんので、医療費控除の対象として差し支えありません。

参考：基通73－４

Q－17 B型肝炎ワクチンの接種費用

判定事例	判定
Ａの母はＢ型肝炎のため現在治療中であり、Ａが介護に当たっています。 このたび、医師の指示によりＡへのＢ型肝炎の感染を予防するため、ＡはＢ型肝炎ワクチンの接種を受けましたが、この接種費用は医療費控除の対象となるでしょうか？	○ なります

補足説明

Ｂ型肝炎の患者を介護する家族に対して、感染を予防するため、Ｂ型肝炎ワクチンを接種することは、医師による患者の治療の一環として不可欠であると考えられます。

そこで、Ｂ型肝炎の患者の介護に当たっている親族（その患者と同居する人に限ります。）を対象として行われたＢ型肝炎ワクチンの接種費用で、一定のものについては、医療費控除の対象とされています。

参考：昭63.12.26直所３－23

Q－18 不妊症のためにした人工受精の費用

判定事例	判定
Ａたち夫婦は長い間子宝に恵まれないため、甲医科大学附属病院で治療を受けていましたが、このたび、人工受精の処置を受けることとし、その費用として35万円を支払いました。 この人工受精の処置費用は、医療費控除の対象となりますか？	○ なります

補足説明

医師による不妊症の治療行為の一環として人工受精の処置が行われており、また、その処置費用も35万円と治療行為の対価として一般的に支出される水準を著しく超えるものとはいえません。

したがって、人工受精の処置費用35万円は、医療費控除の対象になります。

なお、不妊症の治療費も医師等による診療等の対価として医療費控除の対象となります。

参考：所法73②、所令207、所規40の３

Q－19 禁煙治療に係る費用

判定事例	判定
Ａは愛煙家ですが、禁煙を決意し、妻の勧めで病院で禁煙治療を受けたいと考えています。 この治療にかかった費用は、医療費控除の対象となりますか？	○ なります

禁煙治療は医師による治療に該当しますから、Aが負担した治療費（保険診療分のうち自己負担分）は医療費控除の対象となります。

参考：所法73②、所令207、所規40の３

Q－20 朝鮮人参やビタミン剤等の購入費用

判定事例	判定
Aは、生まれつきの虚弱体質でしばしば内臓を患い、仕事にも支障がありますので、常時ビタミン剤やいろいろなホルモン剤を薬局で購入して服用しています。また、友人の勧めで朝鮮人参等の高価な漢方薬も購入しています。 これらの薬剤は、医師の処方に基づいたものではないのですが、Aのように体の弱い者には欠かせないものであり、医療費控除の対象として認められるでしょうか？	× 認められません

ビタミン剤や漢方薬も一般的には医薬品、医療機器等の品質、有効性及び安全性の確保等に係る法律第２条第１項《定義》に規定する医薬品に該当しますが、御質問の場合には、これらの医薬品を疾病の予防や健康増進のために用いられていますので、それらの購入の対価は医療費控除の対象となる医療費には該当しないことになります。

ただし、医師の処方に基づき病気の治療のために服用する漢方薬のうち、治療又は療養のために必要なことが明らかとされるものの購入の対価は、医療費控除の対象となる医療費に該当すると考えられます。

参考：所法73②、所令207二、基通73－５

Q－21 家政婦に支払った療養費

判定事例	判定
Aは、３月に胃の手術を受け、その後２か月間入院しました。 そのときAの妻は出産のため療養上の世話ができなかったので、家政婦紹介所を通じて家政婦に付添いを依頼し、その費用を支払いましたが、その費用は医療費控除の対象になりますか？	○ なります
また、家政婦紹介所に支払った紹介手数料は医療費控除の対象になりますか？	○ なります

医療費控除の対象となる医療費には、医師又は歯科医師による診療又は治療の対価のほかに、保健師、看護師又は准看護師による療養上の世話の対価として支払った費用も含まれています。

ここで、保健師、看護師又は准看護師とは、保健師助産師看護師法第２条《保健師》、同法第５条《看護師》、同法第６条《准看護師》に規定する保健師、看護師又は准看護師をいいますが、これらに準ずる人で療養上の世話を受けるために特に依頼したものから受ける療養上の世話に対して支払った費用もこれに含まれるものとされています。

したがって、Ａが、家政婦に対して支払った費用はすべて療養上の世話のためのものと考えられますので、医療費控除の対象として認められます。

なお、家政婦紹介所に支払う紹介手数料で、療養上の世話をする人を紹介してもらったことに対する対価として支払うものも、医療費控除の対象として差し支えありません。

参考：所法73②、所令207五、基通73－6

Q－22 親族に支払う付添料

判定事例	判定
Ａの妻が脳いっ血で倒れ、重症のため長期にわたり入院治療が必要となりました。そのため、Ａの長男の嫁が入院期間中付き添うことになりましたが、Ａの長男の嫁はパートタイマーとして勤めていますので、ＡはＡの長男の嫁にそれに見合う金額を付添い料として支払うこととしています。 この付添い料は、医療費控除の対象になるでしょうか？	× なりません

医療費控除の対象となる医療費の範囲には、保健師、看護師又は准看護師による療養上の世話に対して支払う対価が含まれています。この保健師、看護師又は准看護師による療養上の世話とは、保健師助産師看護師法第２条《保健師》、同法第５条《看護師》、同法第６条《准看護師》に規定する保健師、看護師又は准看護師がこれらの同法に規定する業務として行う療養上の世話をいいますが、病院等の看護師不足等のため、必要な看護が受けられず、やむなく家政婦等に依頼する場合も多いことから、正規の保健師や看護師等以外の人で、療養上の世話を受けるために、特に依頼した人から受ける療養上の世話も、正規の保健師等の療養上の世話に含め、その対価を医療費控除の対象となる医療費として取り扱うこととされています。ところで、この取扱いの対象となる「特に依頼した人」とは、療養上の世話を受けるために、特に依頼した家政婦等人的役務の提供を業とする人で、正規の保健師等に準ずるものと解されます。

したがって、御質問のように、長男の嫁や両親、その他の身内の人は労務の提供の対価の支払を前提としておらず、この取扱いの対象となる「特に依頼した人」には該当しませんので、これらの人から療養上の世話を受けて付添い料を支払っても、医療費控除の対象とはなりません。

参考：所法73②、所令207五、基通73－6

Q－23●視力回復センターへ支払った費用

判定事例	判定
Bは、長男が生まれつき弱視であるため眼科医で治療を受けさせていましたが、いっこうに効果がないので、A視力回復センターへ通わせています。 この視力回復センターへ支払った費用は、医療費控除の対象となりますか？	✕ なりません

A視力回復センターへ支払った費用は、医師等へ支払う治療の対価には当たらないので医療費控除の対象とはなりません。

参考：所法73

Q－24●おむつの費用

判定事例	判定
Aの母は寝たきりの状態で病院に入院しています。 Aは入院費用のほかにおむつ代を支払っていますが、おむつ代も含めて医療費控除の対象となりますか？	○ なります

御質問の場合、医師から「おむつ使用証明書」が発行され、かつ、その必要期間内に使用したおむつに係る費用であれば、医療費控除の対象となります。

また、証明書発行日以前のものであっても、医師の治療を受けるため直接必要な費用と認められれば、証明書発行日以後と同様に医療費控除の対象となります。

参考：基通73－3、昭62.12.24直所3－12

Q－25●ストマ用装具に係る費用

判定事例	判定
Aは、病院で人工肛門のストマの造設手術を受け、退院後も継続してストマケアに係る治療を受けています。 Aは、治療費とは別にストマ用装具代を支払っていますが医療費控除の対象となりますか？	○ なります

ストマケアに係る治療を行っている医師から「ストマ用装具使用証明書」が発行された場合には、ストマ用装具の購入費用は医療費控除の対象として取り扱うこととされています。

参考：基通73－3、平元.7.13直所3－12

Q－26 介護老人保健施設の利用料

判定事例	判定
Aの妻は病気で寝たきりの状態になり、介護老人保健施設に入所しています。介護老人保健施設は病院ではありませんが、Aが支払った利用料は医療費控除の対象となるでしょうか？	○ なります

介護老人保健施設に支払った費用のうち、次の費用が医療費控除の対象となります。

(1) 食費又は食事料
(2) 特別食料、特別食加算又は加工食加算
(3) 室料、個室料、２人室料又は室料差額（個室等の特別室の使用料については、診療又は治療を受けるためやむを得ず支払われるものに限ります。）
(4) 入浴料又は入浴代
(5) 通所者の長時間デイ・ケアに係る介護老人保健施設療養費の額を超える費用

参考：介護保険法第106条、所令207三

Q－27 温泉利用型健康増進施設（クアハウス）の利用料金

判定事例	判定
Aの母は慢性関節リュウマチで通院していましたが、本年７月に主治医の指導により『温泉利用型健康増進施設（クアハウス）』で10日間温泉治療を受けました。 このクアハウスの利用料金は、医療費控除の対象となるでしょうか？	○ なります

主治医が、患者の治療のため、厚生労働大臣が治療を行う場として十分機能し得ると認定した施設で温泉療養を行わせた場合は、医師の管理の下で治療が行われたと考えられますので、そのクアハウスの利用料金は、医師による治療を受けるため直接に必要な費用として、医療費控除の対象として取り扱われます。

参考：所法73②、所令207、基通73－３、平２.３.27直所３－２

Q－28 要介護者が指定介護老人福祉施設から受ける施設サービスの費用

判　定　事　例	判　定
父は、指定介護老人福祉施設（特別養護老人ホーム）に入所しています。 この施設に支払った利用料金は、医療費控除の対象になりますか？ なお、父は要介護度３の認定を受けています。	○ なります

補足説明

御質問の場合、要介護度３の要介護認定を受け、また、指定介護老人福祉施設に入所していることから、支払われた介護費、居住費及び食費の２分の１が医療費控除の対象となります。

参考：所法73②、所令207五、平12.6.8課所４－９

Q－29 要介護者が介護サービス事業者から受ける居宅サービスの費用

判　定　事　例	判　定
母は、昨年４月から介護保険制度により、介護支援専門員（ケアマネジャー）の居宅サービス計画（ケアプラン）に基づいて、訪問介護（ホームヘルプサービス）と訪問看護を受けています。 このサービスの利用料金は、医療費控除の対象になりますか？	○ なります

補足説明

御質問の場合、生活援助が中心でない訪問介護と訪問看護に係るサービスの利用料金について、自己負担額が医療費控除の対象となります。

参考：平12.6.8課所４－11

Q－30 医療費を補塡する保険金等（出産育児一時金と出産手当金）

判　定　事　例	判　定
Ａは、本年７月に子供が産まれ、出産費用として産院に35万円支払いました。これは医療費控除の対象になりますか？	○ なります

補足説明

御質問の産院に支払った出産費用は、一般的に支出される水準を著しく超えないものである限り、医療費控除の対象となる医療費に該当します。

この出産に関し、Aは勤務先から健康保険法第101条の規定に基づいて出産育児一時金の給付を受けました。これは同法第102条の出産手当金と同様の、出産による祝金と考えますが、医療費を補填する保険金等に該当しますか？

判定：○ 該当します

Aが勤務先から健康保険法第101条の規定に基づく「出産育児一時金」（附加給付を含みます。）の給付を受けた場合は、その給付金額を控除した残額が医療費控除の対象となる医療費となります。

また、健康保険法第102条の規定に基づく「出産手当金」は、被保険者が出産のため、その前後98日間において欠勤したことにより給与等が減額された場合に、その給与の減少部分を補填するため給付されるものであることから、医療費を補填する保険金等には当たらないものとされています。

なお、この出産手当金は、非課税所得とされています。

参考：所法73②、所令207、所規40の３、基通73－８、73－９

Q－31 共働き夫婦の出産費用と出産育児一時金

判定事例	判定
Aは薬局経営、Aの妻は会社勤めの共働き夫婦です。今年の４月、Aの妻の出産に際して、Aがその費用を支払いました。 出産後、Aの妻の勤務する会社の健康保険組合から、Aの妻に対して出産育児一時金42万円を受け取りました。 Aは、本年分の確定申告に当たって、Aが支払ったAの妻の出産費用を含めて医療費控除の適用を受けたいと思っていますが、その際にAの妻が会社の健康保険組合から受け取った出産育児一時金を差し引かなければならないでしょうか？	○ 差し引かなければなりません

医療費控除の対象となる医療費の額は、本人又は本人と生計を一にする配偶者その他の親族に係る医療費としてその年中に支払ったものとされています。そこで、Aの医療費控除の金額の計算に当たっては、Aの妻の出産に要した費用の額を含めたところで計算されますが、その際には、Aの妻が出産育児一時金として健康保険組合から受け取った42万円を控除することになります。

参考：基通73－８

Q－32　産科医療補償制度を利用した分娩に係る医療費控除

判　定　事　例	判　定
Aは令和5年9月に長女を出産しました。 かかりつけの産科医が営む医院で出産し、産科医療補償費を含む分娩費として、48万円支払いました。 分娩費については、医療費控除の対象となるそうですが、一緒に支払った産科医療補償費も医療費控除の対象に含めてもよろしいでしょうか？	○ 含めます

補足説明

産科医療補償制度を利用した分娩については、産科医療補償費相当額（原則12,000円）を含めた金額が支払った医療費として医療費控除の対象となります。

Q－33　医療費を補塡する保険金等（高額介護合算療養費等）

判　定　事　例	判　定
Aは、昨年病気で入院した際の医療費と妻の介護費用（訪問看護費用）などで、昨年8月から今年の7月までの間で自己負担額の合計額が100万円になりました。 Aは市役所の勧めで、医療保険と介護保険の高額医療・高額介護合算療養費制度による申請をしたところ、この度33万円の支給を受けました。Aが医療費控除をする際には、支払った医療費の金額からこの支給金額を差し引かなければならないのでしょうか？	○ 差し引かなければなりません

補足説明

医療費控除の金額は、支出した医療費の金額から保険金、損害賠償金その他これらに類するもの（「医療費を補塡する保険金等」といいます。）により補塡される部分の金額を除くこととされています。

Q－34 未熟児養育医療費弁償金負担金

判定事例	判定
Aの妻は、今年８月に女児を出産しましたが、その子は未熟児であったため強制的に未熟児センターで養育を受けました。この養育費は原則として府又は県が弁償することとされており、本人負担はないと聞いておりましたが、府から納入通知書が送付され、Aは未熟児養育医療費弁償金負担金を支払うこととなりました。 Aが府へ支払うこととなったその負担金は医療費控除の対象となりますか？	○ なります

本人が支払う金額は医療費負担金であり、医療費控除の対象となります。

参考：基通73－3(3)

Q－35 事業専従者のために支出した医療費

判定事例	判定
Aは酒類小売業を営んでおり、長男を青色事業専従者として専従者給与を支払っています。ところで、この長男が４月に病気で入院しましたので、その入院費などをAが支払いました。Aの医療費控除の対象になるでしょうか？	○ 生計を一にしていれば対象となります

御質問の長男は青色事業専従者で扶養親族には該当しませんが、医療費を支出すべき事由が生じた時又は現実に医療費を支払った時の現況において納税者と生計を一にしていれば、その親族（長男）のためにAが支払った医療費は、Aの医療費控除の対象となります。 参考：所法73①、基通73－1

Q－36●結婚した娘の医療費

判定事例	判定
Ａの長女は11月に結婚し他家へ嫁ぎましたが、結婚前の６月にＡが支払った長女の医療費が15万円あります。 扶養控除の対象となる扶養親族に該当するかどうかは、その年の12月31日の現況で判定することとされていますから、長女の扶養控除は受けられないのですが、長女の医療費は医療費控除の対象となりますか？	○ なります

医療費控除は、各年において、本人又は本人と生計を一にする配偶者その他の親族に係る医療費を支払った場合について控除の対象としています。

また、この「生計を一にする親族に係る医療費」とは、医療費を支出すべき事由が生じた時又は現実に医療費を支払った時のいずれかの時の現況において判定して、生計を一にし、かつ親族である人に係る医療費とされています。

なお、「医療費を支出すべき事由が生じた時」とは、医師による診療等の役務の提供を受けた時又は医薬品の購入をして服用等した時をいいます。

参考：所法73、基通73－１

Q－37●クレジットで支払う医療費

判定事例	判定
Ａは歯の治療を受けていましたが、その代金が24万円と高額であったため、ＡはＯ信用販売㈱のクレジットで支払うことにしました。Ａは治療が終わった11月５日にクレジット契約を結び、支払方法は11月から翌年10月まで各月末２万円の分割払となっています。 Ａが医療費控除の適用を受けるに当たり、本年分の申告で全額を対象にすることができますか？ なお、歯科医師からは11月５日に全額分の領収証を受領しています。	○ できます

Ｏ信用販売㈱と歯科医とＡとの関係を考えてみますと、Ｏ信用販売㈱がＡに代わって医療費全額を支払い、その立替払の債務をＡがＯ信用販売㈱へ割賦返済するということになります。

したがって、Ａがその年中に歯科医師に支払った医療費の金額は、Ｏ信用販売㈱がＡに代わって支払った24万円全額ということになりますので、24万円が医療費控除の対象となります。

参考：所法73①、基通73－２

Q－38 生計を一にしない父のために支出した医療費

判定事例	判定
長男と同居している父が入院することとなり、その医療費を長男のほか、別に生計を営んでいる次男、三男も分担することとなった場合、その次男、三男についても医療費控除の適用はありますか？	× ありません

医療費控除は、本人又は本人と生計を一にする親族のため医療費を支払った場合に限り適用がありますから、御質問のように父親と生計を別にする次男、三男が負担した医療費は医療費控除の対象とはなりません。

参考：所法73①、基通２－47

Q－39 「医療費のお知らせ」に基づく医療費の計算

判定事例	判定
令和５年中に病気で入院し医療費を支払いましたが、領収書が見当たりません。 その後、会社の健康保険組合から「医療費のお知らせ」が送られてきました。 令和５年分の確定申告で医療費控除を受けたいと思いますが、この「医療費のお知らせ」を確定申告書に添付して医療費控除の適用を受けることができますか？	○ できます

平成29年分以後の確定申告において医療費控除の適用を受ける場合は、医療費の支出を証明する書類、例えば領収書などに基づき、医療費の額など定められた事項の記載のある明細書、又は医療保険者から交付を受けた医療費通知書（医療費の額を通知する書類で、健康保険組合等が発行する「医療費のお知らせ」などが該当します。）を確定申告書に添付しなければなりません。

したがって、御質問の場合、「医療費のお知らせ」を確定申告書に添付することにより、医療費控除の適用を受けることができます。

なお、平成29年分から令和元年分までの確定申告については、医療費の領収書を確定申告書に添付するか、確定申告書を提出する際に提示することによっても、医療費控除の適用を受けることができます。

また、令和３年分以後の所得税の確定申告書を令和４年１月１日以後に提出する場合は、次の措置が講じられました。

① 医療保険者の医療費の額等を通知する書類の添付に代えて、次の書類の添付ができることとされました。

イ　審査支払機関（社会保険診療報酬支払基金及び国民健康保険団体連合会をいう。以下同じ。）の医療費の額等を通知する書類（当該書類に記載すべき事項が記録された電磁的記録を一定の方法により印刷した書面で国税庁長官が定める一定のものを含む。）

ロ　医療保険者の医療費の額等を通知する書類に記載すべき事項が記録された電磁的記録を一定の方法により印刷した書面で国税庁長官が定める一定のもの

②　e-Taxにより確定申告を行う場合において、次の書類の記載事項を入力して送信するときは、これらの書類の確定申告書への添付に代えることができることとされました。

イ　医療保険者の医療費の額等を通知する書類

ロ　審査支払機関の医療費の額等を通知する書類

参考：所法120④、所規47の２⑧⑨⑬、令２改所法等附７②、令２改所規附３②、オン化省令５②一、④

Q－40　セルフメディケーション税制

判定事例	判定
Aは、令和５年中にドラッグストアで市販薬を購入しましたが、年間10万円を超えることはありません。年間の医薬品の購入額が10万円以下の場合でも、確定申告をすれば控除を受けることができる制度はあるのでしょうか？	○ **セルフメディケーション税制があります**

Aが健康の保持増進及び疾病の予防への取組として、健康診断や予防接種など一定の取組を行っており、平成29年１月１日から令和８年12月31日までの間に、AやAと生計を一にする配偶者その他親族のために特定一般用医薬品等購入費を支払った場合には、次の算式によって計算した金額を所得控除（医療費控除の特例）として所得金額から差し引くことができます。

その年中に支払った特定一般用医薬品等購入費	－	保険金などで補填される金額	－１万2,000円	＝	セルフメディケーション税制に係る医療費控除額（最高８万8,000円）

（注）　セルフメディケーション税制の適用を受けることを選択した方は、従来の医療費控除の適用を受けることはできません。

参考：措法41の17②一、二、③④、措令26の27の２、措規19の10の２

第３節●社会保険料控除・生命保険料控除・地震保険料控除

Q－41●過年分を一括払した国民年金保険料の控除

判定事例	判定
国民年金法の規定による保険料が未払となっていましたので、過年分の保険料を一括して払い込んだ場合、全額をその支払った年分の社会保険料控除の対象として差し支えありませんか？	○ 差し支えありません

御質問の国民年金保険料は、国民年金法の規定に基づいて、未払分の保険料を一括して支払ったものですが、過年分にさかのぼって控除することはできず、実際に支払った年分において、その支払った金額の全額（延滞金は除きます。）を社会保険料控除として控除することになります。

参考：所法74①、②五

Q－42●「２年前納」制度を利用して納付した国民年金保険料の控除

判定事例	判定
本年４月に国民年金保険料の「２年前納」制度を利用して、令和５年４月から令和６年３月までの保険料を納付しましたが、この場合、納めた全額を令和５年分の社会保険料控除の対象としてよいでしょうか？	○ 差し支えありません

前納した社会保険料のうち、その前納の期間が１年以内のもの及び法令に一定期間の社会保険料を前納することができる旨の規定がある場合における当該規定に基づき前納したものについては、前納した全額を支払った年の社会保険料控除の対象として差し支えないこととされています。

参考：基通74・75－２

Q－43●医師年金と社会保険料控除

判定事例	判定
医師年金は、社会保険料控除の対象となりますか？	× なりません

参考：所法74

Q－44　介護医療保険料控除

判定事例	判定
支払った介護医療保険料について、所得金額から控除できる制度はありますか？	○ ありります

補足説明

社会保障制度を補完する商品開発の進展等を踏まえ、保険契約の自助努力を支援する観点から、一般生命保険料控除と個人年金保険料控除のほかに、介護医療保険料控除が設けられています。　参考：所法76②⑦、所令210

Q－45　一般生命保険料控除及び個人年金保険料控除

判定事例	判定
平成24年分から生命保険料控除が改組され、一般生命保険料控除や個人年金保険料控除の控除額等が変更されたそうですが、それ以前に締結した保険契約等に係る保険料等に対する控除については、従前どおり適用できますか？	○ できます

参考：所法76④

Q－46　生命保険料と個人年金保険料に係る剰余金等の計算

判定事例	判定
A生命保険会社と生命保険契約を締結していましたが、本年からB生命保険会社と個人年金保険契約も締結しました。 なお、A生命保険会社と締結している生命保険契約は、20年を経過しており、剰余金の分配を受けるだけです。 この場合、生命保険料控除額の計算上、A生命保険会社から受け取った剰余金の額は、B生命保険会社に支払った個人年金保険料から控除しなければならないでしょうか？	× 控除する必要はありません

補足説明

生命保険料控除額の計算の基礎となる「その年中に支払った保険料の額」は、一般の生命保険契約グループ、個人年金保険契約グループ、介護医療保険グループをそれぞれ区分して、支払った保険料の額から剰余金の額を控除した残額とされています。

この場合、同一グループ内で支払保険料の額から控除しきれない剰余金の額があっても、当該残額はないものとして取り扱われます。

参考：基通76－6（注）

Q－47 前納した生命保険料

判定事例	判定
Bは、２月にA生命保険会社と生命保険契約をして、年払の生命保険料を３年分一度に払い込みましたが、支払った年にその全額が生命保険料控除の対象として計算されるのでしょうか？	✕ **その年に対応する金額だけが対象となります**

その年中に支払った生命保険料等の金額であっても、いわゆる前納保険料については、その支払った年においてその全額を控除の対象とするのではなく、その年中に到来した払込期日に対応する金額だけがその年の控除の対象になります。

参考：基通76－3

Q－48 地震保険料控除の対象となる損害保険契約等

判定事例	判定
最近地震などの災害が増えていることから、Aは、家を新築したのを機に地震保険に入ることとしました。 地震保険については所得控除の対象となるのでしょうか？	○ **なります**

地震災害による損失への備えに係る自助努力を支援する観点から、損害保険契約等に係る地震等相当部分の保険料又は掛金を支払った場合には、その支払った保険料等の金額の合計額（最高５万円）をその年分の総所得金額等から控除することができます。

参考：所法77

第４節●寄附金控除

Ｑ－49●寺社に対する寄附と寄附金控除の適用

判　定　事　例	判　定
先祖の菩提寺である「○○寺」の本堂改修のため30万円を寄附しましたが、この寄附金は寄附金控除の対象となりますか？ なお、「○○寺」は、公益法人ではありません。	✕ なりません

寄附金控除の対象となる寄附金は、特定寄附金に限られています（学校の入学に関してするもの及び、令和３年４月１日以後に支出する出資に関する業務に充てられることが明らかなものを除きます。）。

御質問の寺に対する寄附金は、その寺が、宗教法人「○○寺」として公益法人であれば、公益の増進に寄与するといった趣旨から、その公益法人等の申請で、財務大臣が一定の期間を定め特定寄附金に該当する旨を指定している場合があります。

この指定があれば官報に告示され、その宗教法人にも通知されますので指定されているかどうかを確認する必要があります。

参考：所法78②③、所令217、所規40の９、措法41の18、41の18の２、41の18の３、41の18の４

Ｑ－50●私立学校に対する寄附金

判　定　事　例	判　定
Ａは母校の私立学校へ寄附したいと思っていますが、寄附金控除の対象になりますか？	○ なります

私立学校に対する寄附については、私立学校法第３条に規定する学校法人で学校（学校教育法第１条に規定する幼稚園、小学校、中学校、義務教育学校、高等学校、中等教育学校、大学、高等専門学校、特別支援学校）の設置若しくは学校及び専修学校の設置を主たる目的とするものに対する寄附金で、その法人の主たる目的とする業務に関連するものが控除の対象になります。

ただし、学校への入学に関してする寄附金は除かれます。

参考：所法78②、所令217

Q－51 入学に際して行う寄附金

判　定　事　例	判　定
長女がA大学に合格したので、寄附金を40万円支払いましたが、B大学にも合格したため、B大学に入学することにしました。 この場合、A大学に支払った40万円は、入学しない大学に対する寄附ですが、寄附金控除の対象になりますか？	✕ なりません

入学を希望して支出する寄附金は、入学辞退等により、結果的に入学しないこととなった場合においても、寄附金控除の対象とはされません。

参考：基通78－2、78－3

Q－52 公益の増進に著しく寄与する法人を設立するための寄附金

判　定　事　例	判　定
Aは、学生に対して奨学金を貸与するなどの修学の援助を目的として、「育英会」を設立する計画をしていたところ、文部科学省から許可されることになり、「育英会」の設立に当たって、Aは基本財産として現金を寄附しました。 この場合、設立した「育英会」は、公益の増進に著しく寄与する法人に該当すると思われますので、Aの確定申告に当たって、寄附金控除の対象としてよいでしょうか？ なお、設立に当たって財務大臣の指定は受けていません。	✕ なりません

御質問の場合は設立後は公益の増進に著しく寄与する法人に該当するものであっても、寄附した時点では当該法人は存在せず、また、設立に当たって財務大臣の指定を受けていませんので寄附金控除の対象とはなりません。

参考：所法78②二

Q－53　社会福祉法人に対する寄附金

判定事例	判定
社会福祉法人「○○福祉協会」に50万円の寄附をしたいと考えています。 今年の所得は、500万円程度の見込みですが、この寄附は寄附金控除の対象となりますか？	○ なります

社会福祉法人に対する寄附金であれば、その法人の主たる目的である業務に関連する寄附金は、寄附金控除の対象となります。

参考：所法78②三、所令217①五

Q－54　固定資産の寄附金

判定事例	判定
Aは公益財団法人○○育英会の寄宿舎建設のため、寄宿舎の敷地用として土地900㎡（取得価額500万円、時価3,600万円）を寄附しました。同育英会は、所得税法施行令第217条《公益の増進に著しく寄与する法人の範囲》に該当する公益財団法人であることについて所在地の県知事の証明書の交付を受けています。 また、土地の譲渡所得の課税に関し、租税特別措置法第40条《国等に対して財産を寄附した場合の譲渡所得等の非課税》の規定の適用を国税庁長官に申請したところ承認されています。 この場合、寄附金控除を受けることはできますか？ なお、Aの所得金額の合計額は1,000万円です。	○ できます

公益財団法人○○育英会は、公益の増進に著しく寄与する法人に該当しますから、この寄附は寄附金控除の対象になり、寄附した金額は土地を寄附したときの時価3,600万円によることが原則です。

しかし、土地の譲渡所得については租税特別措置法第40条《国等に対して財産を寄附した場合の譲渡所得等の非課税》の規定の適用について国税庁長官の承認を受けていますから寄附した金額は、寄附したときの時価から土地の譲渡所得の金額（特別控除額控除前の金額）に相当する部分の金額を控除した金額になります。

参考：所令217、措法40⑲

第５節●障害者控除・寡婦控除

Q－55●事業専従者が障害者の場合の障害者控除

判定事例	判定
Ａは文房具卸売業を営んでいます。Ａの長男もこの事業に従事していますが、片足が不自由なため身体障害の程度が３級であると認定された身体障害者手帳の交付を受けています。この場合に、Ａの確定申告において長男に係る事業専従者控除を受けると同時に障害者控除を適用することができますか？	✕ できません

障害者控除の適用については、納税者自身が障害者である場合、又は納税者の同一生計配偶者又は扶養親族が障害者である場合に適用されることとされています。

ところで、生計を一にする親族で事業に専ら従事することにより事業専従者に該当する親族は、扶養親族に該当しないこととされています。

したがって、長男が事業専従者に該当すると、扶養親族とされないため、長男が身体障害者手帳を交付され障害の事実があっても、Ａの確定申告においては、障害者控除を受けることはできません。

ただし、Ａの長男自身は、自己の所得について障害者控除を受けることはできます。

参考：所法79①②、２①三十四

Q－56●療育手帳を有している場合の障害者の判定

判定事例	判定
福祉事務所から療育手帳の交付を受けている者は、障害者控除の適用があるのでしょうか？	○ あります
また、適用がある場合、すべて特別障害者として控除することができますか。	✕ 障害の程度によります

御質問の療育手帳の交付を受けている人は障害者に該当し、療育手帳に障害の程度が「Ａ」と表示されている人は特別障害者、また、障害の程度が「Ｂ」と表示されている人はそれ以外の障害者として障害者控除の適用を受けることになります。

参考：所令10①②

Q－57 身体障害者手帳の交付前の年分の障害者控除

判定事例	判定
Aは会社員ですが、交通事故で令和元年から足が不自由になっていました。本年（令和５年）、家族に勧められ身体障害者手帳の交付申請をしたところ、このほど交付を受けることができました。 そこで、足が不自由になった令和元年から障害者ということになると思いますので、令和元年分から障害者控除を適用して還付申告したいと思いますが、認められますか？	✕ **認められません**

御質問の場合には、身体障害者手帳の交付は令和５年中であり、令和４年分以前の各年分においては、障害者に該当しませんから、障害者控除を適用することはできません。

参考：所法85、所令10①三

Q－58 原子爆弾被爆者健康手帳と障害者控除

判定事例	判定
所得税法上、原子爆弾被爆者に対する援護に関する法律第11条により厚生労働大臣の認定を受けた人は障害者とされていますが、原子爆弾被爆者健康手帳を所持する人も、この障害者に該当しますか？	✕ **厚生労働大臣の認定を受けなければなりません**

原子爆弾被爆者健康手帳を所持する人のうち、更に原子爆弾被爆者に対する救護に関する法律第11条第１項により厚生労働大臣の認定を受けている人だけが所得税法上の障害者に該当することとなります。

なお、この障害者に該当する人は、特別障害者に該当します。

参考：所令10①五、②五

Q－59 公害医療手帳と障害者控除の適用

判定事例	判定
Aは市から公害病患者として認定され、公害医療手帳の交付を受けていますが、この手帳に記載されている障害の程度により、障害者控除の適用が認められますか？	✕ 認められません

所得税法上の障害者とは、所得税法施行令第10条《障害者及び特別障害者の範囲》に規定する障害者に限られていますから、公害医療手帳に障害の程度が記載されているからといっても直ちに障害者に該当するとして、障害者控除の適用をすることは認められません。

参考：所令10

Q－60 知的障害のある者と障害者控除

判定事例	判定
知的障害がある場合に障害者控除の適用を受けることができますか？	○ できます

所得税法上の「障害者」とは、精神上の障害により事理を弁識する能力を欠く常況にある者、身体障害者手帳等の交付を受けている者など一定の障害を有する者をいいます。

ところで、知的障害のある者については、①精神上の障害により事理を弁識する能力を欠く常況にある者又は児童相談所、知的障害者更生相談所、精神保健福祉センター若しくは精神保健指定医の判定により知的障害者とされた者のほかに、②精神保健及び精神障害者福祉に関する法律第45条第２項（精神障害者保健福祉手帳の交付）の規定により精神障害者保健福祉手帳の交付を受けている者とされています。

また、上記①に該当する者のうち、精神上の障害により事理を弁識する能力を欠く常況にある者又は重度の知的障害者と判定された者及び上記②に該当する者のうち、精神障害者保健福祉手帳に精神保健及び精神障害者福祉に関する法律施行令第６条第３項に規定する障害等級が１級である者として記載されている者は、特別障害者に該当することとされています。

参考：所法２①二十八、二十九、所令10①二、②二

Q－61　寝たきり老人と障害者の判定

判定事例	判定
扶養控除の対象としている父（75歳）が、脳いっ血で倒れ、現在まで３か月間意識不明で寝たきりになっています。 老衰とも考えられますが、この場合、所得税法上の障害者として障害者控除が認められるのでしょうか？	○ 認められます

父親が12月31日の現況で就床後３か月であっても、その後、３か月以上回復の見込みがなく、通算して６か月以上にわたり複雑な介護を要する者と認められる場合には障害者に該当しますから、特別障害者として40万円の障害者控除を受けることができますし、更に、本人又は本人の配偶者若しくは本人と生計を一にするその他の親族のいずれかと父親が同居している場合には、障害者控除の額は75万円となります。

なお、常に就床を要し複雑な介護を要することとなった原因が病気によるものか、老衰によるものかは規定の上で制限されていませんので、いわゆる寝たきり老人の場合であっても障害者として障害者控除の適用があることになりますし、更に、本人又は本人の配偶者のいずれかとお父さんが同居しており、同居老親等に該当する場合には、58万円の扶養控除が適用されます。

参考：所法２①二十九、79①②③、所令10①六、②五、基通２－39、措法41の16①

Q－62　成年被後見人の特別障害者控除の適用について

判定事例	判定
Ａの母が認知症となったため、成年後見制度を利用するため、家庭裁判所に後見開始の審判の申立てをしていましたが、このたび「精神上の障害により事理を弁識する能力を欠く常況にある者」として、後見開始の審判を受けました。 このような場合、Ａの母は、特別障害者として障害者控除の適用はありますか？	○ あります

成年被後見人は、障害者（特別障害者）に該当し、その年の12月31日時点において成年被後見人であれば、特別障害者控除の適用があると考えられます。

参考：所法２①二十九、79、所令10②一

Q－63 ひとり親控除

判定事例	判定
Aは6歳の子と二人暮らしをしています。令和2年分の所得税からひとり親控除が創設されたと聞きましたが、Aはひとり親控除を受けることはできますか？ なお、Aは現在婚姻しておらず、住民票上にも未届の夫の記載はありません。Aの今年の合計所得金額は400万円程度と見込まれます。	○ できます

ひとり親控除については、子供の生まれた環境や家庭の経済事情に関わらず、すべてのひとり親家庭に対して公平な税制を実現するために、「婚姻歴の有無による不公平」と「男性のひとり親と女性のひとり親との間の不公平」を同時に解消する観点から、令和2年度の税制改正において措置されました。

御質問のひとり親控除の適用を受けるための要件は、次の表のとおりです。

対象となる方		現に婚姻していない人又は配偶者の生死が不明な人（一定の場合に限ります。）
要件	扶養要件	生計を一にする子（総所得金額等が48万円以下の場合に限ります。）を有すること
要件	その他要件	・合計所得金額が500万円以下であること ・住民票の記載について次のいずれかに該当すること 1　その人が住民票に世帯主と記載されている場合 その人と同一の世帯に属する人に係る住民票に世帯主との続柄として、未届の妻又は未届の夫その他これらと同一の内容である旨の記載がされた人がいないこと 2　その人が住民票に世帯主と記載されていない場合 その人の住民票に世帯主との続柄として、未届の妻又は未届の夫その他これらと同一の内容である旨の記載がされた人がいないこと
控除額		35万円

参考：所法2①三十一、81、所令11の2、所規1の4

Q－64 ひとり親控除と扶養親族

判定事例	判定
Aは夫を交通事故で亡くし、実家に子どもを預けて働いています。年間給与収入金額は240万円です。子どもはAの父の所得税の計算において扶養親族としていますが、Aはひとり親控除を受けられますか？	✕ 受けられません

ひとり親控除の対象となるひとり親は、原則としてその年の12月31日の現況で、婚姻をしていないこと又は配偶者の生死の明らかでない一定の人のうち、次の３つの要件を満たす人をいいます。

⑴　その人と事実上婚姻関係と同様の事情にあると認められる一定の人（注）がいないこと。

（注）　次のいずれかに該当する人をいいます。

・　その人が住民票に世帯主と記載されている場合…その人と同一の世帯に属する人の住民票に世帯主との続柄が世帯主の未届の夫又は未届の妻である旨その他の世帯主と事実上婚姻関係と同様の事情にあると認められる続柄である旨の記載がされた人

・　その人が住民票に世帯主と記載されていない場合…その人の住民票に世帯主との続柄が世帯主の未届の夫又は未届の妻である旨その他の世帯主と事実上婚姻関係と同様の事情にあると認められる続柄である旨の記載がされているときのその世帯主

⑵　生計を一にする子がいること。

この場合の子は、総所得金額等が48万円以下で、他の人の同一生計配偶者や扶養親族になっていない人に限られます。

⑶　合計所得金額が500万円以下であること。

したがって、御質問の場合は、子どもがAの父の扶養親族とされていますので、⑵に該当しないこととなり、Aは、ひとり親控除を受けることができません。

参考：所法２①三十一、所令11②、所規１④

Q－65 扶養親族の所属と寡婦控除

判定事例	判定
Aは夫と離婚後、事業を開業（青色申告者）しましたが、その長男と生計を一にしている場合、長男の子のうち１人をAの扶養親族として寡婦控除の適用を受けることはできますか？ Aの合計所得金額は500万円以下で現在再婚しておらず、住民票上に未届の夫の記載はありません。 長男は会社員で、その子を扶養親族として扶養控除等申告書に記載しています。	○ できます（長男はその子を扶養親族とすることは認められなくなります。）

寡婦控除の対象とされる寡婦は、原則としてその年の12月31日の現況で「ひとり親」に該当せず、次の(1)又は(2)のいずれかに当てはまる人をいいます。

(1) 夫と離婚した後婚姻をしていない人で次の要件を満たす場合
　イ　扶養親族を有する人
　ロ　合計所得金額が500万円以下の人
　ハ　その人と事実上婚姻関係と同様の事情にあると認められる一定の人（注）がいないこと

(2) 夫と死別した後婚姻をしていない人又は夫の生死が明らかでない一定の人で次の要件を満たす場合
　イ　合計所得金額が500万円以下の人
　ロ　その人と事実上婚姻関係と同様の事情にあると認められる一定の人（注）がいないこと

（注）「一定の人」とは、次のいずれかに該当する人をいいます。
・　その人が住民票に世帯主と記載されている場合…その人と同一の世帯に属する人の住民票に世帯主との続柄が世帯主の未届の夫である旨その他の世帯主を事実上婚姻関係と同様の事情にあると認められる続柄である旨の記載がされた人
・　その人が住民票に世帯主と記載されていない場合…その人の住民票に世帯主との続柄が世帯主の未届の妻である旨その他の世帯主と事実上婚姻関係と同様の事情にあると認められる続柄である旨の記載がされているときのその世帯主

御質問の場合、Aは離婚したとのことですので(1)のイ～ハの要件を満たせば寡婦控除の適用を受けることができますが、(1)のロ及びハの要件には該当しています。そこで、Aと生計を一にしている長男の子をAの扶養親族とすれば(1)の要件をすべて満たすこととなり、寡婦控除の適用を受けることができます。

長男の子を長男が扶養控除等申告書により自己の扶養親族としている場合であっても、その母であるAが確定申告書においてその子を自己の扶養親族として申告すれば、Aは扶養親族を有することになり、上記(1)により寡婦に該当することとなります。

なお、その場合は、長男は、その年分でその子を扶養親族とすることは認められなくなりますから、既に年末調整が終了している場合は、その子に係る扶養控除額を減らしたところにより年税額を計算し直し、その差額は確定申告又は年末調整の再調整をすることによって精算する必要があります。

参考：所法２①三十、所令11、219、所規１の３、所基通85－2、190－5

第6節●配偶者控除・配偶者特別控除・扶養控除

Q－66●内縁の妻とその子の扶養親族の判定

判定事例	判定
内縁関係にある妻とその間にできた子をそれぞれ控除対象配偶者及び扶養親族とすることができるでしょうか？	× できません

所得税法に規定する配偶者及びその他の親族とは、民法第725条《親族の範囲》に規定する親族、すなわち６親等内の血族、配偶者、３親等内の姻族です。

したがって、婚姻は、民法第739条《婚姻の届出》の規定による届出により効力が発生しますから、いわゆる内縁の妻は、たとえ勤務先の会社などから家族手当が支給されている場合であっても、親族とはなりませんので控除対象配偶者には該当しません。

また、内縁の妻との間にできた子も法律上の親族とはなりませんから原則として扶養親族にはなりません。

ただし、その子をＡが認知すれば法律上の子たる地位を取得しますので、この場合には、Ａと生計を一にし、その子（16歳以上の子に限ります。）の所得金額が一定限度以下であれば認知をした年から扶養親族に該当することとなります。

参考：基通２－46

Q－67●夫の姓の子を扶養している場合の扶養控除

判定事例	判定
Ａは夫と離婚し、Ａだけが夫の戸籍から離籍し、復氏しました。その際、17歳の長男はＡが引き取り一緒に住み扶養していますが、親権者としての届出をしていません。この場合、Ａは、確定申告で長男を扶養控除の対象とすることができるでしょうか？	○ できます

Ａが長男と異なる姓であったとしても、生計を一にしているなどＡの扶養親族としての要件を満たしていれば、長男を扶養控除の対象とすることができます。

参考：所法84、２①三十四

Q－68 ● 認知した子の扶養親族の判定の時期

判定事例	判定
Ｂ（会社員）は、内縁の妻との間にできた子（Ａ・18歳）の認知届を市長あてに提出し、１月10日に受理されました。 認知の法律効果として、出生の時にさかのぼって親子関係があったものとされることから、ＢはＡを扶養親族に含めて過去の年分の所得税について還付申告書を提出できますか？	× できません

ＡがＢの扶養親族に該当するかどうかの判定は、子として認知された日の属する年分、すなわち、認知届が受理された日の属する年の12月31日で判定することとなります。

したがって、認知届の受理された年の前年分以前にさかのぼってＡを扶養親族として還付請求をすることは認められません。　参考：所法85

Q－69 ● 養子縁組した親子の扶養と扶養控除

判定事例	判定
Ｂは、三男を知人Ａの子供として養子縁組させました。ところが、知人Ａが病気となって失職し、生活ができなくなりましたので、Ｂが三男と知人Ａの親子を引き取って生活の面倒を見ています。 この場合、Ｂは、三男と知人Ａを扶養控除の対象とすることができますか？ なお、三男及び知人Ａはいずれも年齢が16歳以上です。	× 知人Ａは対象となりません

扶養控除の規定の適用を受けるためには、その人が扶養控除の対象となる扶養親族等に該当しなければなりません。この場合の控除対象扶養親族とは、年齢が16歳以上の者で配偶者を除く民法上の親族を指すものとされています。すなわち、６親等内の血族及び３親等内の姻族をいいます。

ところで、養子縁組という法律上の親子関係が生じた場合は、養子と養親及び養親の血族との間においては親族関係が生じますが、養親と養子の血族との間には親族関係は生じないこととされています。

そこで、Ｂと三男の間は血族関係にあり親族となりますが、Ｂと知人のＡさんの間は親族関係にはなりません。

（注）　知人のＡさんと三男の養子縁組の方法が民法第817条の２に規定する特別養子縁組である場合には、Ｂと三男の親族関係は消滅することになります。

したがって、三男については所得などについての一定の要件を満たしておれば扶養控除の対象になりますが、知人のＡさんについては、親族に該当しないため扶養控除の対象にはなりません。 参考：民法第727条

Q－70 公立の福祉施設に収容されている家族の扶養親族等の判定

判定事例	判定
知的障害を持つ息子が公立の福祉施設に収容されていますが、私は住民税及び所得税の納税額を基準とした負担金（月額３万円程度）を納付するだけで、生活費及び医療費の一切を施設が負担することになっています。 この場合、私は息子を扶養親族として扶養控除の対象とすることができますか？ なお、この施設では、知的障害者１人当たり月額10万円の公費で運営されているということです。	○ できます

扶養親族の要件の一つである「生計を一にする親族」とは、通常同じ家屋に起居している場合のほか、勤務、修学、療養等の都合で別居していても勤務や修学等の余暇には起居を共にし、又は生活費や療養費等についての送金をしている場合をいうことになりますが、知的障害者福祉法に基づき、公的福祉施設に収容され、その生活費や療養費の大部分が公費によって賄われている場合であっても、収容されている者の保護者とされている親族は一定の負担金を負担する一方、収容されている者の小遣いなどの個人的費用を負担するのが通常であり、収容されている者は、親族である保護者と「生計を一にする」と考えられますから、扶養控除又は配偶者控除の対象とすることができます。 参考：基通２－47

Q－71 離婚後養育費を送金している子の扶養控除

判定事例	判定
Ａは妻と協議離婚し、妻は長男を引き取り実家に帰りましたが、長男の養育費はＡが負担することになっており、Ａは毎月送金しています。この場合、長男はＡの扶養親族となりますか？ なお、長男は現在18歳です。	○ なります

控除対象配偶者又は扶養親族とは、納税者と「生計を一にする」ことが条件になっていますが、生計を一にするとは、必ずしも同一の家屋に起居していることのみをいうのではなく、勤務、修学、療養等の都合上妻子等の親族と別居している場合であっても、勤務、修学等の余暇には、妻子等の親族のもとで起居を共にすることを常例としている場合、又は、妻子等との親族間において常に生活費、学資金、療養費等の送金が行われている場合には、これらの親族は生計を一にするものとされています。

(注) 長男は、離婚した妻の扶養親族にも該当することになりますが、扶養控除はＡか離婚した妻のうちいずれか一方についてだけしか認められません。

参考：所令219、基通２－47

Ｑ－72●死亡した妻の母を扶養している場合の扶養控除

判　定　事　例	判　定
Ａは妻の母を扶養しており扶養控除を受けていました。本年になって妻が死亡しましたが、その後も引き続いて妻の母を扶養しています。この場合、義母について扶養控除を受けることができますか？ なお、義母には所得はありません。	○ できます

扶養控除の対象となる扶養親族に該当するかどうかの判定を行う場合の親族とは、民法に規定する親族をいうこととされ、民法では、６親等内の血族及び３親等内の姻族が親族とされています。

ところで、離婚によって婚姻関係を終了した場合には、姻族関係も自動的に終了しますが、死別の場合には、生存している配偶者が姻族関係を終了させる意思表示（届出）をしない限り、姻族関係は継続することとされています。

したがって、御質問の場合も、Ａが死亡した妻の母との姻族関係を終了させる意思表示（届出）をしていなければ、妻の母は１親等の姻族であり、扶養親族に該当しますので扶養控除が受けられます。

Ｑ－73●亡父の青色事業専従者であった母を扶養親族とすることの可否

判　定　事　例	判　定
Ａの母は、Ａの父が経営する事業に従事していましたが、Ａの父が死亡したため、年の途中で事業を廃止し、現在はＡと一緒に生活しています。 なお、令和５年のＡの母の収入は青色事業専従者として支給された給与収入の60万円のみです。この場合、Ａは母を扶養親族とすることができるでしょうか？	○ できます

配偶者控除又は扶養控除の対象となる控除対象配偶者及び扶養親族については、青色事業専従者給与の支払を受けている者や事業専従者控除の対象となる者は除かれることとされています。

ところで、その者が居住者の控除対象配偶者又は扶養親族に該当するかどうかは、その年の12月31日の現況により行うこととされています。

御質問の場合、Aの父は年の中途で死亡されていますので、12月31日の現況では、Aと生計を一にしていません。

したがって、Aの母の合計所得金額が48万円以下であれば、Aの母はAの扶養親族に該当します。

（注） 令和元年分以前は、上記の「合計所得金額が48万円以下」のところが「38万円以下」となります。

参考：所法2①三十三、三十四、85③

Q－74 外国人女性と結婚した場合の控除対象配偶者の判定

判定事例	判定
甲は、外国人女性と結婚し、婚姻届を市役所の戸籍係に提出しましたが、その外国人妻は、日本に帰化が認められていないので戸籍は新たに作成されていません。この場合、他の要件を満たしていれば、甲はその外国人妻を控除対象配偶者とすることができますか？	○ できます

御質問の外国人妻が所得要件など他の要件を満たしていれば、甲は、妻を控除対象配偶者とすることができます。

参考：戸籍法施行規則第36条第２項、民法第739条

Q－75 事業主を事業専従者の控除対象配偶者とすることの可否

判定事例	判定
Aは工作機械の製造業を営む青色申告者ですが、主力としていた得意先が倒産しました。そこで債権の回収に努めましたが、令和５年中に600万円の貸倒損失が生じました。その結果、青色申告特別控除額控除後の事業所得の金額が30万円になりました。Aにはこの事業所得以外の所得はありません。 Aは妻に青色専従者給与（事業従事内容から適正額と認められています。）を300万円支給していますが、事業主であるAが妻の控除対象配偶者として、配偶者控除の適用を受けることは認められますか？	○ 認められます

御質問のように、貸倒損失とか災害等の偶発的要因によって所得が減少したような場合には、控除対象配偶者の要件に該当するものであれば、事業主であるAを青色事業専従者であるAの妻の控除対象配偶者とすることができます。

なお、この場合、青色申告特別控除額控除後の金額が事業所得の金額とされていますので、控除対象配偶者又は扶養親族に該当するか否かを判定するときの所得要件は青色申告特別控除後の事業所得の金額30万円で判定すればよいことになります。　参考：所法２①三十三、三十三の二、措法25の２①③

Q－76●少額配当の一部銘柄の申告と配偶者控除

判定事例	判定
甲の妻には、令和５年中に次の配当収入（税込み）がありました（他に所得はありません。）。なお、これらの配当収入は、いずれも上場株式等以外の配当です。	○ できます

銘柄	決　算	配当収入（税込み）
A	年１回	80,000円
B	年１回	40,000円
C	年１回	90,000円
D	年１回	80,000円
E	年１回	60,000円
F	年１回	90,000円
G	年１回	80,000円
合計		520,000円

甲の妻が、上記の配当所得の全部を申告しますと、合計所得金額が48万円を超えることになり、控除対象配偶者の要件に該当しなくなりますので、甲の妻はＢ銘柄の配当所得（40,000円）を除外した残りの配当所得（480,000円）について確定申告し源泉徴収された税額の還付を受け、甲は自身の確定申告の際に妻を控除対象配偶者として配偶者控除の適用を受けたいと考えています。このような選択をする申告ができますか？

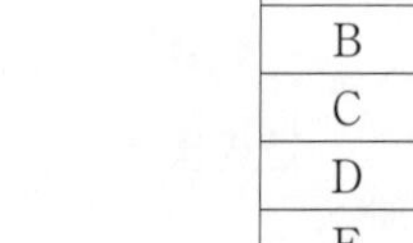

内国法人から支払を受けるべき配当等で、その法人から支払を受ける一定の上場株式等の配当等（金額の上限なし。）や、上場株式等以外の配当等で一回に支払を受けるべき金額が10万円に配当計算期間の月数を掛け12で割った金額以下であるいわゆる少額配当については、確定申告の際にその上場株式等の配当や少額配当（以下「少額配当等」といいます。）を合計所得金額に含めないことができることとされています。

また、確定申告における控除対象配偶者及び扶養親族に該当するかどうかの所得要件の判定に当たっては、確定申告をしたいわゆる少額配当に係る配当所得金額は合計所得金額に含めることとされますが、確定申告をしなかった少額配当に係る配当所得金額については、合計所得金額に含めないで判定することとされています。

ところで、御質問のように数銘柄の株式に係る配当等で少額配当に該当するものがある場合には、それぞれの少額配当について確定申告をするかどうかを選択することができます。

したがって、甲の妻がB銘柄を除いて確定申告をすることにより、その合計所得金額が48万円以下となりますので、甲は、甲の妻を控除対象配偶者とすることができます。

（注） 平成30年分以後は、甲の合計所得金額が1,000万円以下であることを要します。また、令和元年分以前は、甲の妻が甲の控除対象配偶者となるための要件の一つである、「その年の合計所得金額が48万円以下であること」は、「その年の合計所得金額が38万円以下であること」とされます。

また、年１回決算の法人からの中間配当についても同様に考えていいですか？	○ できます

参考：措法８の５、通法19、23、措通８の５－１、所２①三十三

Q－77 株式に係る譲渡所得等の金額がある場合の合計所得金額（控除対象配偶者等の判定）

判定事例	判定
Aの妻の令和５年中の所得の内訳は、次のとおりでした。 ・株式の譲渡に係る譲渡所得（申告分離課税）……80万円 ・不動産所得の赤字……△42万円 この場合、Aの妻の合計所得金額を38万円（80万円－42万円＝38万円）として、Aは妻を控除対象配偶者とすることができますか？	× できません

分離課税の株式等に係る譲渡所得等の金額については、損益通算の対象外とされ、他の所得金額の計算上生じた損失の金額を分離課税の株式等に係る譲渡所得等の金額から控除することはできません。 参考：措法37の10①

Q－78 分離課税の土地建物等の譲渡所得のある親族

判　定　事　例	判　定
Ａの母は、令和５年中にその所有する居宅を2,000万円で譲渡し、それによる譲渡所得は1,800万円になりました。この譲渡では、居住用財産の特別控除の適用を受けることができましたので、譲渡所得はないことになりました。この場合、母を生計を一にしているＡの扶養控除の適用対象とすることができますか？	✕ できません

控除対象配偶者又は扶養親族については、その年の合計所得金額が48万円以下（令和元年分以前は「38万円以下」）であることが要件の一つとされます。

ここでいう、合計所得金額とは、総所得金額、申告分離課税の上場株式等に係る配当所得等の金額、分離課税の短期・長期譲渡所得の金額（特別控除額控除前の金額）、分離課税の一般株式等及び上場株式等に係る譲渡所得等の金額、分離課税の先物取引に係る雑所得等の金額、山林所得金額及び退職所得金額の合計額をいうことになっていますので、税額の計算をする上で、所得金額が０となれば、一見合計所得金額がない場合に該当するように見えます。

しかし、合計所得金額の計算上、上記の「分離課税の短期・長期譲渡所得の金額」は各種譲渡所得の特別控除を適用する前の金額（純損失又は雑損失の繰越控除の適用がある場合には、その適用前の金額とされます。）をいうことになっています。

したがって、御質問の居住用財産を譲渡し、居住用財産の特別控除の適用が受けられる場合であってもその特別控除額を控除する前の金額で扶養親族の所得要件を判定することとなります。

Ａの母の場合は、1,800万円となりますので扶養親族には当たらず扶養控除の適用はできません。

参考：所法２①三十三、三十四、基通２－41

Q－79 同居する70歳以上の者の扶養控除

判　定　事　例	判　定
Ａは事業を営み、妻を青色事業専従者とし、子供２人と母親を扶養親族として確定申告しています。 ところで、Ａの母親は、本年12月で70歳となりました。70歳以上の扶養親族の場合、控除額は割増しされると聞きましたが、本当でしょうか？ なお、Ａの母親は、Ａの実母で、障害者ではありません。	○ 割増しされます

扶養親族に該当する者が、年齢70歳以上であれば、「老人扶養親族」とされ、その扶養控除額は、一般の38万円に代えて、48万円となります。

また、この「老人扶養親族」に該当する者が、居住者又はその配偶者の直系尊属で、かつ、居住者とその配偶者とのいずれかと同居を常況としていれば、扶養控除額48万円に10万円を加算して、58万円を同居老親等の扶養控除額として控除することになっています。

参考：所法２①三十四の四、84①、措法41の16①

Q－80 老人扶養親族と同居老親等又は同居特別障害者との適用関係

判定事例	判定
Ａは昨年まで、母親が特別障害者に該当するものとして所得控除の適用を受けていました。Ａの母は今年で70歳になったので、老人扶養親族として扶養控除の割増控除の適用を受けるとともに、併せて同居特別障害者の割増控除として障害者控除の適用を受けたいと考えていますが、認められるでしょうか？	○ 認められます

参考：所法２①三十四の四、79③、措法41の16①

Q－81 夫が死亡した場合の配偶者控除と寡婦控除

判定事例	判定
Ａは病気の夫を扶養しながら喫茶店を営んでいましたが、その夫が本年10月に死亡しました。Ａは確定申告に際して配偶者控除と寡婦控除を受けることができますか？ なお、Ａの本年中の所得は事業所得の120万円のみで、再婚はしておらず、住民票の続柄に未届の夫などの記載はありません。	○ できます

Ａの夫がＡの控除対象配偶者に該当するかどうかの判定の時期は、その年の12月31日の現況によることになっていますが、その判定に係る人が既に死亡している場合は、死亡の時期で判定することになっています。

また、寡婦かどうかの判定は、12月31日の現況で判定することになっています。

参考：所法85①③

Q－82 扶養親族等の所属の変更

判定事例	判定
夫婦ともそれぞれ所得があり、子供２人の扶養控除は所得の多い事業所得者である夫の所得から控除することとしています。 本年は貸倒損失が発生したために夫の事業所得がわずかとなりましたので、妻（給与所得者）の所得から控除したいと考えています。 妻は扶養控除の適用をせずに12月末に会社で年末調整により納税は済んでいますが、確定申告をして扶養親族の所属を変更することはできるのでしょうか？ なお、子供は２人とも16歳以上です。	○ できます

御質問の夫の扶養親族とする予定で、妻の給与所得に係る扶養控除等申告書に扶養親族の記載をせず提出していた場合であっても、その後の事情で扶養親族を夫の確定申告書を提出する際に除外し、妻の扶養親族として扶養控除の適用を変更することが認められます。

（注） 確定申告書には、修正申告書を含みません。 参考：所令218①、219①

第14章　税額の計算

Q－1　権利金の授受と臨時所得の平均課税

判定事例	判定
Aは、Aが所有する土地に甲がビルを建設するという条件で甲と土地の賃貸借契約をしました。契約の内容は、契約期間が40年、借地権の設定の対価としての権利金は500万円、地代年額240万円（必要経費25万円）となっています。 なお、その土地の時価は2,000万円と見積もられます。 このような場合、受け取った権利金は臨時所得として平均課税の適用を受けることにより一般に比べて有利な取扱いができると聞いていますが、Aの場合もこれに該当するでしょうか？ なお、Aには他に所得はありません。	○ 該当します

御質問の場合、借地権の設定の対価として受け取った権利金は、土地の時価の２分の１未満ですから譲渡所得には該当せず、不動産所得として課税されますが、契約期間が３年以上であり、かつ、権利金の額が地代年額の２倍以上ですので、臨時所得に該当します。

次に、その臨時所得に平均課税の適用があるかどうかですが、これはその年分の変動所得（Aの場合はありません。）の金額及び臨時所得の金額の合計額（その年分の変動所得の金額が前年分及び前々年分の変動所得の金額の合計額の２分の１に相当する金額以下である場合には、その年分の臨時所得の金額）がその年分の総所得金額の20％以上であることが必要です。

したがって、御質問の場合、臨時所得の金額が総所得金額の20％以上となりますから、平均課税の適用を受けることができます。

｛5,000,000円＋（2,400,000円－250,000円）｝×20％＜5,000,000円

参考：所法２①二十四、26、33①、90①、所令８、79①②、基通２－37、措法28の４①、措令19②、措通28の４－52

Q－2　名義書換料又は承諾料の取扱い

判定事例	判定
店舗の賃借人がその権利を他に売却した場合に、家主がその賃借人から名義書換料を受け取ることがあります。 この場合の名義書換料は、以後その建物を使用しないこととなる前の賃借人から受けるものですが、臨時所得に該当しますか？	○ 該当します

御質問のような名義書換料（又は承諾料）は、その転借人（権利の譲受人）の賃借期間が３年以上で、かつ、その契約に係る賃借料の年額の２倍以上の名義書換料であれば、臨時所得に該当します。

参考：所令８二、基通２－37⑵、昭48.11.6直所２－78

Q－3　印税と変動所得の平均課税

判定事例	判定
Ａは某大学の教授をしており、本年の所得は給与所得の金額700万円と著作権の使用料による所得が100万円、原稿作成の所得が80万円あります。このような場合、変動所得の平均課税を適用して確定申告をすることができますか？ なお、著作権の使用料の所得と原稿作成の所得の合計は前年が150万円で前々年はありませんでした。	○ できます

御質問の場合の、著作権の使用料及び原稿の所得は変動所得に該当します。そこで、変動所得について平均課税が適用されるのは、他に臨時所得がある場合を含めて次の条件に当てはまる場合に限ります。

①　その年の変動所得の金額が前年分及び前々年分の変動所得の金額の合計額の２分の１を超える場合には、その年の変動所得及び臨時所得の金額の合計額が、総所得金額の20％以上であること

②　その年の変動所得の金額が前年分及び前々年分の変動所得の金額の合計額の２分の１相当額以下である場合又は変動所得の金額がない場合には、その年の臨時所得の金額が総所得金額の20％以上であること

Ａの変動所得は、前記①の条件に該当しますから平均課税を適用することになります。

参考：所法２①二十三、所令７の２、基通２－32

Q－4 過年分において平均課税を選択していない場合の変動所得の金額

判定事例	判定
本年は、弁護士業による事業所得のほか、まとまった原稿料収入がありますので、平均課税を適用したいと考えています。 ところで、昨年も一昨年も原稿料収入があり確定申告をしましたが、平均課税の適用を受けていません。この場合、本年の平均課税対象金額の計算上、前年分及び前々年分の変動所得の金額を零として計算して差し支えありませんか？	✕ できません

補足説明

御質問のように前年分及び前々年分の変動所得について、平均課税の適用を受けていない場合においても、平均課税対象金額については、本年分の変動所得の金額から前年分及び前々年分の変動所得金額の合計額の２分の１を控除して計算する必要があります。

参考：所法90③

第15章 税額控除

第１節●配当控除

Q－１●所得計算の上で配当所得がなくなった場合の配当

判定事例	判定
配当所得の元本を取得するための負債利子を控除したところ配当所得がなくなった場合、配当控除はできますか？	✕ できません

負債の利子を控除したため配当所得の金額そのものが生じない場合については配当控除の適用はありません。

判定事例	判定
損益通算をした結果、配当所得がなくなった場合でも配当控除はできますか？	○ できます

配当所得の金額が、他の事業所得の赤字などと損益通算をした場合や純損失又は雑損失の繰越控除をしたためになくなっても、総所得金額の計算の基礎となった配当所得の金額について計算された配当控除額は、控除を受けることができます。

参考：所法92

第2節●住宅借入金等特別控除

Q－2●転任命令等やむを得ない基因により居住の用に供しなくなった場合に再び居住の用に供した場合の再適用

判定事例	判定
Aは、令和元年6月に住宅を取得し、住宅借入金等特別控除の適用を受けていましたが、令和5年4月に勤務先から転任命令があり、家族とともに3年の予定で転居することになりました。3年後にはその住宅に再居住するつもりですが、この場合、住宅借入金等特別控除は再適用されますか？	○ 再適用されます

一定の要件の下、居住年以後その適用年の各年のうち、その者がその家屋を再び居住の用に供した日の属する年（その年において、その家屋を賃貸の用に供していた場合には、その年の翌年）以後の各年（再び居住の用に供した日以後その年の12月31日まで引き続きその居住の用に供している年に限ります。）は、当該控除に係る適用年とみなされ、住宅借入金等特別控除の再適用を受けることができます。

参考：措法41㉖㉗

Q－3●転居した年の前年に住宅借入金等特別控除の適用を受けていなかった場合の再適用制度の取扱い

判定事例	判定
Aは令和3年に住宅を購入し住宅借入金等特別控除の適用を受けましたが、令和4年は譲渡所得があり合計所得金額が3,000万円を超えたため、住宅借入金等特別控除は適用することができませんでした。 令和5年4月に勤務先からの転勤命令があり家族とともに転居することになりましたが、将来、家屋に再居住した場合には、住宅借入金等特別控除の再適用を受けることができますか？	○ 再適用できます

Aの場合は令和3年分に住宅借入金等特別控除の適用を受けていますので、所得制限により令和4年分に当該控除の適用がなかったとしても、他の要件を満たしていれば、住宅借入金等特別控除の再適用が認められます。

参考：措法41㉖

Q－4 新たに居住を開始した年の12月31日までに転任命令等やむを得ない事由により居住の用に供しなくなった場合に再び居住の用に供した場合の適用

判定事例	判定
Ａは、本年７月に住宅を購入し入居しましたが、11月に勤務先から転任命令があり、家族とともに３年の予定で転居することになりました。３年後にはその住宅に再居住するつもりですが、この場合、住宅借入金等特別控除の適用はできますか？	○ できます

補足説明

その家屋に再び入居した年（その年において、その家屋を賃貸の用に供していた場合には、その翌年）以後の各年において、12月31日まで引き続き居住の用に供しているなど一定の要件のもと住宅借入金等特別控除の適用を受けることができます。

参考：措法41①㉙

Q－5 家屋を賃貸の用に供していた場合の取扱い

判定事例	判定
転任命令等やむを得ない事由により転居し、再居住した場合の住宅借入金等特別控除の適用又は再適用は、再居住した年において家屋を賃貸の用に供していた場合には、再居住した年の翌年から適用されるとのことですが、次のような場合には、家屋を賃貸の用に供していた場合に該当するのでしょうか？	
①　家屋を親族に無償で貸し付けた場合	× 該当しません

補足説明

「賃貸」とは、民法第601条《賃貸借》に規定する「賃貸借」をいい、いわゆる「使用貸借」は含まれませんので、家屋の賃貸には該当しません。

判定事例	判定
②　自家用車の駐車スペースだけを貸し付けた場合	× 該当しません

補足説明

土地の賃貸であり、家屋の賃貸には該当しません。

判定事例	判定
③　家屋の一部を物置として貸し付けた場合	○ 該当します

家屋の一部の貸付けではありますが、賃貸には変わりありませんから、家屋の賃貸に該当します。

判定事例	判定
④　当初居住の用に供したときから貸店舗併用住宅であって、その居住用部分を貸し付けた場合	○ 該当します

「これらの家屋を賃貸の用に供していた場合」の「これらの家屋」とは、住宅借入金等特別控除の対象となる家屋（居住用部分）をいいます。

したがって、これらの家屋の一部について自己の居住の用以外の用に供される部分（貸店舗部分）があった場合には、当該部分については、住宅借入金等特別控除の対象となりませんから、再居住した年において貸店舗として賃貸していても、「これらの家屋を賃貸の用に供していた場合」には該当せず、再居住した年から住宅借入金等特別控除の適用又は再適用を受けられますが、貸店舗併用住宅のうち住宅借入金等特別控除の適用を受けていた居住用部分を再居住した年に賃貸していた場合には、「これらの家屋の賃貸の用に供していた場合」に該当し、再居住した翌年以後住宅借入金等特別控除の適用を受けることができます。

参考：措法41㉖㉙

Q－6 生計を一にする親族等からの取得

判定事例	判定
Ａは父母とともに父の所有する家屋で暮らしていましたが、本年８月にこの家屋の所有権の一部を父から有償で譲り受け、父と共有にしました。この取得資金は、銀行の住宅ローンですが、住宅借入金等特別控除を適用することができるでしょうか？ なお、父母とは引き続き一緒に暮らしています。	× できません

次に掲げる者からの中古住宅の取得（その取得の時点で生計を一にし、かつ、その取得後も引き続き生計を一にする者からの取得に限ります。）については、住宅借入金等特別控除の適用対象外となります。

①　当該取得者の親族（配偶者も含みます。）

②　当該取得者と婚姻の届出をしていないが、事実上婚姻関係と同様の事情にある者

③　①及び②以外の者で、当該取得者から受ける金銭その他の資産によって生計を維持している者

④　①から③までに掲げる者と生計を一にする親族

参考：措法41①、措令26②

Q－7 ● 増改築等の工事の金額基準の判定

判　定　事　例	判　定
住宅借入金等特別控除の対象となる増改築等には、その増改築の工事に要した費用の額が100万円を超えるものであることという要件があるそうですが、その家屋が店舗付住宅である場合や共有物件である場合は、金額基準の判定は一の工事ごとに判定するのでしょうか？	○ 一の工事ごとに判定します

自己の居住用以外の部分に係るもの又は自己以外の者の持分に係るものも含めたところのその一の工事に要した費用の総額により判定します。

参考：措法41⑳、措令26㉝㉟

Q－8 ● 居住用部分の増改築等の費用の額が明らかでない場合

判　定　事　例	判　定
店舗付住宅の増改築等を行いましたが、その費用の総額のうち居住用部分に係る費用の額がいくらであるのか分からない場合、家屋の新築又は購入の場合と同様に、床面積比によりあん分計算して求めて差し支えないでしょうか？	○ 差し支えありません

その費用の区分が困難な場合で、かつ、床面積割合により区分計算したとしても特に弊害がない（例えば、居住用部分に係る費用が、その増改築等に要した費用の額の２分の１以上である等）と認められるときは、床面積割合によりあん分計算することとして差し支えないと思われます。

しかし、増改築等と併せて店舗専用の設備の取付け工事等を行った場合には、その部分の費用の額を除いたところの金額を基にして床面積割合によりあん分計算することになります。

参考：措令26㉟二、三

Q－9 定期借地権付建物を購入する場合

判定事例	判定
銀行からの借入金により、新築の定期借地権付建売住宅を購入し、令和５年３月から居住しています。この住宅の購入価額、定期借地権の保証金及び銀行からの借入金は次のとおりです。この場合、定期借地権の保証金の支払に充てることとなる借入金の部分についても住宅借入金等特別控除の対象となりますか？ 家屋の購入価額　1,500万円 保証金（借地契約終了時に無利息で返還）　1,500万円 銀行からの借入金　2,000万円 定期借地権の設定期間　50年	○ なります

保証金等は、地主に対する単なる預託金ですから、定期借地権の取得の対価とはいえませんので、保証金に係る借入金は住宅借入金等特別控除の対象とはなりません。

しかしながら、保証金の経済的効果からいえば、定期借地権の設定時における保証金等の額とその保証金等の設定時における返還請求権の価額との差額については、定期借地権の取得の対価に該当するものとしてその差額に係る借入金は、適用対象とすることができます。

御質問の場合、定期借地権の設定時期が定かではありませんが、入居した令和５年３月とすると、適用対象となる金額の具体的な計算は、次のとおりです。

（計算例）

（保証金等の額）15,000,000円 × ［残存年数50年に応じる年0.25%の複利現価率］0.883 ＝（返還請求権の額）13,245,000円

（保証金等の額）15,000,000円 －（返還請求権の価額）13,245,000円 ＝（適用対象金額）1,755,000円

（注）残存年数50年に応じる複利現価率は、基準年利率を短期（３年未満）、中期（３年以上７年未満）及び長期（７年以上）に区分し、各月ごとに別に定めることとされました。

Q－10 家屋の持分を有しない場合

判定事例	判定

　ＡとＡの父は、二世帯住宅を建築するため、Ａの父が銀行から、Ａが地方公務員共済組合からの借入金により、次のような形で２世帯住宅を建築しました。

土地の購入価額	4,000万円（父の単独所有）
土地の購入に係る借入金の年末残高	3,000万円（父の単独債務）
家屋の新築代金	2,000万円（子の単独所有）
家屋の新築に係る借入金の年末残高	2,000万円（子の単独債務）

　この場合、Ａの父は住宅借入金等特別控除額を適用することができますか？

×　できません

　Ａが建築した二世帯住宅は、Ａの単独所有ですので、父親の土地の購入については、家屋の新築又は購入とともにする敷地の購入には当たらないこととなり、住宅借入金等特別控除の適用対象とはなりません。

　この場合、Ａは住宅借入金等特別控除額を適用することができますか？

○　できます

　Ａの家屋の新築に係る借入金については、借入金の償還期間が10年以上であることなどの要件を満たしていれば、住宅借入金等特別控除の適用対象となります。

参考：措法41①

Q－11 太陽光発電システムと一体で購入した家屋の取得対価の額

判定事例	判定
今年、地方公共団体から補助金を受け、太陽光発電システムを設置した居住用家屋を購入しました。 この居住用家屋の取得により、住宅借入金等特別控除の適用を受けようと思いますが、その計算の基礎となる「居住用家屋の取得の対価の額」を計算する場合は、受け取った補助金相当額を控除するのでしょうか？ 家屋の購入代金 2,000万円　借入金 2,200万円 太陽光発電システム 400万円　補助金 100万円 自己資金 100万円	○ 控除します

御質問の場合は、2,300万円（2,400万円－100万円）が居住用家屋の取得の対価の額となります。

参考：措法41⑳、措令26⑥㉕、措通41－24⑴、41－26の2

Q－12 増改築等の場合の住宅借入金等特別控除

判定事例	判定
Aは本年6月に下図のような店舗付住宅を銀行からの借入れにより220万円かけて増築しました。増築費用のうち住宅部分は180万円であり、増築後の住宅部分の床面積は120㎡となりました。この場合、住宅借入金等特別控除の適用対象となりますか？	○ なります

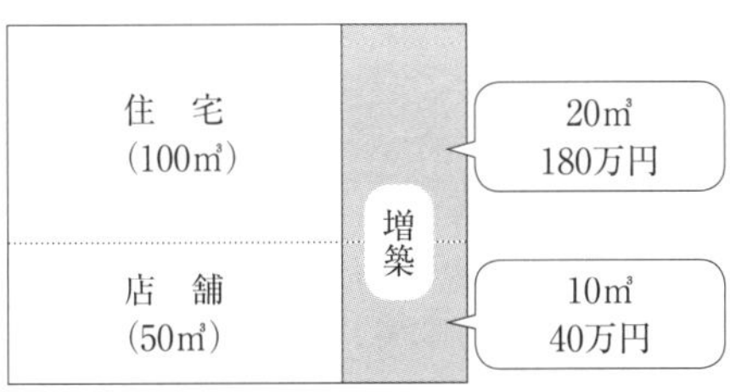

住宅借入金等特別控除の対象となる増改築等とは、自己の所有している家屋について行う増築、改築、建築基準法上の大規模の修繕及び大規模の模様替の工事等で、次の要件を満たすものとされています。

① その工事に要した費用の額が100万円を超えること
② その工事に係る部分のうちに自己の居住の用以外の用に供する部分が

ある場合には、自己の居住の用に供する部分に係る工事に要した費用の額がその工事に要した費用の額の総額の２分の１以上であること

③　その工事をした後の家屋の床面積が50㎡以上であること

※　一定の要件を満たす場合、床面積が40㎡以上50㎡未満となります。

④　その工事をした後の家屋の床面積が２分の１以上が専ら居住の用に供されるものであること

Q－13●居住開始前に行った増改築等に係る住宅借入金等特別控除の適用

判定事例	判定
Ａは、令和３年１月に、築30年の木造中古家屋を購入しました。先行き不透明な時代ですから、できるだけ安い住宅を購入したのですが、さすがに古い家屋ですので、改築が必要でした。このため、購入した中古家屋を住宅ローンにより改築してから入居しようと考えています。住宅借入金等特別控除は、築年数が古い家屋には適用されないと聞きましたが、この場合、住宅借入金等特別控除の適用はありますか？ なお、改築に時間がかかるため、令和３年10月に入居する予定です。	○ **あります** **※増改築部分に限ります**

住宅借入金等特別控除は、令和３年12月31日までに居住の用に供する中古住宅については、耐震基準に適合するもの以外は、20年以内に建築されたもの（耐火建築物の場合は25年以内）に建築されたものであることが要件とされていました。

Ａの場合、中古住宅の取得に係る金額については、住宅借入金等特別控除の適用はありませんが、増改築等に係る金額については、その増改築等が要件を満たすものであれば、適用を受けることができます。

また、増改築等に係る住宅借入金等特別控除は、中古住宅を取得してから６か月以内に入居する必要はなく、増改築等をしてから６か月以内に入居すれば、適用を受けることができます。

（注）　中古住宅を取得した後、その住宅に入居することなく増改築等工事を行った場合の住宅借入金等特別控除については、新型コロナウイルス感染症等の影響によって工事が遅延したことなどにより、その住宅への入居が控除の適用要件である入居期限要件（取得の日から６か月以内）を満たさないこととなった場合でも、次の要件を満たすときは、その適用を受けることができます。

・一定の期日※までに増改築等の契約を締結していること

・令和４年12月31日までに中古住宅に入居していること

※　中古住宅の取得をした日から５か月を経過する日又は新型コロナ税特

法施行の日（令和２年４月30日）から２か月を経過する日のいずれか遅い日。

参考：措法41㉝、旧措法41①、旧措令26②、新型コロナ税特法６、新型コロナ税特令４

Q－14 住宅借入金等特別控除の適用除外

判定事例	判定
Ａは本年７月にそれまで住んでいた家を譲渡し、その譲渡代金と銀行借入金とで、郊外に延床面積160㎡の二階建ての住宅を新築しました。入居は10月です。 Ａは従前の家を譲渡したことについて、居住用財産の譲渡に係る3,000万円の特別控除の適用を受けたいと考えていますが、住宅借入金等特別控除の適用も受けられますか？	✕ 受けられません

次のような場合には、住宅借入金等特別控除の適用はできないこととされています。

⑴　住宅の取得等又は増改築等をして居住の用に供した年若しくはその年の前年又は前々年分の所得税について、居住用財産を譲渡した場合の長期譲渡所得の課税の特例、居住用財産の3,000万円の特別控除、特定の居住用財産の買換え・交換の特例、既成市街地等内にある土地等の中高層耐火建築物等の建設のための買換え・交換の特例（以下この問において「譲渡所得の課税の特例」といいます。）の適用を受けている場合には、住宅借入金等特別控除の適用は受けられません。

⑵　住宅の取得等又は増改築等をして居住の用に供した者が次の期間においてその居住の用に供した新築住宅及び中古住宅若しくは増改築等をした住宅以外の資産、つまり、従前に住んでいた住宅（その敷地等を含みます。）を譲渡し、その譲渡につき、譲渡所得の課税の特例の適用を受けるときは、居住の用に供した年までさかのぼって住宅借入金等特別控除の適用を受けることができなくなります。

イ　令和２年４月１日以後に譲渡した場合
　その居住の用に供した年とその前２年・後３年の計６年間

ロ　令和２年３月31日以前に譲渡した場合
　その居住の用に供した年とその前後２年ずつの計５年間

参考：措法41㉒㉓

Q－15　自己が居住しない新築家屋に係る住宅借入金等特別控除

判定事例	判定
Aは本年1月に長男が結婚したため、銀行からの借入金で床面積90㎡の家屋を新築し、長男夫婦を居住させています。この場合、住宅借入金等特別控除の適用が認められますか？	✕ 認められません

Aの場合、自己の居住の用に供する家屋を取得し、6か月以内に自己が居住するという要件を満たしていないため、住宅借入金等特別控除の適用は認められません。

参考：措法41①

Q－16　海外に単身赴任した者が帰国した場合の住宅借入金等特別控除

判定事例	判定
Aは平成28年1月に新築住宅を取得して、平成28年分から平成30年分までの期間について住宅借入金等特別控除の適用を受けていましたが、令和2年7月に3年間の予定で海外勤務となり、単身で赴任しました（妻子は引き続きこの住宅に住んでいます。）。 その後、Aは令和5年8月に帰国し、再びこの住宅に住んでいますが、Aは海外勤務中の令和2年分以後の住宅借入金等特別控除の適用を受けられますか？	✕ 受けられません

御質問の場合、まず、この制度は「居住者」に対する特例制度であり、その年の12月31日まで引き続き居住の用に供していることを要件としていますから、年末において「非居住者」に該当している年分（御質問の場合、令和2年分から令和4年分）については適用されません。しかし、本人が海外勤務により単身赴任をしている間、家族がその家屋を引き続き居住の用に供しており、海外勤務終了後、その家屋に家族とともに居住の用に供する場合には、それ以後の年分（御質問の場合、令和5年分以後）について、住宅借入金等特別控除の適用を受けることができます。

（注）　住宅借入金等特別控除等の次の項目について、居住者が満たすべき要件と同様の要件の下で、非居住者が平成28年4月1日以後住宅の取得等をする場合も適用できることとされました。

① 住宅借入金等を有する場合の所得税額の特別控除
② 特定の増改築等に係る住宅借入金等を有する場合の所得税額の特別控除の控除額に係る特例
③ 既存住宅の耐震改修をした場合の所得税額の特別控除
④ 既存住宅に係る特定の改修工事をした場合の所得税額の特別控除
⑤ 認定住宅等の新築等をした場合の所得税額の特別控除

参考：旧措法41①、措通41－2(1)

Q－17 居住用家屋を２以上有する場合の住宅借入金等特別控除

判定事例	判定
Aは、東京に家屋を有し居住していましたが、仕事の都合で大阪勤務となりました。そこで、東京の家屋を今後譲渡する予定で、大阪に新築マンション（120㎡）を取得し、居住の用に供しましたが、東京の家屋は買主が見当たらず、引き続き妻と子供が居住し、Aと別居生活をしています。 この場合、大阪で取得したマンションについて住宅借入金等特別控除の適用を受けることができますか？ なお、大阪で取得したマンションの取得資金はB銀行からの住宅ローンを充てています。	○ 受けられます

御質問の場合、仲介業者等にその住宅の売却を依頼しているなど東京の家屋を譲渡することが明らかであるなど、大阪で取得した家屋が主として居住の用に供するものと認められる場合には、住宅借入金等特別控除を受けることができます。

参考：措令26①

Q－18 移転登記未了の分譲住宅の住宅借入金等特別控除

判定事例	判定
新築住宅の分譲を受けて居住していますが、契約により代金完済時までは所有権の移転登記ができないこととなっている家屋についても、居住を始めた年から住宅借入金等特別控除の適用を受けることができますか？ 分譲を受けた相手方は、勤務先ですが、不動産取得税その他の住宅に係る諸税はすべて、譲受人である居住者が負担しています。	○ できます

住宅の取得があったかどうかは、通常はその建物についての所有権の保存登記や移転登記が完了しているかどうかが重要な判断のポイントになり、そのために、申告書に登記事項証明書や売買契約書など、取得の事実を明らかにする書類又はその写しの添付を要することとされています。

しかしながら、契約により賦払金の完済時まで所有権の移転登記をしない特約があって、やむを得ず登記未了となっている場合まで、登記未了の理由で取得の客観的立証がないと判断するのは取引の実態に沿わないこととなります。したがって、御質問のような実情の場合は、住宅の引渡しを受けた日に住宅を取得したものとして、住宅借入金等特別控除が適用されます。

Q－19　財産分与請求権に基づき取得した居住用家屋

判定事例

Bは夫と離婚し、財産分与請求権に基づいて前夫から居住用家屋（ローン付）を取得しました。

＜内容＞

居住用家屋　　　築後２年６か月

家屋に係る債務　1,000万円

Bと銀行との金銭消費貸借

借入金　1,000万円、償還期間　20年

この場合、Bは住宅借入金等特別控除の適用を受けることができますか？

判定

○

できます

住宅借入金等特別控除の対象から除かれる家屋の取得は、贈与によるもの及び生計を一にする親族等からの中古住宅の取得に限定されています。

御質問の場合は、Bの離婚に基づく財産分与請求権の行使により取得したものであり、贈与による取得ではありません（したがって、前夫は譲渡所得の申告が必要となります。）。また、既に離婚していますから生計を一にする親族等からの中古住宅の取得にも該当しません。

したがって、その他の要件を満たしていれば、Bは住宅借入金等特別控除の適用を受けることができます。

参考：措法41①、措令26②

Q－20　共有者である夫が譲渡所得の課税の特例を受ける場合

判定事例

Aは本年３月に自己名義の居住用家屋を譲渡し、その譲渡代金とAの妻の預金などを元手に、４月に3,600万円の居住用家屋をAが４分の３、Aの妻が４分の１の持分で取得しました。

取得資金の状況は次のとおりです。

○2,700万円（譲渡代金を充てます。）

○900万円（100万円はAの妻の預金、800万円は銀行からAの妻名義による20年償還の借入れ）

Aが、本年分の譲渡所得の申告に際し、居住用財産の譲渡に係る特別控除の特例を適用した場合でも、Aの妻は住宅借入金等特別控除の適用が受けられますか？

判定

○

受けられます

御質問の場合は、A自身には、住宅借入金等特別控除の適用対象となる借入金又は債務がありませんから、もともと住宅借入金等特別控除の適用がないわけですが、仮に適用対象となる借入金等を有している場合であっても、Aが、本年分の所得税について居住用財産の譲渡に係る3,000万円の特別控除の適用を受けた場合には、Aは住宅借入金等特別控除の適用を受けることができません。

一方、Aの妻は、Aと共有で居住用家屋を取得しましたが、譲渡所得に関する特例の適用を受けていませんから、住宅借入金等特別控除の適用要件を満たしていれば、住宅借入金等特別控除の適用を受けることができます。

参考：措法41㉒㉓

Q－21 借入金の借換え等をした場合の住宅借入金等特別控除

判定事例	判定
令和元年４月に床面積132㎡の住宅を新築して入居しました（新築費用1,200万円）。この住宅取得資金のうち、500万円はA銀行から借り入れて支払いました。 ところが、その後B銀行から低い利率で融資が受けられることになりましたので、B銀行の融資を受けてA銀行の借入金の残金を返済しようと考えていますが、借り換えた場合でも引き続き住宅借入金等特別控除は受けることができるでしょうか？ A銀行及びB銀行の借入金の状況は次のとおりです。	○ できます

	A銀行	B銀行
借入金額	500万円	450万円
償還期間等	令和元年４月から15年間	令和５年10月から14年間
償還金額	毎月55,000円	毎月50,000円

新たな借入金が当初の債務を消滅させるためのものであることが明らかであり、かつ、その新たな借入金を住宅の用に供する家屋の取得等のための資金に充てるものとしたならば、住宅借入金等特別控除の対象となるときに限り、その新たな借入金の額を住宅借入金等特別控除の対象となる債務の金額に該当するものとして取り扱われることになっています。

参考：措通41－16

Q－22 ●繰上返済等をした場合の住宅借入金等特別控除

判定事例	判定
Aは一昨年に新築住宅をローンで購入し住宅借入金等特別控除の適用を受けていますが、本年11月に翌年以後に返済することとされている借入金を全額繰り上げて返済しました。 このような場合、引き続き住宅借入金等特別控除の適用を受けることができるでしょうか？	× できません

補足説明

御質問の場合は借入金を全額繰上返済したということですから、「割賦償還期間又は賦払期間が10年以上」という住宅借入金等特別控除の前提要件を欠くことになり、その年の住宅借入金等特別控除は適用できなくなります。

参考：措通41－19

Q－23 ●家屋を連帯債務と固有債務によって共有で取得した場合

判定事例	判定
Xは妻と共有（２分の１ずつ）で新築住宅を購入しましたが、その購入対価と資金出所は次のとおりです。 ○購入対価（住宅及びその敷地）…………5,000万円 ○資金出所　借入金（A銀行）…3,000万円（連帯債務） 　　　　　　借入金（B銀行）…2,000万円（X名義） この場合、Xと妻の住宅借入金等特別控除の対象となる借入金は、それぞれが2,500万円ずつとして差し支えないでしょうか？ なお、Xと妻は連帯債務の負担について、特段の契約は交わしていません。	○ 差し支えありません

補足説明

御質問の場合、Xと妻がそれぞれ総額5,000万円の住宅及びその敷地を共有持分割合２分の１で取得されていますので、共に2,500万円ずつ負担（5,000万円×１/２）することが相当です。そうすると、Xは、B銀行の固有債務の2,000万円に加え、連帯債務3,000万円のうち500万円の合計2,500万円、妻は、連帯債務3,000万円のうち2,500万円（3,000万円－500万円）を負担すべきこととなります。

Q－24 中古住宅を購入した場合の債務の承継

判定事例	判定
本年１月に中古住宅を購入し、翌２月に入居しましたが、その家屋を購入する際に、前の所有者の家屋の取得に係る都市再生機構に対する債務を承継することになりました。 この場合の債務も、住宅借入金等特別控除の対象になるのでしょうか？	○ なります

独立行政法人都市再生機構（平成16年７月１日前は都市基盤整備機構）、地方住宅供給公社及び日本勤労者住宅協会を当事者とする中古住宅の取得の対価に係る債務の承継に関する契約に基づく賦払債務で、承継したその債務を賦払期間が10年以上の割賦払の方法によって返済することとされているものは、住宅借入金等特別控除の対象とされています。　参考：措法41①三、措令26⑭

Q－25 住宅取得資金の贈与の特例を受けた場合の住宅借入金等特別控除の対象となる住宅借入金等の範囲

判定事例	判定
Ａは、本年７月にマンションを2,300万円で購入しました。 この購入資金は、Ａの父親から住宅取得資金として500万円の贈与を受けたほか、銀行からの借入金が2,000万円あります。 この場合の住宅借入金等特別控除の対象となる住宅借入金等の金額は銀行借入金の2,000万円と考えてよいのでしょうか？ なお、Ａは、父親から贈与を受けた住宅取得資金について、租税特別措置法第70条の３《特定の贈与者から住宅取得等資金の贈与を受けた場合の相続時精算課税の特例》の適用を受けています。	× 1,800万円です

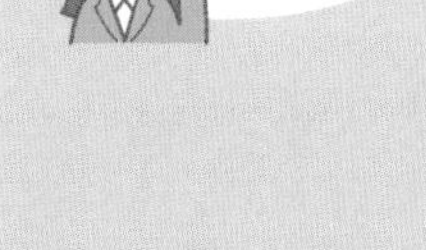

納税者が住宅取得資金の贈与税額の計算の特例の適用を受けている場合には、まず贈与を受けた住宅取得資金が家屋等の取得対価の額に充てられたものとして、住宅借入金等特別控除の対象となる住宅借入金等を計算することとされています。

したがって、Ａは住宅取得資金500万円について贈与税額の計算の特例を受けていますから、銀行からの住宅借入金2,000万円の全額を住宅借入金等特別控除の対象とすることはできず、マンションの取得対価の額（2,300万円）から贈与を受けた住宅取得資金（500万円）を差し引いた残額の1,800万円が、住宅借入金等特別控除の対象となる住宅借入金等に当たることになります。

参考：措法41①、措令26⑥

Q－26 居住用財産の買換え等の場合の譲渡損失の繰越控除と住宅借入金等特別控除の適用

判　定　事　例	判　定
Aは昨年11月に自宅を譲渡しましたが、最近の不況のためあまり高額では売れず、赤字になったので、確定申告において居住用財産の買換え等の場合の譲渡損失の繰越控除の適用を受けるため、損失申告書を提出しました。 また、本年４月に買換資産を借入金により購入することができたので、５月に入居しました。 この場合、本年分の確定申告において、居住用財産の買換え等の場合の譲渡損失の繰越控除と住宅借入金等特別控除の両方の適用を受けることができますか？	○ できます

譲渡資産の特定譲渡につき居住用財産の譲渡損失の金額が生じた場合は、譲渡資産について生じた譲渡損失について、(特定の）居住用財産の買換え等の場合の譲渡損失の繰越控除の特例の適用を受けることができます。また、買換資産に係る住宅借入金等については、住宅借入金等特別控除の適用も受けることができますので、御質問の場合には、重複して両方の適用を受けることができます。

第３節●住宅特定改修特別税額控除

Ｑ－27●特定個人の判定時期

判　定　事　例	判　定
Ａは、令和５年12月に、自己資金で今住んでいる家屋のバリアフリー改修工事を計画していますが、バリアフリー改修工事については、50歳以上の特定個人であれば、住宅特定改修特別税額控除を受けることができると聞いています。 Ａは、現在49歳で、工事終了時（12月23日）には50歳になっていますが、住宅特定改修特別税額控除を受けることができるでしょうか？ なお、控除の適用を受けるためのその他の要件は、すべて満たしています。	○ できます

補足説明

この特定個人とは、①50歳以上の者、②要介護又は要支援の認定を受けている者、③障害者である者、④親族のうち②若しくは③に該当する者又は65歳以上の者いずれかと同居を常況としている者をいい、この場合の50歳、65歳及び同居の判定は、いずれも居住年の12月31日（年の途中で死亡した場合には死亡の時）の現況により判断します。

参考：措法41の19の３①

Ｑ－28●住宅特定改修特別税額控除の連年適用

判　定　事　例	判　定
Ａは55歳の会社員ですが、令和３年５月に同居している80歳の母のために今住んでいる家屋の手すりの取付けや室内の段差の解消、出入口の拡張工事などのバリアフリー改修工事をし、住宅特定改修特別税額控除の適用を受けました。 そして、今年（令和５年）、浴室の改良や便所の改良など、前回やり残した部分のバリアフリー改修工事を行いました。 すでに住宅特定改修特別税額控除の適用を受けている場合でも重ねて控除を受けることはできますか？ なお、控除の適用を受けるための他の要件は満たしています。	× 原則できません

特定個人が、平成26年4月1日以後にバリアフリー改修工事（高齢者等居住改修工事等）をして居住の用に供する場合には、その年の前年以前3年内の各年分において、高齢者等居住改修工事等について住宅特定改修特別税額控除を適用したときは、原則としてその年分において適用することはできないこととされています。

ただし、次に掲げる場合には、その年分においても特定個人に係る住宅特定改修特別税額控除の適用を受けることができます。

イ　前年以前3年内の各年分に適用を受けた居住用家屋と異なる家屋について、高齢者等居住改修工事等をした場合

ロ　高齢者等居住改修工事等についてこの控除を適用しようとする特定個人（介護保険法施行規則第76条第2項（介護の必要な程度が著しく高くなった場合の特例）の規定の適用を受けた方に限ります。）が、その前年以前3年内の各年分に、高齢者等居住改修工事等についてこの控除の特例を受けている場合

ご質問の場合は、上記ロに該当しない限り、この特例の適用を受けることはできません。

参考：措法41の19の3⑬、措規19の11の3⑧

第４節●外国税額控除

Q－29●その年分に納付した外国所得税がない場合の外国税額控除

判定事例	判定
国内の商社に勤務する会社員Ａは、昨年３月から11月までＢ国にある海外支店に短期間勤務していました。 ところが、本年３月にＢ国より所得税に相当する税金の課税通知を受けたので、４月に納付しました。この税金について、外国税額控除の適用はありますか？ なお、昨年のＡの所得は商社からの給与所得のみで、年末調整により所得税額の納税は完了していますし、本年は海外勤務はありません。	○ あります

御質問の場合は、本年において課税通知及び納付が行われていますので、本年分において外国税額控除の適用を受けることとなりますが、本年については国外源泉所得が生じていないため控除限度額がありません。

しかし、昨年の３月から11月までのＢ国における勤務に係る給与については国外源泉所得に該当しますので、昨年分の控除限度額を計算して、これを控除余裕額として本年分に繰り越すための確定申告書を提出し、本年分において外国税額控除の適用を受けることができます。

参考：所法95①②、122②、所令224

第５節●政治活動に関する寄附をした場合の所得税額の特別控除

Ｑ－30●政治活動に関する寄附をした場合の所得税額の特別控除

判定事例	判定
今年某政党に政治献金をしましたが、この政治献金については、寄附金控除の適用を受けるか、税額控除の適用を受けるか、いずれか有利な方を選択できるのですか？	○ できます

平成７年１月１日から令和６年12月31日までの期間に支出した政党又は政治資金団体に対する政治活動に関する寄附金で、政治資金規正法の規定による報告書により報告されたものについては、選択により寄附金控除に代えて、一定の算式で計算した金額（その年分の所得税額の25％が限度となります。）をその年分の所得税額から控除することができます。

参考：措法41の18①②

第16章　予定納税

Q－1　給与所得者に対する予定納税

判定事例	判定
Aは某製薬会社とその子会社の役員をして、それぞれ給与を得ており、この所得を合算したところによる令和４年分の確定申告書を令和５年３月15日に提出しましたが、６月15日に令和５年分の予定納税額の通知を受けました。給与所得については毎月源泉徴収されている場合でも予定納税はしなければならないのでしょうか？	○ しなければなりません

Aの場合は、前年分の確定申告書を提出する義務があったわけですから、本年分の予定納税基準額及び復興特別所得税額相当額が15万円以上であれば、その３分の１に相当する金額をそれぞれ第１期及び第２期に納付しなければなりません。

参考：所法104

Q－2　予定納税通知書の到着が遅延した場合の減額申請

判定事例	判定
Aは洋品雑貨小売業を営んでいますが、令和５年７月７日に新築中の店舗が完成し移転しました。このため令和５年分の予定納税通知書は現在の所轄税務署から７月９日（発信日付は７月８日付けです。）に届きました。ところで、１期分の減額申請は７月15日までにしなければならないということですが、この場合においても、Aは７月15日までに減額申請をしなければならないのでしょうか？	× 8月9日までとなります

予定納税基準額は、５月15日の現況により計算し、６月15日までに通知することになっています。

しかしながら、都合でその通知が遅れ６月16日以降に発せられた場合には、税務署長がその通知書を発した日から起算して１か月を経過した日までに減額申請をすればよいことになっています。

参考：所法105、106、111③

Q－3　前年分の所得税が減額された場合の予定納税

判定事例	判定
Aは令和5年分の予定納税額の通知書を6月12日に受け取りましたが、7月7日付けで前年分所得税の再調査決定書と本年分の予定納税額の訂正通知書が送られてきました。 訂正通知書の予定納税額は最初の予定納税額より少なくなっていますが、この訂正通知書によって納税すればよいのでしょうか？	○ 訂正通知書によります

参考：所法105

Q－4　予定納税の減額申請が承認される場合

判定事例	判定
Aは予定納税基準額の通知を受けましたが、4月にAの妻が入院し手術して多額の医療費がかかりました。この場合、Aは減額申請すれば、予定納税額は減額されるでしょうか？	○ 減額されます

予定納税額の減額申請書の提出があった場合には、次に掲げるいずれかに該当するときは、税務署長は承認を与えなければならないことになっています。

(1)　申請に係る申告納税見積額の計算の基礎となる日までに生じた事業の全部若しくは一部の廃止、休止若しくは転換、失業、災害、盗難若しくは横領による損害を受けたり、又は医療費を支払ったりしたため、6月30日の現況において計算した申告納税見積額が予定納税基準額に満たなくなると認められるとき

(2)　(1)に掲げるほか、申請に係る6月30日の現況において計算した申告納税見積額が予定納税基準額の70％に相当する金額以下になると認められるとき

参考：所法113②

第17章 確定申告・記録保存制度

Q－1 相続した株式の配当が少額配当に該当するかどうかの判定

判定事例	判定
Bは、令和５年４月に死亡した父名義のＡ株式（年１回、３月決算）の配当金24万円（税込み）を受け取りました。これは、遺産分割の協議が整っていない関係で、Ａ株式の名義書替えを行っていないものですから、被相続人である父名義で支払われたものです。 この配当金は、遺産分割が確定していませんので分配をしていませんが、Ｂを含めた各相続人（３人）の法定相続分は３分の１ずつですので、これを法定相続分で割ると、それぞれ８万円で10万円以下となります。確定申告は必要でしょうか？ なお、Ａ株式の配当は、非上場株式等に係る配当です。	✕ 必要ありません

補足説明

被相続人名義で支払われた配当金のＢの持分は８万円ということですから、いわゆる少額配当に該当するため申告する必要はありません。

参考：民法第898条、措法８の５

Q－2 給与所得の源泉徴収を受けていない者の確定申告書の提出義務

判定事例	判定
Ａは外国商社の日本支店に勤務しています。当支店に勤務する日本国の居住者については、外国にある本店から直接本人に給与が支払われていますので、所得税の源泉徴収がされていません。 このように、給与所得について源泉徴収されていない場合、その年の所得がその商社からの給与と給与等以外の所得金額が20万円以下でも所得税の確定申告義務がありますか？	○ あります

御質問のように、国外から直接給与等の支払を受ける給与について所得税の源泉徴収が行われていない場合は、たとえ「給与所得及び退職所得以外の所得金額が20万円以下」であっても、すべての所得について確定申告をしなければなりません。

参考：所法121①一

Q－3 税金の還付請求申告書を提出できる期間

判定事例	判定
会社員のAは、数年前に、父親の株式を８銘柄相続し、毎年35万円程度の配当金を受け取っていますが、給与以外にはこの配当所得しかなく、それぞれの銘柄の配当金はいわゆる少額配当に当たるため、確定申告不要と考え申告はしていませんでした。 ところが、確定申告をすれば、配当所得について源泉徴収されている税金の還付が受けられると聞いたので申告したいのですが、去年の分を申告することはできますか？	○ できます

所得税額の計算上控除しきれなかった外国税額控除額や給与所得、配当所得等の源泉徴収税額及び予定納税額がある場合は、確定申告書を提出することにより、還付を請求することができることになっています。

この還付の請求権は、その請求をすることができる日から５年間行使しなければ、時効によって消滅することになっています。

参考：所法122、138、139、通法74①

Q－4 青色申告特別控除により20万円以下となった不動産所得

判定事例	判定
Aは地方公務員で、その給与（年間収入800万円）のほかに、青色申告の承認を受けている不動産所得があります。 今年の不動産所得の金額は、10万円の青色申告特別控除後で17万円となりますが確定申告しなければなりませんか？ なお、不動産所得の記帳については、簡易な方法により行っており、貸借対照表は作成していません。	× 必要ありません

給与所得及び退職所得以外の所得の金額が、給与所得者の確定申告不要の限度額の20万円以下であるかどうかは、確定申告書への記載を要件とする所得計算の特例を適用しないところにより判定することになっています。

ところで、青色申告特別控除は所得計算の特例の一つですが、Aが適用するいわゆる10万円の青色申告特別控除は、青色申告書を提出することにつき承認を受けている人の、その承認を受けている年分に適用があることとされ、確定申告書への記載はその適用要件とされていません。

参考：基通121－6、措法25の2①

Q－5 給与収入が2,000万円を超える人に20万円以下の不動産所得がある場合の確定申告

判定事例	判定
Bは A法人の営業部長をしており、給与所得の他に不動産所得が18万円あります。なお、給与収入は2,000万円を超えるため年末調整はされていません。ところで、給与所得者の場合、給与所得及び退職所得以外の年間所得が20万円以下であれば確定申告の必要はないそうなので、Bの場合もこの18万円の不動産所得を含めずに申告してもよいでしょうか？	✕ 含めて申告します

その年分の給与収入が2,000万円を超える人は、所得税法第121条第1項にいう確定申告を要しないこととされる給与所得者には該当しませんので、たとえ給与所得及び退職所得以外の所得、例えば不動産所得の金額が20万円以下であっても、その所得の金額を含めたところで確定申告をしなければなりません。

参考：所法121①一

Q－6 会社員の確定申告不要とされる一時所得の金額

判定事例	判定
1か所からの給与のみを受け取る会社員Aは、年末調整を受けているため、例年確定申告はしていません。 ところで、今年はAの生命保険が満期となり、満期返戻金を受け取りましたが、支払った保険料を差し引くと80万円となります。 この場合、給与所得以外の所得が20万円以下であれば、確定申告は不要と聞いていますが、一時所得の金額は30万円となり20万円を超えますので、確定申告をしなければなりませんか？	✕ 必要ありません

総所得金額に算入される一時所得の金額及び総合課税の長期譲渡所得の金額は、それぞれ2分の1した後の金額となっていますから、御質問の生命保険に係る一時所得の金額の場合も2分の1すれば15万円となりますので、他に所得がなければ確定申告をする必要はないことになります。

参考：所法121①、22②、基通121－6

Q－7●公的年金等に係る申告不要制度

判　定　事　例	判　定
Aは数年前から厚生年金をもらっていますが、シルバー人材センターで働いており、年間70万円程度の収入があります。ところで、年金所得者の場合、確定申告が不要になることがあると聞きました。Aの場合は、申告不要となりますか？ なお、厚生年金の収入金額は300万円で、厚生年金とシルバー人材センターからの収入以外に、所得はありません。	○ **申告不要です**

その年分の公的年金等の収入金額が400万円以下（公的年金等を２つ以上受給している場合にはその合計額で判定し、その公的年金等の全部について所得税の源泉徴収がされた又はされるべき場合に限ります。）であり、かつ、その年分の公的年金等に係る雑所得以外の所得金額が20万円以下である場合には、その年分の所得税について確定申告書を提出することを要しないこととされています。

ところで、シルバー人材センターからの収入は、通常、雑所得となりますが、「家内労働者等の事業所得等の所得計算の特例」が適用されますので、所得の計算に当たっては、55万円を差し引いて計算することができます。

したがって、Aのシルバー人材センターからの収入に係る雑所得の金額は、15万円（70万円－55万円）となります。

また、厚生年金は公的年金等に該当するため、収入金額が300万円の場合、確定申告の必要はありません。

ただし、公的年金等に係る雑所得以外の所得金額が20万円以下で所得税の確定申告書の提出を要しない場合であっても、住民税の申告は必要になりますので、ご注意ください。　参考：所法121③、措法27

Q－8 会社員に譲渡所得がある場合の確定申告

判定事例	判定
会社員のAは、本年転勤のため居宅を売却して、転勤先で建売住宅を購入し現在住んでいます。 ところで、居住用財産の譲渡については、3,000万円の特別控除があるとのことで、差引きすれば譲渡所得はなくなりますが、この場合、特別控除の適用を受けるために確定申告をする必要がありますか？	○ あります

補足説明

居住用財産を譲渡した場合には、3,000万円の特別控除ができることになっていますが、これは、確定申告書への記載が要件とされていますから、分離課税の課税譲渡所得金額（特別控除後の金額）を含めた給与所得及び退職所得以外の所得が、20万円以下となった場合であっても、居住用財産の譲渡所得の特別控除の適用を受けるためには確定申告書を提出しなければなりません。

参考：所法121、措法35⑫

Q－9 同族会社の役員等でその法人から給与のほか20万円以下の収入を得ている場合

判定事例	判定
同族会社であるA社の代表者Bは、A社から給与900万円のほかに貸付金の利子20万円を受け取りました。 年収2,000万円以下の給与所得者の場合は、他の所得が20万円以下であれば、確定申告の必要はないと聞いていますが、Bの場合も確定申告しなくて差し支えありませんか？	× 確定申告が必要です

補足説明

給与（1か所）の年収が2,000万円以下で、給与所得以外の所得が20万円以下であっても、次に掲げる人で、その同族会社から給与のほか、貸付金の利子又は不動産、動産、営業権その他の資産の使用料の支払を受けている人は、配当控除後の税額がある限り確定申告をしなければならないこととされています（控除しきれなかった外国税額控除の額、源泉徴収税額又は予定納税額がある場合を除きます。この取扱いは確定申告書の提出期限が令和4年1月1日以後となる確定申告書に適用されます。）。

① 同族会社である法人の役員
② 同族会社の役員の親族である人又はあった人
③ 同族会社の役員とまだ婚姻の届出をしないが事実上婚姻関係と同様の事情にある人又はあった人
④ 同族会社の役員から受ける金銭その他の資産によって生計を維持している人

参考：所法120①、121①、所令262の2

Q－10●同族会社の役員が受け取った配当金と確定申告の要否

判定事例	判定
同族会社の役員で、同社から給与900万円のほか、配当金20万円の支払を受けた場合、同族会社の役員である以上、給与以外の所得が20万円以下であっても、配当金について確定申告が必要でしょうか？	✕ 必要ありません

同族会社の役員で一定の場合には、給与以外の所得が少額であっても、所得税法第121条《確定所得申告を要しない場合》の規定の適用がないこととされています。この場合の同族会社の役員とは、その法人から給与のほかに、次の対価の支払を受けている人とされています。

① 貸付金の利子

② 不動産、動産、営業権その他の資産をその法人の事業の用に供することによる対価

したがって、配当金は上記の貸付金の利子や資産の使用の対価には該当しませんので、御質問のように給与と配当以外にこれらの対価の支払がなければ、確定申告の義務はないこととなります。

参考：所令262の２

Q－11●日給で支払を受けている者の確定申告の要否

判定事例	判定
日雇いで給与を受けているため、丙欄により所得税を源泉徴収されています。 １年の間に何か所も給与の支払先を移動しており、本年は３か所から給与を受けたことになりますが、この場合は、２か所以上の給与を受けている者として確定申告をしなければならないのですか？	✕ 不要です

御質問の場合、３か所から給与を受けているとのことですが、源泉徴収は丙欄が適用されていますので、同一時点においては、何か所も重複して給与の支払を受けていることにはならないと思われます。

したがって、日額表丙欄適用の給与以外の所得がない限り、一の給与等の支払者から給与等の支払を受ける場合に該当し、確定申告書を提出する必要はありません。

参考：所法185①三、所令309、基通121－4

Q－12 退職所得の確定申告の要否

判定事例	判定
年の中途で会社を退職したため、年末調整を受けていない給与に係る源泉所得税の還付を受けるため、確定申告をする場合に「退職所得の受給に関する申告書」を提出して源泉徴収されている退職所得も確定申告書に記載しなければなりませんか？	✕ 不要です

退職手当等の受給に際し「退職所得の受給に関する申告書」を提出しているときは、退職所得について納付すべき所得税額が過不足なく源泉所得税として徴収されますので、給与について源泉徴収された所得税の還付を受けるために確定申告書を提出する場合においても、退職所得を確定申告書に記載する必要はありません。

参考：120①、121②

Q－13 死亡した場合の確定申告

判定事例	判定
鉄工業を営んでいたAの父が本年10月１日に死亡しました。Aは父の事業を引き継ぎましたが、父の確定申告については、Aがしなければなりませんか？	○ 相続人Aがしなければなりません

確定申告書を提出する義務のある人が、年の中途で死亡した場合には、死亡した人のその年の１月１日から死亡の時までの所得税について、相続人（包括受遺者を含みます。）は、相続開始のあったことを知った日の翌日から４か月を経過した日の前日（同日前に相続人が出国する場合には、その出国の時）までに死亡した人について、一般の確定申告書に準じた確定申告書（いわゆる準確定申告書）を死亡した人の死亡当時の納税地の所轄税務署長に提出しなければなりません。

したがって、死亡した父親に確定申告の義務があるときは、翌年２月１日（本年10月１日の翌日から４か月を経過した日の前日）までに準確定申告書を死亡した父親の死亡当時の納税地の所轄税務署長に提出しなければなりません。

参考：所法125①

Q－14　1月1日から2月15日までの間に出国する場合の確定申告

判定事例	判定
私立大学の講師であるAは、給与所得のほか不動産所得や原稿料などの雑所得があり毎年確定申告をしていますが、来年2月1日から2年間の予定でフランスの大学へ留学するよう大学から命じられました。 この場合、Aの本年分の確定申告書は、通常の申告期間（翌年2月16日から3月15日まで）に提出すれば良いのでしょうか？	✕ 1月1日から出国の日までに提出します

御質問のように、その年の翌年1月1日から2月15日までの間に出国する場合には、1月1日からその出国の時までに確定申告書を提出しなければなりません。また、その申告が損失申告となる場合には、上記の期間内に損失申告書を提出することができます。

なお、納税管理人を所轄税務署長に届け出ておれば、確定申告書は通常の確定申告期限までに提出すればよいことになります。

また、出国の年の1月1日から出国の日までの所得は、出国の時までに出国年分の準確定申告書を提出しなければなりません。

参考：所法126①②、所法127、通法117

Q－15　転居した場合の確定申告書の提出先

判定事例	判定
Aは昨年12月に甲市（甲税務署管内）に住所を移転しましたが、所得税の予定納税額は旧住所地の乙税務署に納付しています。 この場合、確定申告書は、旧住所地の乙税務署に提出すれば良いでしょうか？	✕ 新住所地の甲税務署です

確定申告書の提出先は、原則としてその提出のときにおける所得税の納税地を所轄する税務署長に対して提出することになっています。

ここでいう納税地とは所得税法では、原則として住所地をいいますから、その他に居所又は事業所を有して、その居所又は事業所を納税地とする届出がない限り、Aの納税地も、転居後の住所地に移動したことになります。

したがって、Aの場合は、新住所地の甲税務署長に確定申告書を提出することになります。

参考：通法21①

Q－16 法定申告期限内に２通の確定申告書を提出した場合

判定事例	判定
Ａは、所得税の確定申告書を３月１日に提出しましたが、その後、計算誤りにより納付すべき所得税の額が過大であることを発見し、再度、確定申告書の提出期限である３月15日に確定申告書を提出しました。この場合、後から提出した３月15日の申告書による所得税額を納付すれば良いのでしょうか？	○ 後から 提出した分です

法定申告期限内に同一の納税者から確定申告書、還付を受けるための申告書及び確定損失申告書のうち種類を異にするもの、又は同種類の申告書が２以上提出された場合には、法定申告期限内にその納税者から特段の申出がない限り、その２以上の申告書のうち最後に提出された申告書をその納税者の申告書として取り扱うことになっています。　参考：基通120－４

Q－17 確定申告書の撤回

判定事例	判定
Ａ社に勤務する会社員Ｂには貸家が１軒あり、その所得を計算したところ23万円となったので確定申告をしましたが、計算違いがあり不動産所得は18万円であることが分かりました。 この場合、確定申告義務はないこととなりますので、Ｂが提出した確定申告書をないものとすることはできますか？	× できません

御質問の確定申告書は、その内容に一部誤りがあるとしても確定申告書として有効であり、更に申告書に記載されたところによれば、給与所得以外の所得が20万円を超えていますので、確定申告書の提出がなかったことにすること（撤回）はできません。

したがって、確定申告期限から５年以内に更正の請求により、不動産所得の金額の計算誤りにより過大となっている申告納税額の減額を求めることとなります。

Q－18●災害により帳簿等を消失した場合

判定事例	判定
Aは受託加工業を営んでおり、毎年確定申告していますが、この度、失火により事業所に保管していた帳簿書類及び過去の申告書が消失してしまいました。 この場合、申告すべき所得金額が不明であることから確定申告は不要ですか？	✕ **申告は必要です**

災害により納税者や関与税理士の方が帳簿書類や前年までの申告書の控えなどを消失してしまった場合、その後の申告を行うことが困難なケースがあります。

このようなケースでは、可能な範囲で合理的な方法（取引の相手先や金融機関へ取引内容を照会するなどして帳簿書類を復元する等）により申告書等を作成していただくことになります。

また、納税者の方が申告書等を作成するに当たり、過去に提出した申告書等の内容を確認する場合には、税務署に提出されている申告書等を閲覧する「申告書等閲覧サービス」を利用することが可能です。

この「申告書等閲覧サービス」では、原則として申告書等のコピーの交付は行っていませんが、災害により申告書等や帳簿書類等が消失している場合には、り災証明書等により災害を受けた事実を確認した上で、申告書等の作成に必要な部分について、コピーの交付を行っています。

御質問の場合、上記の方法により申告書等を作成して提出する必要があります。

参考：財務省設置法19、平17・3官総1－15、令4官公1－15「6」

Q－19●電子帳簿等保存制度の概要

判定事例	判定
ペーパーレス化や業務の効率化のため、帳簿や領収書などを電子データで保存したいのですが、可能ですか？	○ **可能です**

電子帳簿等保存制度とは、税法上必要な帳簿や国税関係書類（領収書・請求書・決算書など）を、紙ではなく電子データで保存することに関する制度をいい、次の３つに区分されています。

⑴　電子帳簿等保存

ご自身で最初から一貫してパソコンで作成している帳簿や国税関係書類は、プリントアウトして保存するのではなく、電子データのまま保存することができます。例えば、会計ソフトで作成している仕訳帳やパソコンで作成した請求書の控え等が対象です。

電子保存の開始について特別な手続きは必要なく、令和４年１月１日以後は任意のタイミングで開始できますが、帳簿の電子保存については、原則、課税期間の途中から適用することはできません。

また、一定の範囲の帳簿を「優良な電子帳簿」の要件を満たして電子データで保存している場合には、後からその電子帳簿に関連する過少申告が判明しても、過少申告加算税が５％軽減される措置があります（あらかじめ届出書を提出している必要があります。）。

⑵　スキャナ保存

決算関係書類を除く国税関係書類（取引先から受領した紙の領収書・請求書等）は、その書類自体を保存する代わりに、スマホやスキャナで読み取った電子データを保存することができます。

スキャナ保存の開始について特別な手続きは必要なく、令和４年１月１日以後は任意のタイミングで開始できますが、スキャナ保存を始めた日より前に作成・受領した重要書類（過去分重要書類）をスキャナ保存する場合は、あらかじめ税務署に届出書を提出する必要があります。

⑶　電子取引データ保存

申告所得税に関して帳簿・書類の保存義務が課されている者は、注文書・契約書・送り状・領収書・見積書・請求書などに相当する電子データをやりとりした場合には、その電子データ（電子取引データ）を保存しなければなりません。

なお、⑶の電子取引データ保存は2024年１月から義務化されており、令和６年１月１日以後に行う電子取引の取引情報に係る電子データについては、一定の要件を満たせば猶予措置が認められます。

（注）　記録の改ざんなどを防止するため、⑴～⑶の保存を行うためには一定のルールに従う必要があります。

参考：電帳法４、７、８④、電帳規２、４③

第18章　修正申告、更正の請求

Q－1　修正申告による特例計算（社会保険診療報酬の所得計算の特例）の選択

判定事例	判定
内科医を開業しているAは、青色申告による収支計算で申告していましたが、一般診療収入の一部が申告漏れであることが分かり、修正申告書を提出することになりました。この場合、社会保険診療報酬について租税特別措置法第26条《社会保険診療報酬の所得計算の特例》による特例計算をしたほうが有利となりますので、修正申告に当たり特例計算を適用したいと思いますが認められるでしょうか？	✕ 認められません

この特例計算は、原則として確定申告書にその適用により事業所得の金額を計算した旨の記載がない場合には適用しないと定められています。

Aの場合には、確定申告書に特例計算の記載がありませんので、修正申告書の計算において特例計算の適用はできず、確定申告で採用している収支計算の方法によることになります。

参考：措法26③

Q－2　修正申告に対する更正の請求

判定事例	判定
修正申告書を提出しましたが、その修正申告に誤りがあり過大申告であることが分かった場合にも、更正の請求書を提出することができますか？	○ できます

参考：通法２六、19①、23

Q－3 外国税額控除の適用による更正の請求

判定事例	判定
昨年、米国に投資用マンションを購入し、不動産所得を得ています。今年初めて、この不動産所得について確定申告をしましたが、うっかり、米国で課税された個人所得税について、外国税額控除を適用していませんでした。 この場合、更正の請求により外国税額控除の適用を受けることができますか？	○ できます

外国税額控除は、確定申告書に適用金額を記載した場合に限らず、修正申告や更正の請求によっても、適用が認められます。

また、控除される金額は、修正申告や更正の請求によって適用を受ける金額を増加させることができます。

参考：所法95⑩

Q－4 少額配当の申告を撤回する更正の請求

判定事例	判定
少額配当の総額30万円について配当控除と源泉所得税の還付を受けるために、その配当所得を確定申告において総所得金額に算入して申告しました。ところが、その後よく検討したところ、少額配当を申告することにより適用される税率が一つ上がり、かえって不利になることが分かりました。この場合、総所得金額に少額配当を含めて提出した申告を撤回し、少額配当を除外するための更正の請求をすることは認められますか？	× 認められません

少額配当を総所得金額に算入して申告するかどうかは納税者の選択に任されており、その意思表示は確定申告で行われることになっています。

ここでいったん少額配当を総所得金額に算入したところにより確定申告書を提出した個人が、後日、その意思表示を撤回する修正申告や更正の請求をすることを認めることは、法令に基づいて行った意思表示の変更を認めることになり、そのような意思表示の撤回を原因とする修正申告や更正の請求を認めることは、修正申告、更正の請求制度の本来の趣旨ではありません。

したがって、御質問の場合も、より高い税率による課税を避ける目的で意思表示の撤回をするための修正申告又は更正の請求をすることは、税法上容認されません。

参考：措法8の5、措通8の5－1

Q－5 貸倒引当金の繰入れを撤回するための修正申告

判定事例	判定
青色申告者であるAは、前年分の確定申告において、事業所得の計算上貸倒引当金（一括して評価する債権に係るもの）を適法に設定し、その繰入額を必要経費に算入して申告しましたが、本年分の利益は相当高額になることが見込まれますので、毎年洗替えで翌年の総収入金額に算入することになっている貸倒引当金を前年分において繰り入れていないほうが有利になることは明らかです。 この場合、前年分の確定申告をしてから、まだ１年経っていませんので、今からでも修正申告により貸倒引当金の必要経費算入を自己否認することは認められますか？	✕ 認められません

貸倒引当金（一括して評価する債権に係るもの）は、青色申告者に限り確定申告書に記載を要件として認められている特例ですが、その適用をするかどうかは納税者自身の選択に任されているものです。

しかし、いったんその適用を選択して確定申告をしますと、その選択したところにより課税関係が確定することになります。

つまり、所得金額は、貸倒引当金の繰入額を必要経費に算入したところにより算出される額で確定することとなります。

また、納税者の選択により確定した課税関係は、法律の規定により変更が許されることになっているものでない限り、その変更は許されないものと解されます。

したがって、修正申告によって貸倒引当金の繰入額の必要経費算入を撤回することは、たとえ納付すべき税額が増加するものであっても認められません。

参考：所法52②④、通法19①

Q－6 廃業後に生じた貸倒損失

判定事例	判定
Aは、令和４年９月に鉄工業を廃業しました。廃業時に売掛金500万円が残っていましたが、そのうち400万円について、令和５年７月に売掛先の甲社が倒産したため回収不能となりました。 この場合の貸倒損失の金額400万円は、その事業を廃止した日の属する年分等の所得金額の計算上、必要経費に算入できるのでしょうか？	○ できます

不動産所得、事業所得又は山林所得を生ずべき事業を廃止した後において、その事業に係る費用又は損失でその事業を廃止しなかったとしたならば、その年分以後の各年分の各種の所得の金額の計算上必要経費に算入されるべき金額が生じた場合には、その事業を廃止した日の属する年分（同日の属する年においてこれらの所得に係る総収入金額がなかった場合には、当該総収入金額があった最近の年分）又はその前年分の所得金額の計算上、必要経費に算入することが認められています。

参考：所法63

Q－7 支給された賞与の返還による更正の請求

判定事例	判定
Aの会社では最近の不況で今期1,000万円の欠損となることがはっきりしましたので、このたびの取締役会で既に受給済みの前期の役員賞与を役員全員が返還する旨決議されましたのでAも賞与を返還しました。 Aが返還した賞与は、この３月の確定申告の際、給与所得に含めて申告していますので更正の請求をすることができますか？	× できません

事業所得、不動産所得又は山林所得を生ずべき事業に係るものを除き、各年分の各種所得の計算の基礎とされた収入金額又は総収入金額の全部又は一部を回収することができなくなった場合、又は一定の事由によりその収入金額又は総収入金額の全部又は一部を返還することとなった場合には、回収不能等が生ずる直前に確定していた総所得金額等を限度として回収できないこととなった金額又は返還することとなった金額に対応する部分の金額は、その各種所得の金額の計算上なかったものとすることにされています。

そして、確定申告書の提出後にこのような事態が生じた場合には、その事実の生じた日から２か月以内に更正の請求ができることとされています。

御質問の場合には、取締役会における役員相互の申合せにより返還したもので、法律の規定に基づくものではなく、法人が欠損になったことによる責任から役員の私財を提供するといった任意の寄附と変わるところがありませんから、この返還した賞与は、給与所得の計算上なかったものとはされず、更正の請求の対象となりません。　参考：所法64①、152、所令180②

Q－８ 未払配当金を受領辞退した場合の更正の請求

判定事例	判定
Ｓ商事㈱の代表取締役であるＡは、令和４年８月末日（年１回６月末日決算）における株主総会の決議に基づき、配当金100万円の支払を受けることになっており、同４年分の所得税の確定申告書に当該未払配当金を含めて申告しましたが、その後Ｓ商事㈱の業績が悪化し、配当金を支払うことができなくなり、令和５年９月10日に配当金を未払のまま、Ｓ商事㈱はその配当金に係る源泉所得税及び復興特別所得税204,200円を納付しました。更にＳ商事㈱は整理状態に陥り、債権者集会の協議決定により、Ａは未払配当金の受領を辞退することとなりました。 この場合、Ａは令和４年分の未払配当金について更正の請求ができますか？	○ できます

会社の役員が、次に掲げるような特殊な事情の下において、一般債権者の損失を軽減するためその立場上やむなく、自己が役員となっている法人から受けるべき各種所得の収入金額に算入されるもので、未払となっているものの全部又は一部の受領を辞退した場合には、その辞退した金額が回収不能となったものとしてその事実の生じた日から２か月以内に更正の請求ができることとされています。

① 当該法人が特別清算の開始の命令を受けたこと
② 当該法人が破産手続開始の決定を受けたこと
③ 当該法人が再生手続開始の決定を受けたこと
④ 当該法人が更正手続開始の決定を受けたこと
⑤ 当該法人が事業不振のため会社整理の状態に陥り、債権者集会等の協議決定により債務の切捨てを行ったこと

参考：所法64①、152、基通64－２

Q－9 還付請求申告書の修正申告と加算税

判定事例	判定
令和４年分の所得税について、令和５年４月27日に還付金額３万円の還付請求のための申告書を提出しましたが、その後税務調査を受け、申告漏れが判明し、追徴税額７万円（還付金の返納分３万円を含んでいます。）の修正申告書を提出しました。 修正申告ですから、過少申告加算税が賦課されるのですか？	× 課されません。無申告加算税が賦課されます

還付請求申告書について修正申告をした場合の追徴税額については、過少申告加算税が賦課されることとされています。

しかし、還付請求申告書とは、正当に計算された場合に納付すべき税額のないものに限られることとされていますから、御質問の修正申告のように還付金の全額が取り消され、その上に納付税額が発生したような場合には、最初の申告書は還付請求申告書に該当しなかったことになります。

ところで、還付請求申告書には提出期限はありませんが、申告納税額がある場合の確定申告書は、法定申告期限（令和４年分は令和５年３月15日）までに提出することとされていますから、御質問の場合、令和５年３月16日以後に提出された還付金の額を記載した申告書は、期限後申告書として取り扱われます。

したがって、御質問の修正申告書は期限後申告書に係る修正申告書となり、その増差（追徴）税額７万円を基礎として無申告加算税が賦課されることとなります。　　参考：通法18②、65①、66①、通令26、平３.２.15国税庁告示３

Q－10 ● 社会保険診療報酬の所得計算の特例の適用と更正の請求

判定事例	判定
Aは租税特別措置法第26条《社会保険診療報酬の所得計算の特例》の規定を適用して事業所得の金額を計算して確定申告していました。ところが、実額により収支計算したところ、申告額が過大であることに気づきました。そこで、更正の請求をしたいと思っていますができるでしょうか？	✕ できません

租税特別措置法第26条の規定により事業所得の金額を計算した旨を記載して確定申告をしている場合には、所得税法の規定にかかわらず、所定の率により算定した金額をもって必要経費とみなすものであり、仮に実際に要した経費の額が概算による控除額を超えるとしても、そのことは「国税の関する法律の規定に従っていなかったこと」又は「計算に誤りがあったこと」に当てはまらず、更正の請求は認められません。

参考：通法23①、措法26③、昭62.11.10最高裁判決

第19章 非居住者の課税

Q－1 非居住者が国内の土地を譲渡した場合

判定事例	判定
Aは、米国在住の友人（非居住者）の納税管理人となっていますが、今年８月に、その友人は、国内に所有していた土地を事業用地として１億円で売却しました。この土地の譲渡から生ずる所得は確定申告の対象となりますか？	○ なります

御質問のように、非居住者である友人が日本国内に所有する土地を事業用地として譲渡した場合は、まずその譲渡の対価の支払の際、その対価の10.21％の税率で所得税等の源泉徴収が行われ、その後、その譲渡による所得について、土地の譲渡のあった日の翌年２月16日から３月15日までの期間内に確定申告することになります。

また、日米租税条約第13条《譲渡収益》においても、不動産の譲渡から生ずる所得は、その不動産の所在する国で課税する旨規定されています。

なお、非居住者に係る譲渡所得の計算方法、税額の計算等については、居住者に準じて行うこととされていますので、租税特別措置法の規定が適用され、分離譲渡所得として課税されることとなります。

参考：所法164、161①三、165、212①、213①二、復興財確法28

Q－2 非居住者の受けるみなし配当

判定事例	判定
Aの父親は、単身で英国の子会社に２年間の予定で出向していますが、内国法人である甲社の株式５万株を保有していたため、甲社の清算による分配金が送金されてきました。 Aの父親は、国内にアパートを持っていて不動産所得がありますが、清算分配金のうち「みなし配当」とされる部分については配当所得として不動産所得と合算して申告しなければなりませんか？	× 合算する必要はありません

Aの父親は外国へ１年以上の予定で出向していますので、所得税法上では、出向の時から非居住者として取り扱われます。非居住者が国内源泉所得である配当等を受ける場合には、非居住者の源泉分離課税の適用を受けますが、

御質問のように配当所得とみなされる配当等についても同様の取扱いがされます。

したがって、Aの父親は、総合課税の対象となる国内源泉の不動産所得のみを申告すればよいことになります。

参考：所法24①、25①②、161①七、164①②、所令15①一

Q－3 非居住者が支給を受ける退職手当等（国内源泉所得）の選択課税

判定事例	判定
当社の従業員であったKは、昨年６月にニューヨーク支店へ転勤しましたが、本年９月に一身上の都合でアメリカに永住することとなり、当社を退職しました。 当社が支払う退職金は、居住者であった期間に対応する部分と、非居住者として勤務した期間に対応する部分とがありますので、所得税法第171条《退職所得についての選択課税》により居住者としての課税方式を選択させようと思います。その場合、退職所得控除額の計算の基礎となる勤続年数は、非居住者として勤務した期間も含めて計算すればよいのですか？	○ 含めます

居住者の退職所得の金額を計算する場合と同様に計算することになっていますので、勤続年数の計算は、非居住者期間中の退職金の支払われた国外支店勤務期間も含めて計算することになります。

参考：所法171

Q－4 非居住者の厚生年金脱退一時金に対する課税

判定事例	判定
米国人であるSは、１年前まで日本国内において勤務し、その勤務期間中に厚生年金を支払っていたので、帰国後の今年、厚生年金脱退一時金の請求手続をして、厚生年金脱退一時金を受給しました。この厚生年金脱退一時金は源泉徴収されていますが、所得税の還付を受けることはできますか？	○ できます

御質問の場合、厚生年金脱退一時金の支払を受けた翌年１月１日（同日前にその年中の厚生年金脱退一時金の総額が確定したときには、その確定した日）以後に、税務署長に対し退職所得等の選択課税を適用して計算した申告書を提出し、源泉徴収された所得税の還付を受けることができます。

参考：所法31①一、171

Q－5 居住者・非居住者の区分

判 定 事 例	判 定
Aは、当初２年間海外支店に勤務の予定で出国しましたが、仕事の関係で、10か月で国内勤務となり帰国しました。 この場合、Aは帰国した日から居住者となるのでしょうか？	✕ 帰国した日の翌日から居住者となります

補足説明

Aは、出国の日までは居住者、出国の日の翌日から帰国の日までは非居住者、帰国の日の翌日から居住者となります。

参考：所法２①三、五、所令14、15

Q－6 商社員の海外出向

判 定 事 例	判 定
Xは、A物産㈱の海外事業部（国内）に勤務していましたが、本年６月に人事異動でイタリア支社へ転勤を命じられました。任期は３年の予定です。 Xは、毎年A物産㈱からの給与と貸家から生ずる不動産所得を申告していましたが、本年分の所得については、出国に際して確定申告書を提出する必要がありますか？ なお、従来から申告に際しては税理士に依頼していましたので、今度も所轄税務署長に対し、その税理士を納税管理人にする旨の届出をしています。	✕ ありません

補足説明

Xの場合は、納税管理人の届出がありますので、出国に際して確定申告書を提出する必要はなく、翌年３月15日、通常の法定申告期限までに、出国するまで（居住者期間）の全所得と出国した後（非居住者期間）の国内源泉所得である不動産所得について確定申告をすればよいこととされています。

Q－7 出向先から帰国した者の確定申告

判 定 事 例	判 定
Aは、３年間のアメリカ勤務を終え、本年４月に帰国し、本社営業部に勤めることになりました。Aは、海外出向に際し、自宅を会社に借り上げてもらい、毎月賃貸料を収受していました。 本年分の申告は、帰国後のすべての所得と帰国前の所得で	○ はい。そのように申告します

総合課税とされる国内源泉所得とを総合して申告すれば良いのですか？	

その年において個人が非永住者以外の居住者と非永住者又は非居住者の区分のうち２以上のものに該当した場合には、それぞれに該当する期間に応じて、それぞれの期間内の所得について所得税を課することとされています。

したがって、Ａの場合、課税の対象となる所得は、帰国後（居住者の期間）のすべての所得と帰国前（非居住者の期間）の所得で総合課税とされる国内源泉所得（不動産所得）とを総合して申告することとなります。なお、非居住者の期間における海外での所得については、確定申告をする必要はありません。

参考：所法８、165、102、所令258

Q－8 日本で受ける国外給与

判定事例	判定
フランス甲社からの出向社員Ａは、令和３年４月から甲社の日本子会社で技術指導員として勤務しています。Ａは、日本子会社からの給料と本国からの給料とがありますが、本国からの給与も含めて確定申告をする必要がありますか？ なお、Ａは日本国籍を有しておらず、また、過去に日本に居住していたこともありません。	○ あります

Ａは、日本に令和３年４月から令和５年まで１年以上引き続いて居所を有していますので「居住者」として所得税法の適用を受けることとなりますが、日本国籍を有しておらず、また、来日して３年目であり、過去10年以内において、日本に住所又は居所を有していた期間は５年以内ですから、Ａは非永住者として、国内源泉所得及び国外源泉所得で国内において支払われ、又は国外から送金されたものが課税されることとなります。

御質問の場合、本国からの給与については、日本子会社での役務・労務の提供の対価として支払を受けるものであり、国内源泉所得に該当します。また、本国からの給与について源泉徴収されていないとしても、その金額を含めて給与が２か所からあることとなりますので、確定申告をする必要があります。

参考：所法２①四、７①二、161

Q－9 非居住者の青色申告

判定事例	判定
Aの友人Bは、本年6月から米国の子会社に5年間の予定で出向することとなりました。Bは、3年前から国内にアパートを所有し、不動産所得を得ていますので、給与所得と合算して青色申告をしていましたが、このたびの海外出向に当たってAを納税管理人として届出をし、本年分以後の確定申告を行うこととしています。 Bは本年6月から非居住者となりますが、青色申告者として本年分の不動産所得の金額を申告することができますか？	○ できます

補足説明

御質問の場合、Bは不動産所得を生ずべき業務を国内において行う者に当たりますので、青色申告者として本年分の不動産所得の金額を申告することができます。

参考：所法143、166

第20章 青色申告

Q－1　2種類以上の所得があるときの青色申告

判定事例	判定
Aには書籍小売業による事業所得があり、また、アパートの経営による不動産所得もあります。本年から事業所得のみ青色申告の承認を受け帳簿書類を備え記帳していきたいと思っていますが、認められますか？	✕ 認められません

青色申告書の提出の承認は、事業所得、不動産所得又は山林所得を生ずべき業務を行う場合について受けることができますが、いったんこの承認を受けた場合には、事業所得、不動産所得及び山林所得の全部について記帳しなければならないことになっています。

参考：所法143、148①

Q－2　年の中途開業の場合の青色申告の承認申請

判定事例	判定
Aには給与所得のほかに、5年前に相続した貸家から生じる不動産所得があります。Aは、本年5月に定年退職となりましたので、その退職金を元手に8月1日から洋菓子店を開業しました。 ところで、青色申告の承認申請書は、新たな業務を開始する場合には、開始した日から2か月以内に提出すればよいとのことですが、Aの場合、9月30日までに青色申告承認申請書を提出すれば、本年分から青色申告書で確定申告できますか？	✕ できません

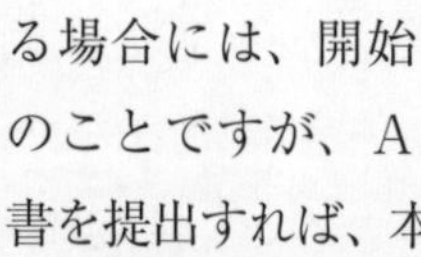

御質問の場合は、洋菓子店という事業所得を生ずべき事業を8月1日から開始したとしても、既に青色申告書により確定申告のできる不動産所得を生ずべき不動産の貸付業務を行っておられますので、年の中途における新たな業務の開始をした場合には該当しないことになります。

つまり、その年3月15日までに「承認申請書」を提出すべきこととされますから、洋菓子店を開業した日から2か月以内に提出されても開業した年分については青色申告書による確定申告は認められません。

したがって、Aの場合、開業した翌年分以後について青色申告をする旨を記載して翌年の３月15日までに「承認申請書」を提出すれば、開業した翌年分以後は、青色申告が認められることになります。　参考：所法144

Q－3　相続人が提出する青色申告の承認申請書

判定事例	判定
青色申告者が年の中途で死亡し、相続人が事業を引き継いで記帳もそのまま続けていく場合、相続人は改めて青色申告の承認申請書を提出しなくても青色申告は認められるのでしょうか？	✕ 認められません

相続により事業を承継した相続人が青色申告の承認を受けるためには、その相続人にとっては新たな事業の開始となりますので、承継した事業の開始の日から２か月以内に青色申告の承認申請書を提出しなければなりません。

しかし、相続による事業の承継は通常の事業開始とは事情が異なり、また準確定申告書の提出期限が相続開始の日から４か月以内とされているところから、既に青色申告の承認を受けている被相続人の事業を承継した場合に限り、その相続人に係る青色申告の承認申請書は、相続開始の日から４か月を経過する日（準確定申告書の提出期限）と青色申告の承認があったものとみなされる日とのいずれか早い日までに提出すればよいこととされています。

参考：所法144、147、基通144－1

Q－4　法人成り後に生じた不動産所得に対する青色申告の効力

判定事例	判定
個人で青色申告を続けてきましたが、本年５月31日に営んでいた自動車修理業を廃業し、法人を設立しました。なお、個人で文化住宅を新築するとともに、自動車修理工場を法人に貸し付け、それぞれ6月１日より不動産収入があります。 この場合に、不動産所得について青色申告により申告したいと思いますが、業務を開始してから２か月以内に新たに青色申告の承認申請をしなければなりませんか？	✕ 必要ありません

青色申告の承認の効力は、既に不動産所得、事業所得又は山林所得のいずれか一の所得について青色申告の承認を受けているときに、これとは別の所得を生ずる業務の開始があった場合にはその所得にも及ぶことになりますから、改めて承認の申請をする必要はありません。

したがって、事業所得を生ずべき事業を廃止し、同年中に不動産所得を生ずべき業務を開始した御質問のような場合には、改めて不動産所得につき、青色申告の承認の申請をする必要はありません。　参考：所法151

Q－5●実質所得者課税と青色申告承認の効力

判定事例	判定
妻の名義で青色申告をしていたガソリンスタンド経営による所得が、実質所得者課税の原則に照らし夫の所得であることが明らかであるとして、既に妻の名義で行われてきた過年分の申告を夫の名義で申告し直すこととなりました。夫は青色申告の承認申請を行っていませんが、妻が青色申告をしていた過年分の損失の金額は夫に帰属するものとしたわけですから、夫の所得から繰越控除することとして差し支えありませんか？	✕ 認められません

青色申告承認の効力は、その承認申請をした妻についてのみ生ずるものですから、御質問の場合のように、青色申告承認を受けていた妻に帰属するものとしていた所得（損失）が青色申告承認を受けていない夫に帰属することが判明した場合であっても、夫に青色申告者の特典を認めることはできません。

したがって、御質問のガソリンスタンド経営により生じた損失（純損失の金額）が夫に帰属するのであれば、その夫が損失発生年分において青色申告者であった場合又はその損失が被災事業用資産に係る損失であった場合に限り、繰越控除の対象となり、そうでない場合は、繰越控除することは認められません。

参考：所法12、70、143

Q－6●青色申告が取り消される場合

判定事例	判定
青色申告の承認を受けていますが、帳簿書類の備付け、記録及び保存について税務署長の指示に従わなかったときは、青色申告の承認が取り消されますか？	○ 取り消されます

次に掲げる事項に該当する場合は、税務署長はその事実のあった年分にさかのぼって青色申告の承認を取り消すことができることになっています。

⑴　不動産所得、事業所得及び山林所得についてそれぞれの帳簿書類を備え付け、その所得に係る日々の取引を正確、整然と、かつ、明りょうに記録されているとともに帳簿書類の保存が、納税者の住所地などに原則として７年間保存されることが必要ですが、それがなされていないとき

⑵　⑴の帳簿書類の備付け、記録及び保存について税務署長の指示に従わなかったとき

⑶　⑴の帳簿書類に取引の全体又は一部を隠ぺい又は仮装して記載し、その他その記載事項の全体について真実性を疑うに足りる相当の理由があるとき

参考：所法150

索 引

あ

か

さ

た

な

は

ま

や

ら

令和６年１月改訂　○×判定ですぐわかる所得税の実務

2024年１月30日　発行

編　者　公益財団法人 納税協会連合会 編集部

発行者　新木 敏克

発行所　公益財団法人 納税協会連合会
〒540-0012 大阪市中央区谷町１－５－４　電話(編集部) 06(6135)4062

発売所　株式会社 清文社
大阪市北区天神橋２丁目北２－６(大和南森町ビル)
〒530-0041　電話 06(6135)4050　FAX 06(6135)4059
東京都文京区小石川１丁目３－25(小石川大国ビル)
〒112-0002　電話 03(4332)1375　FAX 03(4332)1376
URL https://www.skattsei.co.jp/

印刷：㈱広済堂ネクスト

■本書の内容に関するお問い合わせは編集部までFAX(06-6135-4063)又はメール(edit-w@skattsei.co.jp)でお願いします。
■本書の追録情報等は、発売所（清文社）のホームページ（https://www.skattsei.co.jp）をご覧ください。

ISBN978-4-433-70133-8